TRADUIT DU
FINNOIS PAR
TAINA
TERVONEN

SUR LA MER, EN QUÊTE DU PASSÉ

KATARIINA VUORI

LE CAPITAINE FANTÔME

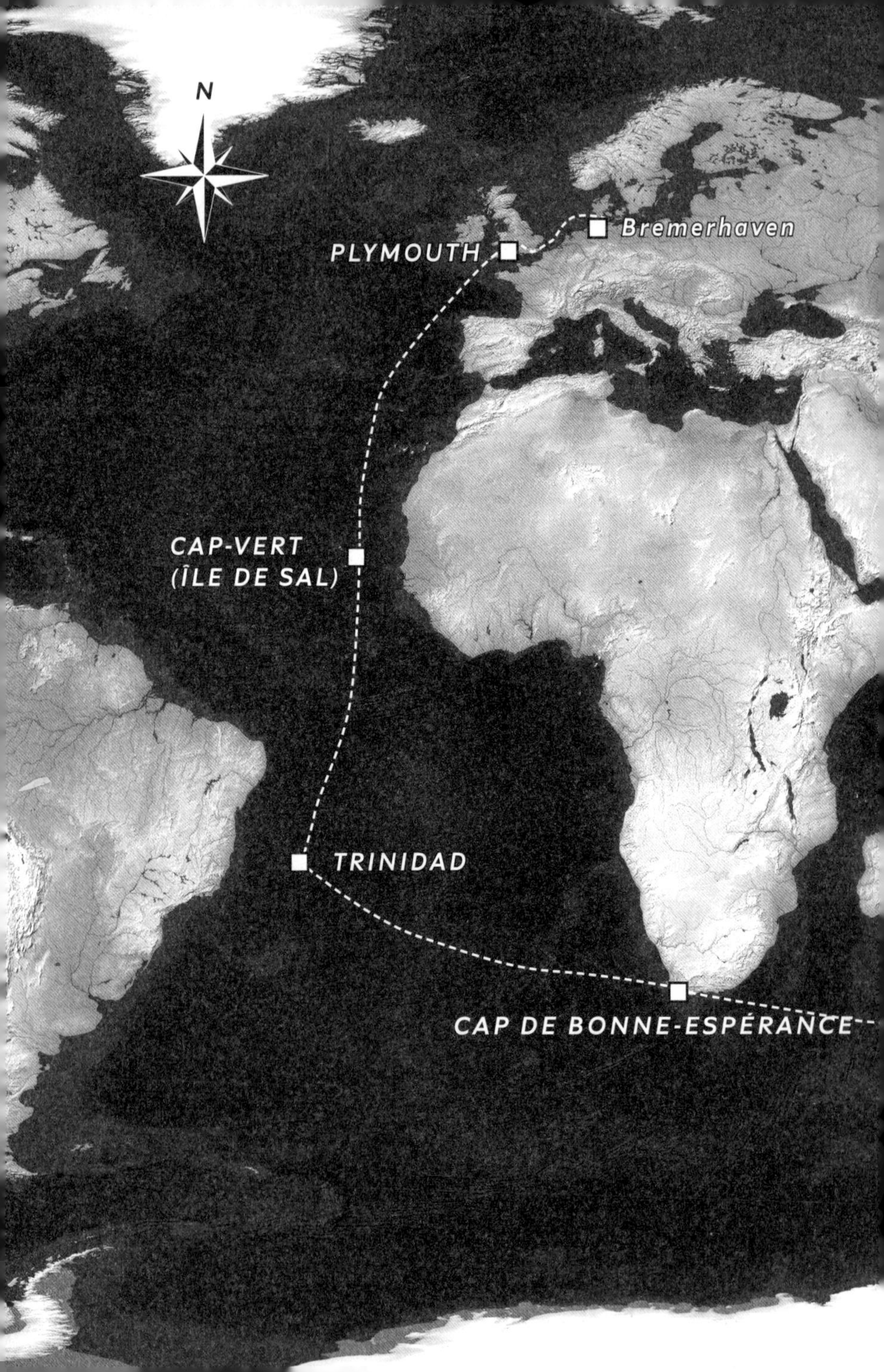
N
Bremerhaven
PLYMOUTH
CAP-VERT
(ÎLE DE SAL)
TRINIDAD
CAP DE BONNE-ESPÉRANCE

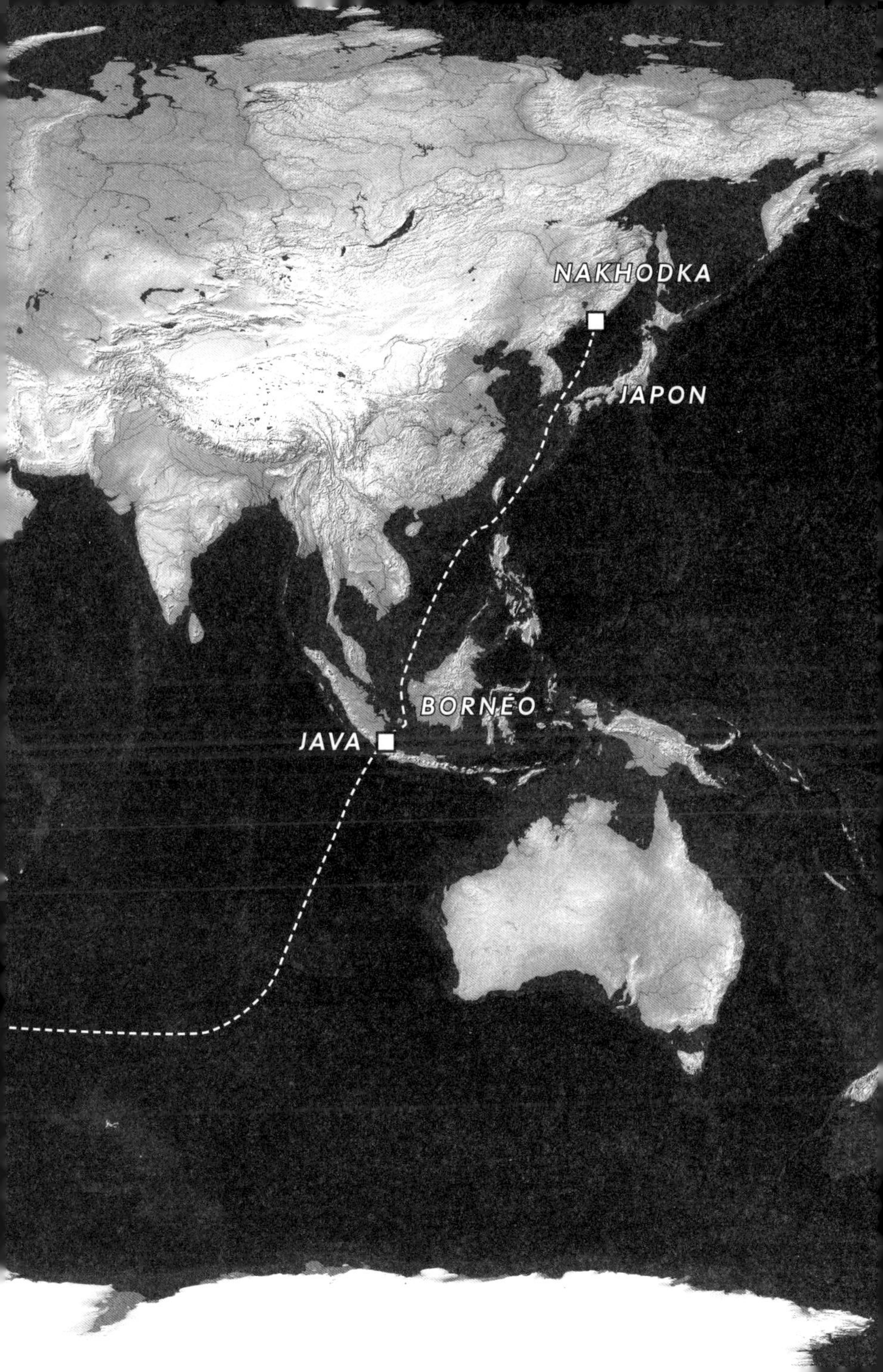
NAKHODKA
JAPON
BORNÉO
JAVA

LE CAPITAINE FANTÔME

La clôture en os de baleine

Après coup, il est souvent difficile de dater avec justesse l'emballement de la pensée qui mènera plus tard à l'écriture d'un livre. Ce récit est une exception. Je peux situer avec certitude le moment précis où la toute première trace de l'histoire s'est imprimée dans ma mémoire, la trace qui donnerait naissance à ce livre sur un homme disparu et ses rêves, sur la navigation et le poids des souvenirs. Nous sommes alors le 19 janvier, et il est 21 h 27.

Je suis allongée sur mon lit, un chien blotti contre mes pieds. Je feuillette le livre de l'orientaliste Harry Halén, *Kulkumiehiä* (*Vagabonds*). Un de ses chapitres est consacré aux ouvriers chinois spécialisés dans la construction de fortifications, recrutés pour venir travailler en Finlande dans les années 1910. C'est pour eux que je me suis procuré ce livre. Je veux savoir ce qui les a poussés à entreprendre un si long voyage, loin de chez eux. Peut-être y aurait-il là une histoire à raconter.

Comment ont-ils fait pour arriver jusqu'ici, sur les bords d'une mer Baltique aux eaux peu salées, comment ont-ils parcouru ces milliers de kilomètres, vers l'ouest, encore et toujours vers l'ouest, pour s'arrêter ensuite sur les rives sud de la Finlande ? À l'époque, le pays fait encore partie de l'Empire russe – un État presque indépendant. La Première

Guerre mondiale approche et la Russie veut renforcer ses fortifications pour se protéger et nous avec elle de la menace que représente l'Allemagne.

Halén raconte qu'il y a alors près de 3 000 travailleurs chinois. Ils vivent dans des conditions insalubres et indignes, ingurgitent des vers de terre et des grenouilles pour calmer leur faim et dépouillent les habitations les plus modestes. Il ajoute que les animaux de compagnie des Finlandais font le délice de ces ouvriers venus de loin. Il cite un poème sur les misérables chinetoques à la peau dorée qui se termine en barbecue : de fins filets d'un bichon volé à une dame de la haute grésillent sur un gril. Les barbares venus d'Äläski.

Mon chien change de position et fait des bruits de langue. Je tourne les pages et je remonte le temps jusqu'au XIXe siècle en Extrême-Orient russe, dans la région de l'Amour. Je commence à lire l'histoire d'un capitaine de navire finlandais qui doit faire face à la vengeance des « barbes rouges ». Aussi appelés *honghuzi*, et connus pour leur cruauté, ils forment des hordes de bandits chinois, coréens, mongols, sibériens et russes, sévissant dans les régions de l'Amour et de la Mandchourie. Ce sont des déserteurs, des mineurs qui fuient le travail forcé, des brigands professionnels.

Le personnage principal de ce récit mouvementé est le capitaine Höök. C'est la première fois que je lis son nom. Voici comment l'auteur le présente : « Le Finlandais Fabian Fritiof (Fridolf) Höök, 43 ans, capitaine réputé, chasseur de baleines et explorateur, qui a conduit une première colonie d'émigrés finlandais depuis son pays jusqu'en Amour. »

Mon cœur s'emballe, comme toujours quand il est question de voyage ou d'exploration en mer. Ce patronyme et cette courte description exhalent un parfum entêtant d'aventure.

Höök.

Je répète le nom, dans un léger soupir, comme une douce brise. Il est 21 h 22 et là, dans quelques minutes, l'emballement aura lieu.

Suis-je encore en mesure de dire à quelle phrase, à quel mot, pour quel détail précis je me suis enthousiasmée? Est-ce quand Halén rapporte les propos du zoologiste polonais Benedykt Dybowski, qui décrit Höök comme un homme courageux ayant mené les Cosaques russes à la victoire au cours d'une bataille contre les *honghuzi*? Ou quand Halén raconte la terrible vengeance des vaincus en avril 1880?

Alors que le capitaine Fridolf Höök est sorti en mer, des *honghuzi* s'introduisent chez lui et laissent derrière eux le corps meurtri et ensanglanté de la gouvernante, suspendu au plafonnier, pendouillant au milieu du salon. Lors de la même attaque, deux ouvriers sont tués et le fils de la gouvernante – un garçon de 7 ans auquel Höök est si attaché qu'il aurait envisagé de l'adopter –, disparaît.

Non, ce n'est pas là que l'emballement arrive. C'est plus tard, lorsque je lis la description que fait Halén de la clôture de Höök, celle qu'il a construite autour de sa maison dans la région de l'Amour. Il est alors 21 h 27.

Voici ce qu'écrit Harry Halén, et c'est précisément à la lecture de ces mots que l'emballement arrive: « Höök a formé une étrange clôture autour de sa ferme avec des crânes et des côtes de baleines ornés de grands coquillages scintillants. »

Quelle image hypnotique, comme sortie d'un rêve ensorcelé: mon compatriote tête brûlée, assoiffé d'aventure, un capitaine, chasseur de baleines et explorateur, arrivé là-bas, quelque part aux confins d'une terre que je n'arrive même pas à situer sur une carte avec précision. Je le vois, à contre-jour, en train de remonter les manches de sa chemise en lin, puis de planter sa pioche dans le sol, et dans le trou qu'il vient de creuser, il enfonce une côte de baleine encore imprégnée d'une odeur d'algues et de crevettes.

Fridolf Höök marque son territoire. Il borne le terrain de sa ferme avec des coquilles nacrées en forme d'arc-en-ciel.

Qui est cet homme d'une bizarrerie si charmante ? Qu'est-ce qui l'a poussé à s'en aller aussi loin, à l'autre bout de la Terre, au fin fond d'une Sibérie peuplée de bagnards condamnés à la perpétuité ?

PARTIE 1

« Une carte du monde sans Utopie ne vaut même pas le coup d'œil. »

Oscar Wilde,
L'Âme de l'homme sous le socialisme

1

Sur la photo qui figure à la page 42 du livre de Harry Halèn, j'observe l'homme barbu dont la bouche est dissimulée par une moustache. Il regarde derrière moi, quelque part au-delà de mon épaule droite. Que voit-il ? Son visage est mince, son nez est viril, ses cheveux sont peignés avec une raie à droite, ils forment comme une vague au sommet du crâne. L'homme porte un épais manteau de laine décoré d'une double rangée de boutons. Dessous, on aperçoit une chemise blanche.

Voici Fridolf Höök, celui qui a bâti une clôture en os de baleine. La photo a été prise à Osaka, au Japon, en 1894. Höök a alors 58 ans.

Je scrute l'image et j'ai l'impression que, d'un instant à un autre, l'homme pourrait s'animer et tourner ses yeux vers moi.

Pourquoi me suis-je arrêtée sur Höök ? Il y a bien d'autres histoires dans *Vagabonds*. Harry Halén proposait de m'emmener au pays du Soleil-Levant, puis au Tibet, puis en Inde, accompagnée d'un général suédois flanqué d'un cache-œil. D'ailleurs, c'est lui qui aurait dû m'embarquer. On raconte en effet que le général borgne aurait croisé la route de mon arrière-arrière-arrière-grand-mère, Christina Catovius, avec qui il aurait eu une aventure, ce qui expliquerait d'ailleurs mon existence. Mais il est déjà trop tard, j'ai franchi l'étrange clôture du capitaine, chasseur de baleines et explorateur. J'ai humé l'odeur de la terre qui s'ouvre quand Fridolf Höök y plante sa pioche.

Je poursuis ma lecture et pense à lui toute la nuit.

Environ trente ans avant que cette photo ait été prise, à la fin des années 1860, il a pris part à une drôle d'équipée : il a mené une colonie d'émigrés finlandais jusqu'à la région de l'Amour.

Pourquoi est-il parti ? Qui était du voyage ? Pourquoi se sont-ils rendus dans cette région ?

Halén me précise que la ferme de Fridolf, entourée de sa clôture en coquillages et en os de baleine, est située dans un village nommé Sidemi. De l'autre côté de la clôture habite Michal Jankowski, un Polonais, un des pionniers du coin. Jankowski héberge un ami, le zoologiste Benedykt Dybowski, polonais lui aussi. Dans ses notes, raconte Halén, Dybowski décrit Höök comme un aventurier qui n'a pas froid aux yeux.

J'observe de plus près la photo de Fridolf et je l'avoue : je dois faire des efforts pour y déceler un vaillant explorateur. Pour être tout à fait honnête, j'y vois surtout un homme qui regarde au loin, avec des joues creusées et un regard plus fatigué qu'assoiffé d'aventures.

Halén explique que les *honghuzi* attaquent la demeure de Fridolf Höök à Sidemi en avril 1880. Les os de baleine et les coquillages en arc-en-ciel qu'il a placés avec soin tout autour de sa ferme ne les empêchent pas de brutaliser et de tuer « la gouvernante travailleuse, sobre et honnête ». Selon Dybowski, son corps meurtri et ensanglanté est retrouvé suspendu à un crochet au plafond dans le salon. Le fils de 7 ans de la gouvernante a, quant à lui, disparu. Le récit de Dybowski est publié dans un journal russe en 1880, peu de temps après les faits.

Cette vision ne me lâche plus. Elle m'obsède quand je me lave les dents, quand je sors le chien, quand je fais la vaisselle. Elle m'apparaît dans des scénarios de plus en plus terrifiants à chaque fois que j'allume un plafonnier. La gouvernante est-elle suspendue tête en haut, ou bien tête en bas, perdant ainsi son foulard ou sa coiffe, les cheveux balayant le sol comme des racines cherchant désespérément de l'eau ? Comment son corps est-il suspendu au crochet du lustre : avec une corde ou avec son tablier ? Je frissonne d'effroi, mais je n'arrive pas à arrêter d'y penser. Y a-t-il aussi une lampe fixée au crochet, est-il placé au-dessus de la table à manger ? Je m'imagine la scène : les *honghuzi* sont debout sur la table, les bottes pleines de boue, maculant la nappe en lin lisse et propre, ils ont enlevé le lustre, peut-être l'ont-ils jeté par terre. Empoignent-ils ensuite le corps de la gouvernante pour le soulever, à combien s'y prennent-ils ? Je me demande pourquoi cette cruauté, cette absence de pitié, même envers une femme.

Et ce petit garçon auquel Fridolf est si attaché qu'il le considère comme son enfant, a-t-il tout vu avant que les *honghuzi* ne le capturent ?

◆

Le corps écorché de la gouvernante est toujours suspendu au plafond quand Halén décide de nous raconter une autre version de l'histoire. Il fait intervenir Ivan Nadatov, un militaire qui arpente la région. Des années plus tard, Nadatov écrit sa propre version de l'épisode sur la base de ce qu'il en a entendu dire. Ce n'est alors plus la gouvernante qui pend au crochet mais l'épouse de Fridolf, et l'enfant disparu n'est autre que leur fils.

Je vois de nouveau les *honghuzi* qui fracassent la porte, la femme crie et l'enfant tente en vain de se réfugier dans les jupes de sa mère, il attrape le tissu de ses petites mains, fouille et soulève les pans de la robe, mais il n'y a de sécurité nulle part. Voilà les *honghuzi* qui empoignent la femme par la taille et les cheveux, qui déchirent ses habits. Elle hurle et appelle à l'aide, elle appelle Fridolf et Dieu, en vain. J'imagine l'épouse petite et frêle, il suffit d'un seul bandit, deux tout au plus, pour la hisser et la pendre. Toute la maison est mise à sac, la colère imprègne chaque recoin de la pièce. Où est l'enfant ? Est-il caché sous un banc ? Ils le retrouvent, le sortent de sa cachette en tirant sur un pied, une main, ils traînent le pauvre petit qui s'époumone, se déchaîne, et ils l'emmènent avec eux.

Dans le récit de Nadatov, des soldats sont envoyés à la poursuite des *honghuzi*. Certains des brigands meurent dans une terrible fusillade, d'autres sont rattrapés et exécutés, bien fait pour eux. Mais quelques-uns parviennent à s'enfuir. Des recherches d'importance sont organisées, des personnes interrogées, mais l'enfant n'est pas retrouvé. Nadatov a entendu dire qu'après cet évènement, Fridolf Höök n'est plus le même. Il passe ses journées assis en haut d'une falaise située sur ses terres et tire sur tous les Chinois qui passent par-là, en mer ou à terre.

Deux femmes sont maintenant suspendues au crochet, une gouvernante et une épouse, mais il existe encore une troisième et même une quatrième version de cette horrible anecdote. Halén fait monter du monde sur scène : voici Toivo Koivisto, un ingénieur finlandais qui, selon l'auteur, se promène dans la région au début du XXe siècle, occupé par des histoires de mine d'or. Koivisto écrit deux livres sur l'Amour. Le premier, publié en 1920, s'intitule *Aventures dans l'Orient sauvage*. Il y raconte, comme Nadatov, l'attaque qui conduit à la mort de l'épouse et à la disparition de l'enfant. Et comme Nadatov, Koivisto indique que Höök a gardé de tout cela une haine féroce des Chinois.

Dans son premier livre, Toivo Koivisto passe rapidement sur l'évènement, pour autant l'histoire semble l'obséder. En effet, en 1947, près de vingt ans plus tard, il y revient et y consacre un ouvrage entier : *Le* sisu* *finlandais dans l'Orient sauvage – les étranges péripéties de Fridolf Höök, chasseur de baleines et grand entrepreneur finlandais, dans l'Asie de l'Est et sur les mers septentrionales.*

Cette fois-ci, les *honghuzi* ne touchent pas à la lampe du salon et ne montent pas sur la table avec leurs chaussures crasseuses. Dans cette version, personne n'est pendu, mais l'épouse ainsi que l'enfant disparaissent. Je me sens soulagée : tous deux ont traversé ce cauchemar ensemble, la mère serrant dans ses bras son fils secoué de sanglots. Dans ce récit plus tardif de Toivo Koivisto, Fridolf Höök n'a d'ailleurs plus un, mais deux enfants, ce qui différencie cette version des autres. Selon Koivisto, les *honghuzi* s'emparent donc du fils, un nourrisson, mais pas de l'aînée. C'est une petite fille nommée Mia, âgée de quelques années de plus que son frère.

Il y a d'autres détails surprenants chez Toivo Koivisto. Dans son second ouvrage, l'épouse de Fridolf Höök n'est pas n'importe qui. Ce n'est ni une cuisinière, ni une gouvernante, ni une femme quelconque. Non, c'est la fille d'un richissime empereur coréen.

* Le *sisu* est un concept finlandais qui désigne tout autant la détermination, l'entêtement que la persévérance. Il s'agirait d'une caractéristique du peuple finlandais. *(Toutes les notes sont de la traductrice.)*

2

Je grignote des noisettes et bois du café noir bio. Je fixe la photo prise à Osaka. L'explorateur, le chasseur de baleines, le bâtisseur de clôture. L'homme au visage étroit et à la barbe broussailleuse. On pourrait le dire beau, à sa façon. Plus je l'observe, plus il me semble triste. La gouvernante ou l'épouse a été, selon les versions, soit tuée soit kidnappée quinze ans plus tôt. Qui a repassé ta chemise pour cette photo ?

Je suis allongée sur mon lit et juste au-dessus de moi, au ras du plafond, je vois flotter tes traits empreints de mélancolie. Si l'histoire de l'attaque des *honghuzi* est vraie, tu as d'excellentes raisons d'être triste. Je ne peux m'empêcher de penser au corps suspendu au plafond, que ce soit celui de la gouvernante ou celui de l'épouse. Voilà que s'immisce un troisième cadavre, celui de la fille d'un empereur coréen. La nuit, je les entends se chamailler. Elles se disputent la place de la vraie victime des *honghuzi*, elles s'étripent au sujet de leur relation avec le brave aventurier, concepteur d'une clôture extravagante. Qui parmi elles obtient le premier rôle féminin des récits du voisin polonais Dybowski, de Nadatov, de l'ingénieur Koivisto et de Halén ?

Je ne sais plus qui croire dans tout ça. Même Halén semble suspicieux face aux histoires qu'il a récoltées. Il considère que, dans chacune d'elles, l'auteur a ajouté une part de fantaisie – surtout dans les versions de Toivo Koivisto.

Halén se méfie de l'authenticité de ses sources, voire de leur existence. Il a aussi repéré des contradictions évidentes entre son premier et son second livre. En plus d'avoir doublé le nombre d'enfants de Höök, il a avancé l'attaque deux ans plus tôt.

« La vérité ultime sur Höök et les *honghuzi* reste donc encore à écrire », conclut Halén.

3

L'étrange histoire de Fridolf Höök reste en suspens, me shoote à l'endorphine et à l'adrénaline. J'en perds l'appétit et le sommeil. Un meurtre raconté trois fois, auxquelles s'ajoute une quatrième histoire d'épouse disparue. Un homme courageux, un navigateur, un explorateur. Un chasseur de baleines. Qui es-tu et comment finis-tu en Amour, à construire cette clôture et à détester les Chinois ? Qu'est-ce qui est vrai dans toutes ces histoires – si tant est qu'il y ait un brin de vérité là-dedans ?

Je n'arrive pas à me concentrer sur les questions que me posent mes enfants, je ne réponds pas au téléphone. Je suis à l'intérieur de l'enclos de Fridolf Höök et je ne tolérerai personne d'autre à mes côtés. Si vous avez déjà été amoureux, vous savez de quoi je parle : cette délicieuse houle faite d'excitation et de toute-puissance qui vous fait bourdonner les oreilles – pour s'apaiser l'instant d'après quand vous vous souvenez que votre rêve ne tient pas à grand-chose, qu'il n'est qu'une chose vacillante en équilibre sur un sol glissant. Et si elle ou il ne peut être approché·e ? Si elle ou il vous trouve stupide et ennuyeux ? Puis subitement arrive une rafale qui balaie tous vos doutes. J'ai un faible pour le capitaine chasseur de baleines, je pense à lui du matin au soir, et souvent même la nuit. Je suis amoureuse d'un homme qui, s'il était encore en vie, aurait près de 200 ans.

Comment en suis-je arrivée à cette situation embarrassante ? Au début, je voulais juste savoir si les bâtisseurs chinois avaient une histoire à me raconter, mais il se trouve que je ne les aime pas, pas plus que la façon dont ils se comportent. Je ne veux pas non plus partir pour le Tibet et, de toute évidence, ce n'est pas le bon moment pour plonger dans la vie du général suédois et dans les détails de sa rencontre avec mon aïeule.

Fridolf Höök. L'homme en noir et blanc de la page 42, un léger soupir. Si je m'en détourne maintenant, peut-être le regretterai-je. Je redoute de tomber un jour sur son histoire racontée par quelqu'un d'autre, quelqu'un qui, comme moi, aura aperçu son visage et, après avoir franchi la clôture en os de baleine, sera parti à sa recherche.

4

J'entends l'eau couler dans la cafetière et j'essaie de composer le portrait de Fridolf Höök. Pas celui en noir et blanc sur lequel le capitaine scrute l'horizon dans mon dos, mais tout ce qui existe hors champ. Si j'en crois le récit de Halén, quelque chose a décidé Höök à entreprendre un voyage à l'autre bout du monde, à y construire son foyer – pour y subir ensuite une terrible perte.

Halén raconte qu'une dizaine d'années avant l'attaque des *honghuzi*, Fridolf Höök a conduit une colonie d'émigrés finlandais vers les recoins les plus orientaux de la Russie.

Je me demande si on les a forcés à faire ce voyage, comme on envoie alors les meurtriers en Sibérie. Ou bien est-ce un départ volontaire pour la région de l'Amour – et si oui, qu'espèrent-ils y trouver de si particulier ? Peut-être en ont-ils assez de leur propre pays. Qu'est-ce qui conduit un capitaine chasseur de baleines à rêver de colonie, d'une terre où bâtir des murs, une porte et un salon avec une lampe accrochée au plafond ? Le foyer d'un capitaine n'est-il pas sur les sept mers et dans chacun de leurs ports ?

Je pars à la recherche d'informations sur Fridolf et, chaque fois que j'aperçois son nom, je me sens étrangement heureuse. Un peu comme si mon flirt venait de sonner à ma porte et que je me précipitais pour lui ouvrir, après un rapide coup d'œil dans la glace. Mais tout ce qui a trait à lui est aussi insaisissable que du mercure et me glisse entre les doigts.

Harry Halén énumère dans *Vagabonds* des lieux fréquentés par Fridolf dans la région de l'Amour : Strelok, Sidemi, Nakhodka. Que des noms qui me sont totalement inconnus, situés dans les terres les plus reculées de la vaste Russie, par-delà la glaciale Sibérie.

Si on s'aventure encore plus à l'est après la région de l'Amour, on se retrouve au Japon, puis face à un immense océan, avant d'atteindre l'Amérique du Nord. C'est dans cet Orient extrême que Fridolf a décidé de s'installer, dans cette localité qui selon Halén peut être orthographiée de plusieurs façons : Sedemi, Sidimi, Sidemi. C'est à cet endroit que Fridolf a embauché une gouvernante ou a rencontré une femme et l'a épousée. A eu un enfant ou deux. Peut-être a-t-il été heureux, au moins un temps.

Nous sommes désormais séparés par une mer houleuse où sont immergés des récifs en forme de points d'interrogation. Si les noms des lieux ont des orthographes fantaisistes, celui de Fridolf Höök l'est encore plus : Höök, Geek, Hook, Gek, Huck, Heck. Tout semble matière à interprétation, y compris sa date de naissance : est-ce l'avant-dernier jour de 1836 ou le 11 janvier de l'année suivante ? Les sources en finnois sont si peu nombreuses que je les ai toutes parcourues avant de finir mon café. Dans les archives de Yle (radio-télé finlandaise), je trouve la mention d'un documentaire sur Fridolf et la colonie de l'Amour, mais il n'est plus accessible en ligne.

Le soir du deuxième jour, j'arrive à esquisser une biographie rudimentaire de Fridolf. Voici la courte biographie de l'homme barbu à cause duquel j'oublie de me nourrir : le capitaine Fridolf Fabian Höök est né à Tammisaari sur les rives du golfe de Finlande, en 1836. Ses parents sont Erik Höök, fonctionnaire des douanes, et Ulrika Charlotta Sofia, nom de jeune fille Aminoff. La mer attire Höök dès son plus jeune âge : alors qu'il est encore à l'école primaire, il fugue et s'enrôle dans l'équipage du brick *Olga*, un deux-mâts.

Ce premier voyage l'amène jusqu'à Rio de Janeiro. Après plusieurs années en mer, Fridolf Höök se met à réfléchir à sa carrière. À 19 ans, il accoste en Finlande pour passer un diplôme de second à l'école maritime de Turku. Plus tard, il y obtiendra aussi celui de capitaine.

En 1868, Höök conduit un groupe de 50 émigrés finlandais à l'autre bout du monde. Tous croient en un objectif commun : fonder quelque part dans l'Est sauvage une colonie finlandaise, une utopie communiste.

Était-ce cette utopie que tu as voulu délimiter avec tes os de baleine et tes coquillages ?

Pour une raison que j'ignore, vous avez échoué et l'utopie s'est envolée. Tu es mort en 1904, à 67 ans, dans la région de l'Amour. Ton corps y repose toujours.

◆

Après ma huitième tasse de café, mes explorations me mènent vers des articles écrits en russe. Ils semblent légion. Une vague glaciale de désespoir me submerge. Est-ce là que mon nouvel amoureux m'échappera ?

Que fait une personne éprise au point d'avoir traqué et trouvé la profession, l'adresse, les centres d'intérêt, les matériaux de la clôture et les noms des parents de celui qu'elle convoite ? Elle est incapable d'oublier ou de s'arrêter. Elle décide de tenter une nouvelle approche, et je conviens de le faire en russe, puisque cela paraît être le seul moyen d'obtenir plus d'informations sur Fridolf.

Mon plan bute sur un petit détail. Mes connaissances en russe sont réduites à cinq mots: *trastuit, tavarish, niet, ponimayou* et *rukiver*. Ma capacité à déchiffrer l'alphabet cyrillique est encore plus limitée et se borne à un seul mot: Ресторáн. Restaurant.

Dans un des articles en russe, je repère la photo de Fridolf prise à Osaka, la même que celle du livre de Halén, et l'espoir resurgit. Tu ne m'échapperas pas comme ça. Grâce à cette image, j'apprends à écrire le nom de mon chéri en alphabet cyrillique: Фридольф Кириллович Гек. Puis je m'aperçois que, même en caractères cyrilliques, son nom peut être orthographié de plusieurs façons différentes.

Je copie-colle frénétiquement le nom russe dans les barres de recherche. Il y a des dizaines, des centaines, des milliers de résultats. L'horizon disparaît dans la brume.

Je scrute le flot de paragraphes obscurs à la recherche de signes familiers: la photo en noir et blanc d'un barbu fatigué, la lettre qui figure au début et à la fin de son prénom, le *f* russe qui ressemble à un globe écrasé transpercé d'un axe reliant les deux pôles. Quand j'aperçois l'un ou l'autre, c'est une corne de brume qui retentit dans le brouillard et je mets le cap vers le signal sonore. Je copie-colle les textes en russe dans l'outil de traduction de Google, et voilà que j'aperçois un bout de terre ferme.

Je parviens à traduire ainsi environ 80 pages en une seule et unique journée. Pourtant, je ne trouve aucune trace du récit de l'attaque *honghuzi* relatée par Ivan Nadatov, la version rapportée par Harry Halén. Je ne trouve pas non plus les notes du zoologiste polonais Dybowski, ni le journal de Fridolf Höök que Koivisto affirme pourtant avoir consulté. D'ailleurs, Halén non plus n'a pas réussi à mettre la main dessus.

La qualité des traductions me fait hésiter. Je ne suis pas sûre de pouvoir les utiliser comme sources. Voyons par exemple cet article de journal décrivant Jankowski, le voisin polonais de Höök, et son élevage de chevaux qui aurait commencé par un troupeau de « dix juments et un écureuil » et qui aurait ensuite conduit à la « création du premier élevage de lugeons à Primorie ». L'écureuil pourrait bien être un étalon, mais qu'est-ce qu'un élevage de lugeons ?

Cependant, une chose est claire comme un ciel sans nuages : en faisant le décompte du nombre d'articles, il est évident que Fridolf Höök est infiniment plus connu en Russie, et plus particulièrement à Vladivostok, qu'en Finlande. Seul 0,01 % des sources le concernant sont rédigées dans une autre langue que le russe.

5

Le matin du quatrième jour de mon flirt, je fais trois choses, à commencer par commander les deux ouvrages de l'ingénieur Toivo Koivisto. Halén a de sérieux doutes concernant les versions de Koivisto, mais ce dernier semble être le seul à avoir raconté l'histoire de Fridolf dans ma langue maternelle; ensuite je repère sur une carte où précisément se trouvent Sidemi et la ferme entourée d'os de baleine de Fridolf Höök. Le village est aux antipodes de la Finlande, de l'autre côté du globe. La ville la plus proche dont le nom m'est familier est Vladivostok. Elle est située sur une étroite bande de terre, dans l'est de la Russie, coincée entre la Chine et la mer du Japon. Et tiens donc, au sud-ouest de Vladivostok, à seulement une centaine de kilomètres à vol d'oiseau et à une heure de route, se trouve la Corée du Nord. Elles pourraient presque se voir et s'entendre, sentir les feux de camp allumés de part et d'autre.

Le village de Sidemi, aujourd'hui nommé Bezverhovo, est situé à l'ouest de Vladivostok, ou plutôt au sud-ouest, vers la Corée du Nord, alors que Strelok et Nakhodka, les autres lieux nommés par Halén, sont eux à l'est de Vladivostok, éparpillés le long de la côte.

Une fois que je me suis orientée sur la carte, je m'attelle à la troisième tâche de la journée: je tape «vol Vladivostok» dans la barre de recherche et je suis agréablement surprise.

Un aller-retour depuis Helsinki, à des dates choisies au hasard, me coûterait seulement 505 euros.

J'examine la carte de plus près et mon regard est attiré par un tracé sombre qui traverse toute l'Asie, de Moscou jusqu'à l'océan Pacifique. L'idée me semble plus amusante que prendre un avion d'Aeroflot : ce sont les rails du Transsibérien.

Une clôture d'os de baleine, avec des coquillages scintillants. Est-ce vraiment à cause de ça que je suis prête à parcourir 12 000 kilomètres en train ? Juste pour voir le lieu où un homme que je n'ai jamais connu, et qui est mort plus de cent ans plus tôt, a accosté avec ses rêves.

Oui, c'est bien ça.

Avec la caféine qui envahit mon sang, mon taux d'ocytocine se met à faire des montagnes russes et deux terribles pensées me tétanisent. La première : tout ça ne rime à rien. Il ne va pas me recevoir, il va simplement me tourner le dos et disparaître dans les ténèbres cyrilliques. La deuxième : en ce moment même, quelque part, quelqu'un d'autre a commencé à écrire un livre sur Fridolf Höök. Le voilà, ce nouvel adversaire, il chantonne joyeusement, alors qu'il passe en revue tous les articles en russe – sa langue maternelle, bien sûr – desquels je ne parviens à déchiffrer que le malheureux globe écrasé et transpercé.

Il faut que j'établisse un contact avec Vladivostok, il le faut. Il faut que je trouve une bonne âme qui m'aidera à m'orienter dans le flot des épouses, des écureuils et des élevages de lugeons.

J'y repère une université qui propose un cursus d'histoire. La page web comporte un lien vers la procédure d'admission des étudiants étrangers, et l'espace d'un instant, je suis traversée par une idée saugrenue : et si je m'installais à Vladivostok pour étudier, l'histoire de la Sibérie orientale par exemple, et si j'écrivais une thèse sur Fridolf ? Non, quand même pas.

Ce serait de la folie d'obliger les enfants à déménager à l'autre bout de l'Asie à cause de ma lubie. De la folie.

J'envoie des mails à plusieurs adresses trouvées sur les pages de Far Eastern Federal University : à une adresse « info » pour les étudiants, à celle du directeur de l'institut et à toutes celles que je parviens à trouver.

Dear Sir/Madam, je m'intéresse à un Finlandais qui s'est installé dans votre région il y a cent cinquante ans. Pourriez-vous m'aider à le retrouver ? Je compte venir le voir, peut-être l'année prochaine.

Voilà comment je scelle le caractère sérieux de notre relation, voilà comment je rends notre histoire publique : je dis que je suis en train d'écrire un livre sur Fridolf. J'ai le trac. On peut me répondre pour me dire qu'il est déjà pris. Il a déjà quelqu'un, quelqu'un à qui il a promis de raconter son histoire.

Je ne résiste pas à l'envie de nous aménager notre petit coin à nous sur le disque dur de mon ordinateur, une petite cachette où se retrouver à l'abri des regards indiscrets. Je crée un dossier bleu ciel que j'intitule « À propos de Fridolf et de l'utopie ». Dedans, j'aménage de petites pièces que je décore avec des bribes d'informations : des dates, des lieux, la photo prise à Osaka, des articles sur toi, et pour finir la carte de la Russie pour être sûre de te retrouver.

Dans les articles en russe, j'apprends ton intérêt pour les traditions locales. Tu as même rassemblé une collection d'objets ethnographiques. Comme c'est charmant ! J'ai étudié l'archéologie et l'anthropologie, nous pourrions avoir des loisirs communs. Puis je lis que ta collection ethnographique dispose d'une salle d'exposition dédiée dans le musée Arseniev. Où se trouve-t-il ? Quand je tape son nom dans la barre de recherche, je tombe sur une page en russe où je crois comprendre que le musée est situé à Vladivostok. Au départ, il n'y avait que Ресторáн (restaurant), puis les globes transpercés du début et de la fin de ton prénom, et maintenant, après des heures de pratique, j'arrive à déchiffrer Vladivostok en lettres cyrilliques.

Le musée semble toujours exister mais je n'y vois nulle part d'adresse de contact. Je navigue sur le site Internet mais impossible de trouver le symbole @.

Je suis en train de remplir de nouveau la cafetière quand subitement mes recherches portent leurs fruits. Je reçois un mail de l'université de Vladivostok, envoyé par un certain Ivan Pisarev. Il est heureux d'apprendre que j'écris un livre sur toi. Le capitaine Höök est en effet un personnage important de l'histoire de Vladivostok, m'écrit-il. Il compte transférer mon message à Victor Shalai, directeur du musée Arseniev. Et il me promet de m'aider. Il m'accueillera à Vladivostok et jouera les interprètes au besoin.

Tu entends, Fridolf ? Ils t'appellent « capitaine » et ils se souviennent de toi ! Tu es une figure marquante de l'histoire de Vladivostok ! Est-ce parce que tu y as conduit 50 émigrés finlandais ? Ou à cause de ta clôture extraordinaire ? Ou grâce à ta riche et noble épouse ? À ta haine des *honghuzi* ?

6

Depuis la lecture du livre de Halén et ma rencontre avec Fridolf, j'ai fouillé dans mes placards. J'ai retrouvé des objets que je pensais avoir perdus ou jetés. J'ai fixé au mur au-dessus de mon bureau une affiche qui reproduit une ancienne carte maritime. Elle représente le monde entier coupé en deux, comme une pomme. Les continents apparaissent en marron, les océans tout autour sont bleu encre.

Il y a des années, j'ai épinglé cette carte des lieux que j'avais visités. Elle a ensuite fini enroulée dans un tube en carton, et on n'y voit plus que les trous laissés par les punaises. Un chapelet fantaisiste de rêves perforés, dont aucun ne se trouve à Vladivostok. Les traces les plus proches sont à Hong Kong et à Bangui, une ville dans le nord des Philippines. En Russie, je n'ai épinglé que Mourmansk.

Je me demande ce qui a poussé Fridolf en Sibérie, dans les bras des *honghuzi* bagarreurs.

Quand je pense à l'histoire de ce pays, je ne vois que des choses sombres, de la tyrannie et de la souffrance. La Russie, notre éternel voisin. L'ours affamé. Le règne d'un cavalier torse nu. Mes homonymes, les impératrices Catherine, la première et la deuxième. Je vérifie si l'une ou l'autre est en vie et au pouvoir à ton époque. Ah non. La première est née en 1684 et décédée en 1727. La deuxième, la Grande, est elle aussi morte plusieurs décennies avant ta naissance en 1836.

Je sais qu'au XIXe siècle, l'or américain et la promesse d'un enrichissement express attirent les foules de l'autre côté de l'océan. Je comprends ces rêveurs parmi lesquels il y a aussi des membres de ma propre famille. Mais la Russie, bon sang! Bien plus tard, à la fin des années 1920, alors que le monde capitaliste souffre de récession, l'idée d'un nouvel État ouvrier séduit ceux qui rêvent d'un idéal communiste, mais tout cela se termine très mal. Et puis j'ai aussi des raisons personnelles qui nourrissent cette aversion envers mon voisin: lors de la guerre de Continuation entre la Finlande et la Russie, mon parrain est fait prisonnier avec 1000 autres soldats finlandais et enfermé dans le camp de Tcherepovets. Il en est revenu à Noël, en 1944, une coquille frêle et abattue de 46 kilos. Pourquoi quiconque voudrait se rendre en Russie?

Mais peut-être que je me trompe. Peut-être qu'au XIXe siècle, on ne réfléchit pas ainsi, et que, pour toi, aller en Russie depuis la Finlande, c'est simplement du tourisme intérieur, rien de plus.

◆

Je ne sais pas si j'apprécie ce qui est en train de se passer. Je n'ai pas très envie d'écrire tout cela pour que ce soit lu, mais quand je pense à toi, Fridolf, à ta clôture et à tes voyages, ma propre mer commence à m'engloutir et je n'arrive pas toujours à lutter contre son ressac. Ces années me reviennent par éclairs, comme des éclats de lumière sur les écailles de l'eau. Certains jours, les souvenirs surgissent trop vite. Fixer un soleil éclatant rend le regard flou, tremblant, tourbillonnant. Les souvenirs qui surgissent trop rapidement font le même effet.

Fridolf Höök, capitaine chasseur de baleines, léger soupir et douce brise, m'a prise par la main pour me conduire sur la plage.

Je regarde la mer, cette étendue ondoyante. En arpentant ses rivages, j'ai vu des paysages qui ne se répèteront plus jamais. Un jour, elle est étale, comme si elle dormait. L'instant d'après, elle entre en ébullition, devient un volcan qui crache de la lave écumeuse, une gueule immense nous couvrant de bave.

Nous ne nous connaissons que depuis quelques jours, et tu m'as déjà entraînée vers cette journée de fin mai, en 2002. Ce jour-là, debout dans le hall des départs de l'aéroport de Melbourne, vêtue d'un anorak couleur framboise, je pleure comme une Madeleine. Dans ma poche kangourou, vingt kilos de photos, de négatifs et de diapositives. Cinq ans de souvenirs de la mer et des confins de la terre. Des gens devant leur case d'argile en Namibie, des poissons plats en train de sécher sur du carton quelque part sur les côtes malaisiennes, la peau mate bronzée par le soleil des Philippines, un cocotier sur une île déserte, la pénombre de la forêt tropicale de Bornéo, un thon vigoureux pêché dans l'océan Indien. Un cliché flou d'un jeune albatros, encore couvert de duvet gris, tellement grisé par le vent qu'il a failli heurter la voile à plusieurs reprises.

Je n'ai pas envie de me rappeler cette époque, mais souvent quand je pense à toi, Fridolf, quelque chose m'y attire et m'y entraîne, je revois les vagues et le ciel, les photos dans les poches de mon sweat, et bien d'autres choses encore. Les réminiscences de ces années vont et viennent comme le ressac, elles remontent puis disparaissent de nouveau. Je veux remonter le temps, retourner cent cinquante ans plus tôt, pour rejoindre la région de l'Amour et passer la clôture en os de baleine de Fridolf Höök, mais il y a entre nous une autre mer, et bien d'autres tempêtes. L'eau bouillonne, écume, et je n'arrive pas à poursuivre mon voyage vers toi.

À quel jeu jouons-nous, Fridolf ? Tu me dévoiles quelque chose de toi, et maintenant c'est à moi de te raconter ma vie, de dire les lieux et les rêves qui n'existent plus ?

Sur la photo de toi en noir et blanc, tu regardes derrière moi et tu attends.

Soit. À condition que je puisse commencer avec un souvenir facile. Cela suffira pour le moment. Il reste une heure avant le crépuscule, la mer autour du voilier est embrumée, on dirait qu'elle prend feu quand les rayons de soleil lèchent l'eau. Elle nous porte et berce le bateau, le vent gonfle légèrement les voiles. À l'horizon, on aperçoit des nuages striés de taches d'encre, libérant une pluie grise.

Tombe la nuit noire. Je suis la seule à être réveillée. Toute la soirée, des cumulonimbus se sont rassemblés dans le ciel, comme des cadavres accrochés là-haut, et voilà le premier rai de lumière qui tranche en deux la coupole sombre au-dessus de moi. La fourche de feu s'enfonce dans la mer. Ça gronde, là-bas au loin, mais là où je suis, éveillée, c'est le silence qui domine. Pendant encore un instant, le vent est doux et tendre.

Autre éclair, autre coup de tonnerre. L'air se refroidit. Les rafales se taisent, mais tout ce qu'elles touchent parle pour elles, ça claque, ça bruisse, ça clapote, ça chuinte. Je suis assise sur le pont et je sirote du café sucré dans un Thermos. Le bateau se met à tanguer avec plus de force quand les bourrasques s'attaquent aux voiles.

La tempête arrive en tambourinant et en grondant, elle fait claquer les cordes contre le mât, balance des vagues contre la coque. Je ne pourrai rien contre elle si elle décide de briser le bateau, ou de le faire couler et de nous noyer par la même occasion, Nick et moi. Cette pensée rend la vie simple et insouciante : je ne peux rien faire qui puisse influer sur la nature ou sur la volonté de la tempête qui s'annonce.

Il paraît qu'une utopie t'habite, Fridolf, un idéal de colonie. Avec toi, je me souviens de mon propre voyage, alors que ça fait longtemps que je n'y pense plus. Je l'avais enfermé dans ma mémoire, dans une mince coquille aussi trouble et fragile qu'une bulle de savon soufflée par un enfant. Vue de loin, elle semble sans défaut et couleur arc-en-ciel, et c'est ainsi que je voudrais me souvenir de mes cinq années salées, moutonneuses et venteuses passées sur un voilier.

Désormais, cet épisode ressemble à une utopie, à quelque chose qui m'est étranger. À la vie de quelqu'un d'autre. Ce que je désigne par « utopie », c'est quelque chose de terriblement bon, de trop bon pour être vrai. C'est contraire à tout réalisme, c'est une brume insaisissable.

En écrivant ceci, j'ai l'impression qu'utopie devient synonyme d'échec. Si je renonce à te suivre, nous aussi, nous deviendrons une utopie.

7

J'ai repéré une nouvelle source à la bibliothèque. Le roman de Kristina Carlson, *Maan ääreen* (*Aux confins de la Terre*), a reçu le prix Finlandia* de littérature en 1999. L'ouvrage est inspiré de la vie de Lennart Falk, un jeune bachelier qui, dans les années 1860, part chercher fortune dans la région de l'Amour.

Voici comment un des personnages de Carlson situe cette région du monde :

> Où est la Sibérie ? Je ne pense pas aux latitudes et aux longitudes. Je ne pense pas à la Sibérie des villes minières qui se meurent, où une femme de 50 ans en paraissant vingt de plus ramasse des éclats d'aggloméré et des fragments de planches dans une maison en ruine pour chauffer sa chambre.
>
> Je ne pense pas à la Sibérie dont le nom porte l'écho sinistre de tous ceux qui y étaient envoyés depuis la Russie ou l'Union soviétique pour meurtre, vol, fraude, pour des origines ou des opinions suspectes.
>
> Je pense à la Sibérie de Lennart Falk et de l'expédition de Höök, je pense au pays d'Amour, au pays du bonheur.

À en croire le narrateur, Fridolf a enfoncé sa pelle dans cette terre de félicité pour y planter un os de baleine. Le pays d'Amour est alors la destination de rêve de tous les

* Le prix Finlandia est le prix littéraire le plus prestigieux en Finlande.

aventuriers en quête de bonheur. L'été, le sable du rivage est chaud sous les pieds nus, à l'automne, il fait des bruits de succion sous les bottes, et arrivé en janvier, il crisse sous les pas.

Vous êtes 50 Finlandais à naviguer jusqu'ici en 1868. Comment avez-vous eu l'idée de vous diriger vers cet endroit dont je ne savais rien il y a encore quelques jours ?

Je reviens de la bibliothèque avec une montagne de livres sur notre voisin de l'Est et je les dévore, essayant de comprendre tes motivations. Revenir en 1868 ne suffit pas. Je dois remonter plus loin dans le passé.

J'apprends que dans le tumulte du XVIIe siècle, l'Empire russe s'agrandit vers l'est, jusqu'à toucher le Pacifique. J'imagine les rangs serrés des troupes russes avancer comme une colonne de fourmis, franchissant l'Oural pour rejoindre la steppe parsemée des yourtes des Tatars et des Mongols, je les vois traverser à gué les rivières glaciales, avancer en trébuchant jusqu'au moment où l'odeur salée et iodée du Pacifique leur chatouille le nez. Ils entendent les vagues rouler sur les galets. Là, à 10 000 kilomètres de Saint-Pétersbourg, ils s'agenouillent et disent : « Désormais, cette terre est à nous. »

Mais cela ne leur suffit pas. Ils reprennent des forces, et au siècle suivant, ils se remettent en route. Ils naviguent, rament et hissent les voiles pour traverser le Pacifique, ils rejoignent le continent suivant, assoiffés, affamés et cramés par le soleil. Ils pataugent vers les rives de l'Alaska et disent : « Désormais, ceci est à nous aussi. Nous sommes le pays le plus vaste que cette planète ait jamais connu. »

Ils ont si faim qu'ils veulent s'offrir encore un petit dessert : ce sera la minuscule Finlande, tout à l'ouest, à l'autre bout de l'Empire, encore sous le joug du royaume de Suède. La Russie la grignote par petits bouts, une première bouchée en 1721, une autre en 1743. Rassasiée pendant un temps, elle finit par nous gober tout entiers en 1809.

Dans le ventre sans fond de la Russie, nous devenons une sorte d'hybride, un coin à l'écart du système digestif, un appendice. Nous devenons un grand-duché de la Russie qui est notre souveraine, mais nous disposons d'une administration autonome. Tout n'a pas à être discuté avec les fonctionnaires de Saint-Pétersbourg, et nous conservons la législation reçue en héritage de la Suède. La majorité de la population parle finnois, mais une petite minorité, dont Fridolf fait partie, a le suédois pour langue maternelle. Le mark finlandais, notre monnaie à nous, est reconnue en 1860.

Être un appendice comporte des avantages, tout du moins pour celui qui rêve d'une carrière de fonctionnaire et d'horizons plus vastes que celui formé par les chaumières enfumées et les tristes villes de province. Les Finlandais ont le droit d'aller et de venir, ainsi que de travailler en Russie, et l'administration russe compte de nombreux fonctionnaires finlandais. La Russie, ce sont des opportunités de travail et la possibilité de se constituer un joli petit patrimoine.

À cette époque, la partie occidentale de la Russie, densément peuplée, est un centre culturel et administratif bouillonnant, et par-delà l'Empire, l'Extrême-Orient et l'Alaska clairsemés et déserts sont arpentés par des trappeurs et des commerçants qui, à la fin du XVIIIe siècle, y fondent la Compagnie russe-américaine. Il s'agit de la première société par actions en Russie, dont un tiers du bénéfice revient au tsar. La Compagnie soutient aussi l'extension de l'Empire vers l'est et l'administration des territoires maritimes orientaux.

Pour les trappeurs, faire partie de la Compagnie est un atout. Ils sont protégés par l'État, ce qui leur octroie le monopole pour commercer, chasser, naviguer et construire des mines sur les territoires russes en Amérique du Nord ainsi que dans les eaux situées entre les deux continents.

Plusieurs Finlandais travaillent pour la Compagnie, que ce soit sur les navires ou à d'autres fonctions. L'un d'entre eux s'appelle Arvid Adolf Etholén. En 1818, il rejoint la Compagnie à Sitka, en Alaska. En 1840, il est nommé gouverneur russe d'Amérique. Toi, Fridolf, tu n'as alors que 4 ans. Es-tu déjà un enfant aventurier, le genre à effrayer tes parents en disparaissant parfois ; es-tu déjà un explorateur, les poches remplies de petits cailloux, de pommes de pin et de vers de terre ? Quelques années plus tard, tu pars en mer et tu y restes. Tu ne fais que passer en Finlande, le temps de trouver une nouvelle mission. Puis tu t'en vas de nouveau.

À côté de son travail de gouverneur, Etholén s'est aussi trouvé d'autres occupations. Il cartographie les côtes nord-ouest de l'Alaska et de l'Amérique du Nord, il constitue une impressionnante collection ethnographique d'objets indigènes ainsi qu'un vaste cabinet de curiosités rempli d'objets naturels.

Qu'est-ce que j'aime imaginer ce gouverneur collectionneur de coquillages arpentant les côtes de l'Alaska ! Quand il croise un autochtone vêtu de sa culotte en peau de phoque, le voilà qui, sous l'effet de la curiosité, se transforme instantanément en ethnologue. Je le vois agiter les bras et proposer un carré de sucre à l'homme en culotte de peau, tentant ainsi de trouver un langage commun.

J'ai toujours admiré ces personnalités à la De Vinci, ces polymathes poussés par la curiosité, prêts à relever chaque défi, le genre d'individus qui aujourd'hui seraient probablement orientés vers des tests d'hyperactivité et de troubles de l'attention. Dans l'histoire des migrations, ces De Vinci sont nombreux. Toi Fridolf, tu en es clairement un, et même Etholén semble s'en approcher. Personnellement, je vois surtout chez eux une saine curiosité et une polyvalence qui, à l'époque, sont encore tenues en haute estime.

Du temps d'Etholén, quelques Finlandais immigrent vers l'Alaska russe : un premier groupe de 51 personnes en 1838, suivi de 30 autres dix ans plus tard, puis de 30 autres encore en 1851. Pendant son gouvernorat, la paroisse finlandaise de Sitka compte 100 à 150 fidèles, ce qui représente alors un tiers de toute la population immigrée de l'Alaska. Un tiers, ce n'est pas si mal. Dans les rues de Sitka, impossible de ne pas entendre parler finnois ou suédois avec un accent finlandais.

Dans les années 1840, le pasteur de la paroisse de Sitka s'appelle Uno Cygnaeus, le fondateur de « l'école populaire »* finlandaise, aussi missionnaire chez les Indiens d'Amérique. Cygnaeus lui-même a suivi sa scolarité avec un précepteur dont l'une des sanctions était d'envoyer l'élève fautif sous la table pour y subir les coups de pied de ses camarades. Pas très étonnant qu'il ait ensuite éprouvé le besoin de réformer la culture pédagogique finlandaise.

* *Kansakoulu*, « l'école populaire », est alors l'équivalent de l'école primaire avec cinq années d'étude. Ce modèle est fondé dans les années 1860.

Etholén ne gouverne l'Alaska que pendant cinq ans. Son successeur, Johan Hampus Furuhjelm, est finlandais lui aussi, né à Helsinki. Il a trois frères dont un, Harald Furuhjelm, travaille pour le gouvernement russe en Sibérie orientale. Quand Fridolf Höök et ses compatriotes se mettent en route vers ces contrées, c'est Harald Furuhjelm qui représente l'autorité russe dans la région de l'Amour.

Tout ce que je lis me donne l'impression que des troubles agitent la région dans ces années 1860. Dans le nord, les Russes sont arrivés au terme de leur longue marche et se sont approprié les territoires traversés, mais il reste toujours cette petite langue de terre, coincée entre la Chine et le Pacifique, qu'ils convoitent.

Les Russes ne sont alors pas les seuls candidats à la conquête, mais ils sont peut-être les plus passionnés. Les

Anglais sont venus flairer le potentiel du coin dès les années 1840 et ont baptisé la baie de Vladivostok Port May. Les Russes, eux, l'ont nommée « le golfe de Pierre-le-Grand ».

La région a une importance stratégique : en l'occupant, les Russes couperaient la route terrestre de la Chine vers la mer du Japon et empêcheraient par la même occasion les Européens, notamment les Britanniques, de venir fourrer le nez dans leurs affaires. La guerre de Crimée, qui s'est terminée en 1856, a poussé la Russie à renforcer ses frontières extérieures contre de nouvelles attaques. Reste à sécuriser la frontière orientale.

Au XIXe siècle, cette partie du pays est plutôt chinoise et nord-coréenne que véritablement russe. Plusieurs peuples autochtones y résident aussi. Dans les terres vivent des chasseurs-cueilleurs et des éleveurs de rennes. Quant aux peuples côtiers – les Bouriates, les Toungouzes, les Goldes, les Orotches, les Nanaïs et les Guilyaks –, leur subsistance, leur régime alimentaire et leur artisanat dépendent de la mer et du fleuve. Ils se nourrissent de poisson et de fruits de mer. Vêtements, hameçons et objets usuels sont fabriqués avec du cuir de poisson et des os de mammifères marins. En plus des autochtones, les côtes sont exploitées par des Chinois, des Coréens et des Japonais.

Pour russifier et protéger la région, l'administration tente d'y attirer des colons qui pourraient cultiver la terre tout en profitant de la riche faune marine et fluviale. Les cours d'eau regorgent de saumons, et dans la mer, algues, crustacés et mammifères marins ne demandent qu'à être pêchés. Mais le climat et la terre de la région s'adaptent difficilement aux traditions agricoles russes. Les paysans rechignent à s'y installer.

De fait, dans les années 1860, cet Extrême-Orient est surtout composé de forêts vierges. La région est immense, dix fois la superficie de la Finlande, et compte 872 habitants chinois. Les autochtones seraient quant à eux 11 000.

En 1850, un peu plus au nord, on construit le fort de Nikolaevsk, à l'embouchure du fleuve Amour. Pendant la décennie qui suit, des transferts forcés de population ont lieu pour renforcer la présence russe. Des primes sont proposées aux fonctionnaires pour qu'ils viennent s'installer dans la région. Des Nord-Coréens crevant de faim, attirés par la vie meilleure qui se profile de l'autre côté de la frontière, viennent grossir les rangs et sont accueillis à bras ouverts par les Russes. Ces derniers apprécient leur maîtrise de l'agriculture sous ces latitudes aux conditions climatiques étranges.

Les premières tentatives russes pour une installation pérenne ont lieu en 1860 puis en 1865, avec la construction de villages proches de la ville actuelle de Vladivostok. Les habitants sont alors des paysans russes et des prisonniers qui ont été transférés de force de Sibérie. La cohabitation des colons et des autochtones n'est pas de tout repos.

Dès 1862, les fonctionnaires russes tentent de faire venir en Amour des navigateurs et des pêcheurs depuis Arkhangelsk, les rives de la Volga et de la mer Caspienne. Les rares qui se laissent convaincre ne restent pas : certes, le poisson ne manque pas, mais à qui le vendre ? Personne ne vit dans le coin.

Les Russes rechignant à peupler cette contrée lointaine de l'Empire, il faut trouver d'autres solutions. Le regard de l'empereur se porte alors vers l'ouest, vers les Finlandais et les Baltes. Ils lui paraissent vite suffisamment russes pour se voir confier la mission.

Et qui de mieux qu'un Finlandais pour convaincre d'autres Finlandais ? Harald, l'un des trois frères Furuhjelm, le représentant de l'autorité russe dans la région de l'Amour, prend à cœur de faire venir de courageux Finlandais que la nature sauvage n'effraiera pas. Des gens comme toi, Fridolf.

8

Je sirote mon café et je regarde les points troués sur le planisphère scotché au mur au-dessus de mon bureau.

Le climat, l'environnement, la faim, les conflits, les ressources en matières premières et l'explosion démographique ont toujours fait bouger les humains. Nous ne sommes pas non plus les premiers que l'amour, la haine ou la curiosité ont poussés à prendre la route. L'humain tend toujours vers quelque chose de mieux, attiré par le bout de l'arc-en-ciel.

Dans les années 1990, je suis partie travailler d'abord en Espagne puis au Moyen-Orient. Ce n'était pas tant la recherche d'emploi que le goût de l'aventure qui m'avait poussée à partir. Puis, en 1997, j'ai pris la mer. J'avais 26 ans et j'ai pris la décision sur un coup de tête.

Je travaillais comme kinésithérapeute au Moyen-Orient. Les vacances approchaient et j'hésitais sur le choix d'une destination. Je suis alors entrée dans une agence de voyages que je connaissais et j'y ai aperçu une affiche : un cocotier penché au-dessus d'une plage de sable blanc et d'une mer turquoise, surmonté du nom d'un pays, les Philippines.

J'ai d'abord parcouru l'île principale, Luçon, avec un sac à dos et en compagnie d'une Australienne dénommée Alison. J'ai documenté le voyage en remplissant des rouleaux et des rouleaux de pellicule et j'ai stocké dans mon sac des tickets de bus, des brochures touristiques, des petits cailloux avec une forme particulière, des grosses pommes de pin, des additions de restaurant et des billets de musées.

Après avoir admiré les rizières en terrasses formant des paysages en mosaïque, dans le nord de l'île, nous avons sorti notre *Lonely Planet Philippines* et nous nous sommes demandé quoi faire.

« Et si on prenait le bac pour l'île de Mindoro ? Il y a de jolies plages là-bas.

– Pourquoi pas ! Allons-y. »

◆

J'ai vu Nick pour la première fois dans une épicerie guère plus grande qu'un dressing à Puerto Galera, la capitale de Mindoro. Alison et moi achetions de l'eau, Nick un soda. Après avoir réglé nos courses, nous sommes partis à la plage. Un voilier se balançait dans la petite baie. Nick a pointé l'embarcation du doigt et nous a dit qu'il voyageait comme ça. Il m'a fait pitié : quand même, vivre et dormir sur ce minuscule bateau... Je lui ai dit que nous avions loué un grand bungalow pour quelques jours, il y avait de la place pour lui, s'il avait envie.

Nick a ri et a demandé : « Vous voulez venir voir un match de rugby au club de voile ? »

Nous avons passé quatre jours à regarder du rugby au bar du club de voile de Puerto Galera, à jouer au billard, à manger des hamburgers et des pizzas et à boire de la bière. Nous avons peu dormi, nous nous sommes baignés, et j'ai plongé près d'épaves de la Seconde Guerre mondiale.

Les vacances se sont terminées, et je suis rentrée au Moyen-Orient.

Trois semaines plus tard, j'ai démissionné de mon travail dans un hôpital de Dubaï, j'ai vendu mes meubles, ma chaîne hifi, mes vases, mes tapis orientaux, et j'ai expédié le reste de mes affaires en Finlande. J'étais à l'aéroport de Dubaï avec mon sac à dos contenant des affaires de plongée, un appareil photo et dix bocaux de Vegemite, une pâte à tartiner australienne de couleur marronnasse que Nick m'avait demandé de lui rapporter. Voilà où j'en étais : j'embarquais de nouveau pour les Philippines, pour rejoindre un Australien que j'avais fréquenté pendant quatre jours. Je laissais derrière moi dix-huit mois de désert, de vêtements couvrant pudiquement épaules et genoux. Je n'avais aucune idée de ce qui m'attendait.

Si on m'avait alors demandé de quel côté se trouvait le tribord et le bâbord, comment on hissait les voiles et ce qu'était une cambuse, ou bien où je me trouverais quatre mois ou quatre jours plus tard, je n'aurais pas su quoi répondre. Je ne connaissais que l'horaire de décollage et l'horaire d'arrivée estimé aux Philippines.

Peut-être que ce genre de situations se présentaient aussi au XIXe siècle. Le goût de l'aventure. L'attrait de l'or. La curiosité. L'herbe plus verte. Les coups de tête. Phileas Fogg, le personnage de Jules Verne, a fait un pari et il est parti pour un tour du monde en quatre-vingts jours en 1872. Votre départ à vous ne laisse-t-il, lui non plus, pas place au doute ? Vous n'établissez peut-être pas un tableau avec des plus et des moins, ni tenez de longs discours pour dérouler des arguments bien affûtés. Quelque part au loin, il y a alors une terre qui n'a pas été foulée, qu'aucune pelle n'a mordue et encore moins remuée de fond en comble. Peut-être vous dites-vous simplement : « Allons voir ce qu'elle aura à nous proposer. » Quelqu'un lance l'idée : « Et si on partait pour l'Amour ? » Tu hausses les épaules et tu réponds : « Pourquoi pas, allons-y ! »

9

Je plonge dans un autre livre. *Suureen itään* (*Vers le Grand Est*) est un pavé de l'historien Max Engman, spécialiste de l'étrange cohabitation de la Finlande et de la Russie. Je finis par me dire que si j'avais vécu au XIXe siècle, j'aurais moi aussi fait ma valise pour partir en Russie. Les Finlandais sont alors nombreux à Saint-Pétersbourg – Engman la désigne d'ailleurs comme la seconde grande ville finlandaise après Turku. On y trouve des bijoutiers, des musiciens, des écrivains, des prostituées, des géomètres, des domestiques et des médecins, tous finlandais.

Les Finlandais disposent également de places réservées dans les universités russes. Il n'y a à l'époque qu'une seule et unique université en Finlande : l'Université impériale d'Alexandre, qui forme avant tout des fonctionnaires et des pasteurs. Peut-être aurais-je moi aussi candidaté à l'internat fondé à Smolna par Catherine la Grande, ou à l'institut Catherine, un établissement pour filles à Saint-Pétersbourg, et je serais devenue institutrice. Ou peut-être me serais-je rendue en Russie pour me marier, comme l'a fait Catharina af Enehjelm qui, en 1875, épouse le prince et châtelain géorgien Davit Bagrationi-Moukhraneli. Ou bien aurais-je plutôt suivi les traces d'une autre homonyme, Katarina Widnäs, née en 1898, étudiante à Smolna, puis docteure en médecine et en chirurgie, spécialisée dans le traitement de la tuberculose ?

Derrière ces places réservées, et très convoitées, il n'y a pas que de la philanthropie. L'accès à la formation est un moyen efficace d'assimiler des sujets finlandais, de s'assurer de leur engagement envers la Russie, et une façon de contrer l'influence de la Suède, autre destination prisée des étudiants finlandais. Personnellement, je ne pense pas que cette petite manipulation m'aurait dérangée. De toute façon, à cette époque, je n'aurais eu aucune idée sur la durée de notre concubinage avec la Russie.

Même la Sibérie semble avoir bonne presse au XIXe siècle, puisque des milliers de prisonniers finlandais demandent à y être transférés. Certes, pour un meurtrier, c'est toujours mieux qu'une peine de mort, mais je suis étonnée de constater que même des personnes condamnées à des peines courtes, de quelques mois, puissent solliciter ce transfert, hommes et femmes confondus, parfois accompagnés de leur famille.

En me penchant de plus près sur l'histoire du peuplement des régions orientales de la Russie, je suis de plus en plus convaincue qu'existe chez toi, chez moi, chez plusieurs autres Finlandais, la même envie irrésistible de partir. Et s'il était possible de vivre là-bas, au loin, et s'il y avait là-bas la possibilité d'un nouveau départ ? La réponse ne peut être obtenue qu'en y allant et en nous en rendant compte de nos propres yeux. C'est une curiosité qui flambe toute seule, et qui nous ronge de l'intérieur jusqu'à ce qu'elle soit assouvie. C'est comme une respiration retenue, une pression et une angoisse qui s'apaisent seulement une fois que nous sommes arrivés à une distance telle de la maison qu'il est devenu impossible de rebrousser chemin à pied.

Nous ne sommes pas bien nombreux comparés à d'autres peuples, mais nous avons laissé des traces à des endroits étranges, et il en a toujours été ainsi. Dans son livre, Max Engman raconte une anecdote amusante sur l'explorateur polaire d'origine finlandaise A. E. Nordenskiöld, parti pour un tour de l'Europe et de l'Asie. En août 1879, l'expédition accoste avec le *Vega* sur les côtes orientales de la Russie. Elle vient de passer dix mois emprisonnée par la glace. Alors que le bateau contourne l'île de Béring, l'équipage aperçoit sur le rivage un campement de chasseurs de baleines. Une petite barque se dirige vers le *Vega*. C'est le premier contact humain de l'expédition depuis des mois. J'imagine la tête de l'équipage quand l'homme qui tient les rames leur lance en finnois : « C'est bien Nordenskiöld ? Ici Andersson, de Kemiö. Bienvenue ! »

Quand Nordenskiöld et Andersson se rencontrent, les Finlandais sont à peine deux millions. Pourtant, nous sommes alors déjà assez nombreux pour nous retrouver à plusieurs dans la baie de Béring.

◆

Je ferme le livre de Max Engman et j'enchaîne avec celui de Toivo Koivisto, son second ouvrage aux pages jaunies et à l'odeur de renfermé, celui où il a transcrit le récit extraordinaire de ta vie. Toivo est exalté dès les premières pages. J'essaie, tout en lisant, de garder en tête les doutes de Halén quant à la véracité de cette version. Mais l'instant d'après, j'aimerais oublier les mises en garde et croire en cette histoire, pour mieux te connaître. Comment savoir ce que je peux croire ou non ? Toivo aborde ta vie dans l'ordre chronologique et commence son récit en 1868, quand vous partez en mer. « Le capitaine Fridolf Höök connaît les cinq océans », écrit Toivo. Ça, je n'en doute pas. L'auteur poursuit en précisant que tu as chassé les baleines jusqu'aux confins les plus orientaux des eaux russes. Ça aussi, je le crois.

Un soir sombre d'automne, écrit Toivo, alors qu'un petit groupe d'hommes devise sur « les phénomènes de récession économique », l'un des présents évoque la région de l'Amour. Tout à fait par hasard, tu te trouves là, et en entendant ce nom, tu abordes le groupe en question pour leur fournir « des informations de première main sur cette terre d'Utopie ». Bon, j'imagine que pour ce point aussi, je peux croire la version de Toivo.

D'ailleurs je trouve intéressant qu'il mentionne l'utopie, et avec une majuscule qui plus est. Quelle utopie a-t-il construit pour toi dans ce livre ? Représente-t-elle pour lui le bonheur absolu, ou plutôt son contraire ?

Le voilà maintenant qui vous fait vous agiter pour les préparatifs du voyage. J'adore l'enthousiasme de Toivo. Il t'aime, lui aussi. Toivo et moi, nous avons tous les deux choisi le même homme, parmi des millions et des millions de personnes. Nous t'avons choisi toi, Fridolf.

Toivo vous fait quitter Helsinki en 1868, et l'instant d'après vous voilà déjà arrivés en Amour. Si je devais t'envoyer une lettre là-bas, j'aspergerais l'enveloppe d'un parfum de pensées sauvages, puis j'y écrirais l'adresse recopiée dans le livre de Toivo : Capitaine et aventurier Fridolf Höök. Plage de la baie de Strelok, située dans le golfe de Pierre-le-Grand. Région de l'Amour.

Pour rejoindre Primorié depuis ma ville, Oulu, il faut moins de vingt-quatre heures. D'abord un vol d'une heure jusqu'à Helsinki. Puis un autre de deux heures jusqu'à Moscou, et ensuite huit heures et demie jusqu'à Vladivostok. À l'arrivée, j'avancerais ma montre de dix heures.

Mais Fridolf et moi, nous préférons voyager en prenant notre temps. Je veux cheminer vers lui tout en douceur, m'approcher tranquillement dans un train imprégné d'odeurs de tabac, de *smetana* et de pickles vinaigrés, *Le Crime de l'Orient-Express* d'Agatha Christie entre les mains.

En attendant que le meurtre survienne, je regarderais les banlieues bétonnées de Moscou se transformer en forêt regorgeant d'arbres semblables à des têtes de brocolis puis en steppe de lœss poussiéreux. Les hommes qui habitent ici s'enfoncent une énorme chapka en fourrure sur la tête et se gavent de yaourt nature qu'ils servent avec des cuillères en étain, tout en montant des chevaux nerveux.

Nous nous approcherions de la Mongolie, l'air deviendrait plus frais, et du thé servi dans des samovars se dégagerait une fumée claire et épaisse. Des chevaux de Przewalski au poil touffu, bien plus vigoureux que ce que laisserait penser leur petite taille, galoperaient le long du train jusqu'au moment où ils pousseraient des hennissements et changeraient de direction.

Petit à petit, le paysage verdirait, et je saurais que nous serions bientôt arrivés.

Mais pour l'instant, je ne peux pas partir. Je ne sais pas ce que je cherche.

10

Au XIXe siècle, la Sibérie sauvage et vierge n'a de cesse d'attirer des explorateurs dépeignant la région de l'Amour comme une corne d'abondance lointaine et féerique, une région de superlatifs comme l'étaient les utopies du Moyen Âge, les « pays de Cocagne » où régnait la profusion, où les maisons étaient faites de quatre-quarts et les rues pavées de pâtisseries.

Dans les récits sur l'Amour, les sucreries sont remplacées par des fruits de mer, question de couleur locale. Ceux qui reviennent de la région racontent que les rivières sont si pleines de poissons qu'ils se cognent contre le fond du bateau. On les attrape à mains nues – que dis-je, ils sautent directement dans la barque ! Celui qui tient les rames a intérêt à ne pas se laisser déborder : en un clin d'œil, les poissons peuvent remplir l'embarcation au point de la faire couler. Et ce n'est pas tout ! Il n'y a pas que des écailles argentées dans l'Amour, il y a aussi de l'or.

Les Russes n'étant pas enclins à venir s'installer, on s'adresse donc aux Finlandais, à grand renfort d'articles de presse et d'annonces à l'église. L'époque est propice à l'aventure. Le pays traverse une période de disette, les récoltes ont été mauvaises plusieurs années de suite et les gens meurent de faim par milliers. L'empereur russe propose une alternative à la misère : des terres agricoles fertiles et gratuites le long de l'Amour.

L'empereur Nicolas Ier, réputé autoritaire, a laissé sa place à Alexandre II, bien plus détendu et réformiste que son prédécesseur, et d'ailleurs très apprécié en Finlande. Il promet aux colons amouriens toute une série d'avantages : des terrains gratuits avec un droit d'usage illimité, une exonération d'impôts pendant quarante ans, et une dispense de service militaire non seulement pour les colons mais aussi pour leurs enfants.

Dans un numéro de novembre 1868 du journal *Ilmarinen*, il est précisé que « pour aider à l'installation, les pionniers recevront un emprunt ou suffisamment de farine de seigle pour tenir jusqu'à l'année suivante, des outils agricoles et des bêtes, ainsi que toute autre chose nécessaire à leur installation ». Ceux qui se satisfont d'une parcelle à l'intérieur des terres se voient aussi octroyer un droit illimité de pêche.

Les Finlandais sortent alors de la guerre de Crimée, où ils se sont battus contre les Anglais. L'effort de guerre a augmenté les taxes, on se serre de plus en plus la ceinture. Les promesses d'exonération d'impôts et de dispense de service militaire doivent en séduire plus d'un.

Je comprends qu'ils soient alors nombreux à rêver de départ, de terre féconde et de pépites d'or. La famine dure depuis bientôt dix ans, et le pire est à venir. En mai 1867, la température ne dépasse pas deux degrés, y compris dans le sud de la Finlande, et en juin, les lacs sont encore gelés et les champs couverts de neige. L'hiver suivant est terrible, les maladies s'ajoutant à la faim et à la malnutrition.

La situation ne fait qu'empirer au printemps 1868. En janvier, 8 000 personnes meurent de faim et de maladies. En février, ils sont 9 400, en mars 14 500, en avril 20 600 et en mai 25 200. Cette année d'horreur, on enregistre en Finlande 137 700 décès – la famine fait plus de victimes que la guerre civile de 1918, la guerre d'Hiver en 1939 ou la guerre de Continuation entre 1941 et 1944.

Les articles de l'époque décrivent des scènes glaçantes d'enfants en haillons errant au cœur de l'hiver pour mendier un peu de nourriture. Certains n'ont plus ni parents ni maison. En mars 1868, un auteur anonyme écrit dans le journal *Hämäläinen* avoir croisé sur la route trois orphelins vagabondant seuls. Ils ont 18 mois, 3 et 4 ans. Quel peut bien être le destin de ces pauvres petits ?

Dans les journaux de ce printemps-là, les conseils pratiques sur la fabrication de substituts sont légion. Par exemple, le Comité des lichens et des champignons du comté de Turku suggère d'épaissir la pâte à pain avec une farine fabriquée à partir de lichens ou d'herbes. D'autres utilisent une recette composée d'un tiers de farine de seigle et de deux tiers d'argile. Beaucoup ont si faim que quand ils avalent enfin une miette de pain et une goutte de lait, le choc pour l'organisme est tel qu'ils n'y survivent pas.

Ce printemps-là, les menuisiers n'arrivent pas à fournir assez de cercueils pour répondre au rythme des décès, et les funérailles deviennent collectives. Presque tous ont perdu quelqu'un, presque tous ont des raisons de s'habiller en noir et de pleurer un proche. En plus de la faim et de la misère, les gens meurent de chagrin.

C'est ce genre de printemps que les Finlandais ont derrière eux quand le nom Amour est mentionné, quand Fridolf Höök l'attrape au vol et que 50 personnes se lancent avec lui dans les préparatifs d'un voyage vers un avenir meilleur dès l'automne suivant.

Certains considèrent que ces émigrés fuyant la faim, voire ceux qui ne font que rêver tout haut de départ, sont des traîtres à la nation, des lâches qui quittent le vaisseau tels de pauvres rats, alors que le pays aurait grandement besoin de citoyens courageux pour sortir de la misère. Mais ce sont précisément ces personnes-là qui choisissent de partir vers l'inconnu, avec pour seuls bagages leurs rêves de richesse qui peut-être n'existent même pas.

Vers la fin de l'année 1868, un auteur utilisant les initiales « C.L.S. » décrit dans *Helsingfors Dagbladet* la situation à Ilomantsi, une ville prise d'assaut par des orphelins et des ouvriers russes qui dérobent leurs dernières miettes de pain aux habitants crevant de faim. L'auteur expose ses doutes quant à l'émigration vers l'Amour. La décision de partir semble si simple, mais est-il vraiment possible d'y gagner autant d'argent et d'or en travaillant aussi peu qu'on l'affirme ?

Votre départ à vous découle-t-il d'un leurre ? Est-ce ainsi que l'émigration fonctionne : les plus naïfs et les plus crédules se laissent berner par une publicité mensongère, faisant appel à l'imaginaire ?

Max Engman, spécialiste du sujet, nuance ma théorie. Il distingue deux motivations principales. Les classes les plus aisées partent en général pour leur carrière ou pour des missions ponctuelles. Les classes ouvrières, elles, migrent pour des raisons économiques ou pour se former. Selon Engman, les raisons du départ peuvent être de l'ordre de l'attrait ou du repoussoir, et la famine des années 1860 est sans aucun doute à ranger dans la seconde catégorie.

Il n'y a d'ailleurs pas que les Finlandais qui bougent à cette époque. Les mauvaises conditions météorologiques ont ruiné les récoltes partout en Europe, et les populations sont durement éprouvées par la guerre de Crimée, de l'Empire ottoman aux îles Britanniques. Entre 1850 et 1913, plus de 40 millions de personnes quittent l'Europe pour le Nouveau Monde : l'Australie, l'Amérique du Nord et l'Amérique latine. Les premières années, les départs se font surtout depuis le nord de l'Europe – la Grande-Bretagne, l'Irlande et les pays nordiques – puis, à l'approche des années 1900, depuis les pays du sud de l'Europe. Le continent a alors un surplus de main d'œuvre, et les salaires y sont ridicules, contrairement au Nouveau Monde, à ces sociétés jeunes et modernes offrant d'autres conditions de vie. Là-bas, il y a de la place pour vivre et rêver.

Les Finlandais se voient proposer une alternative en plus : la Russie orientale. Les annonces, les articles de presse et l'ambiance générale favorisant les départs ont raison de centaines de citoyens, tous contaminés par le virus de l'Amour, jusqu'aux confins nord du pays. Le désir d'ailleurs est tel qu'il inquiète certaines autorités. À Oulu, le gouvernement régional conseille d'y réfléchir à deux fois. En lisant tous ces vieux articles, j'ai l'impression que l'envie de partir dépasse les moyens réels de la concrétiser.

Quoi qu'il en soit, le peuple se morfond. À ceux qui pour une raison ou une autre ne peuvent partir, un petit bout d'utopie est tout de même proposé : un quartier ouvrier construit à Tampere dans les années 1860 est nommé Pays d'Amour, rapidement raccourci en Amour. Peut-être veut-on rappeler qu'il est possible de trouver le bonheur aussi chez soi, à force de labeur.

Et toi, Fridolf, quelle est la force qui t'a mis en mouvement ? Est-ce une force qui te repousse ou qui, au contraire, t'attire ? Te sens-tu encore chez toi en Finlande, toi qui es parti en mer si jeune ? Tu sais déjà situer ce pays du bonheur, bien mieux que moi. En août 1857, alors que tu n'étais qu'un second de 20 ans, tout juste diplômé, tu t'es engagé comme harponneur sur le *Grefve Berg*, battant pavillon russe. Quand la campagne de recrutement pour l'Amour a débuté pour attirer des émigrés férus de baleines, tu avais déjà parcouru quelques milliers de milles marins et tu connaissais bien la mer entre la Russie et l'Amérique.

Dans son ouvrage *Suureen itään* (*Vers le Grand Est*), Max Engman cite une lettre écrite en 1854 par Otto Lindholm, un autre Finlandais engagé sur un baleinier, qui s'adresse à sa mère : « J'ai maintenant visité la plupart des archipels asiatiques, bu du lait de coco sur une des îles, mangé des oranges sur une deuxième, des fruits d'arbre à pain sur une troisième, des pastèques sur une quatrième, des bananes sur une cinquième, des ananas sur une sixième, des tortues sur une septième... »

Je suppose que toi aussi, tu as ce genre d'anecdotes culinaires exotiques à raconter. Je t'imagine, en 1868, lisant tous ces articles de presse sur la situation alimentaire de ton pays, parcourant les recettes de pain à l'argile et de navets mordus par le gel, repensant avec nostalgie aux bananes tropicales et aux pastèques juteuses. Pour toi, ce départ n'en est qu'un parmi tant d'autres. Tu en as déjà pris, des décisions de ce genre, maintes et maintes fois. Tu sais qu'à destination, tu pourras exercer ton métier avec un soutien de l'État. Cela ressemble un peu à une jolie subvention de démarrage accordée sur la base d'un projet d'entreprise un peu bancal.

◆

Selon certaines sources, c'est toi qui suggères de migrer vers l'Amour, mais je préfère l'histoire racontée à l'époque qui affirme que l'idée est lancée par d'autres, et que tu l'attrapes simplement au vol, au hasard d'un verre de grog commandé dans une taverne. Je trouve cette version plus crédible, et plus drôle aussi. Peut-être, comme nous le raconte Toivo Koivisto, quelqu'un mentionne-t-il effectivement le pays d'Amour, et peut-être sursautes-tu en entendant ce nom familier.

Peut-être que tout se déroule à peu près comme ceci :

« Tiens, tiens, alors comme ça, vous comptez partir vers l'Amour ? » dis-tu en regardant ces messieurs installés autour d'une table, en observant leur peau douce, leurs ongles soignés et propres.

« Et y en a-t-il un parmi vous qui y a déjà mis les pieds ? Avez-vous seulement déjà vécu des tempêtes ? Ha ha, c'est bien ce que je pensais. »

Toi qui as déjà longé les rivages de cette région, peut-être leur expliques-tu ce qui les attend, leur annonces-tu qu'on peut y cultiver des terres, harponner des baleines et chasser des bêtes à fourrure, eh oui, et qu'il y a de l'or aussi, tout à fait, mais que pour cela, il faut creuser, fouiller les entrailles de la terre du bonheur.

Et en décrivant avec enthousiasme les délices de cet endroit, tu te convaincs peut-être toi-même de cette idée d'émigration. Une fois les verres de grog vidés et d'autres commandés, tu as convaincu ton auditoire : à 31 ans, tu seras le capitaine de l'expédition.

Cher Fridolf, je crois que pour toi comme pour moi, partir a toujours été plus simple que rester. Pendant un temps, j'avais toujours un sac à dos de 40 litres prêt dans un coin de ma chambre et des rouleaux de film dans mon frigo, pendant un temps, je renouvelais toujours mon passeport avant qu'il ne soit périmé.

Et toi ? Ta malle est-elle toujours prête ? Que contient-elle ? Une boussole et un octant, j'imagine, cet outil de navigation avec lequel tu te localises dans l'Univers grâce aux étoiles et au Soleil. Une grande carte du monde ? Quelques paires de chaussettes, une chemise repassée pour les grands jours, peut-être des mitaines, une aiguille et du fil. Quoi d'autre ? Du papier et des plumes, un talisman un peu ridicule auquel tu ne crois plus vraiment mais que tu n'oses pas jeter non plus ?

T'arrivait-il jamais d'être heureux dans ton pays ? Quelqu'un pleure-t-il après toi quand tu hisses les voiles ? T'a-t-on jamais demandé quand est-ce qu'enfin tu grandirais, quand est-ce que tu t'installerais quelque part pour débuter une vie normale, comme tout le monde ? Ou est-il plus admissible, dans ces années-là, de bouger et de constamment chercher le changement ?

J'ai continué à t'espionner. Je sais que ton petit frère Hjalmar part avec toi pour l'Amour. Je sais aussi que tu as plusieurs sœurs et un grand frère, ton aîné de deux ans, Berndt Höök. Même s'il se mariera et vivra une vie que certains décriraient comme normale, lui aussi est un sacré aventurier. Berndt est le meilleur chasseur d'ours de son temps, un casse-cou qui ne connaît pas la peur, qui monte la garde devant la tanière de la bête, attendant son réveil. Peut-être qu'à la maison, vous avez été encouragés à faire ce genre de choses, à faire ce qui vous plaisait et vous semblait juste.

11

Des choses du passé remontent comme des bulles à la surface de l'eau. Elles ont subitement leur volonté propre, sont diaboliquement têtues, et je ne peux rien contre elles. C'est toi, Fridolf, qui les as appelées à se manifester. Elles voyagent depuis des années dans les méandres des courants marins, et voilà que le ressac les fait s'échouer sur ma peau.

Je n'ai pas regardé depuis une éternité les photos et les diapositives que je transportais ce jour-là dans la poche ventrale de mon anorak. Des images muettes et figées d'instants fugaces d'une période de ma vie qui a duré cinq ans. Cinq ans de canicules, d'îles désertes plantées de cocotiers, cinq ans à flotter sur un océan sans rivages. Des tempêtes, des nuits à mal dormir et un dernier sac de farine qui contient plus de vers que de céréales. Des albatros solitaires errant au-dessus des eaux arctiques, des nuits où le ciel devient trouble tellement il y a d'étoiles, où au-dessus de ma tête flotte une boule laiteuse et brillante aspirée par l'atmosphère, où la lumière est telle qu'on peut lire un livre sans lampe de poche. Cinq ans d'habits trempés d'eau de mer qui irritent la peau, des semaines et des semaines sans aucun contact avec le reste de l'Univers.

Peut-être ai-je voulu protéger mes souvenirs pour éviter qu'ils ne se transforment à chaque fois que j'y repense. Chaque fois que je vais les chercher dans un coin de ma mémoire, mon subconscient les couvre d'autres évènements plus récents et les modèle en fonction. Puis ils s'enregistrent dans mon cerveau sous un autre nom de fichier. Différents, modifiés. Même si le souvenir ne refait surface que l'espace d'un instant, l'image de départ est détruite.

Parler du passé me semblait dangereux. Quelqu'un aurait pu commenter ces réminiscences et les abîmer, les parasiter de mots leur étant alors inconnus. J'ai probablement attendu de les partager avec quelqu'un qui comprendrait la langue des pétrels, des vagues coiffées d'écume et des paysages sans terre, qui la parlerait sans avoir à dire quoi que ce soit.

Je ressors ta photo en noir et blanc, celle prise à Osaka, où tu regardes sur le côté, sans me voir. Maintenant que tu me fais me souvenir de tout ce qui a été, Fridolf, la disparition de ce qui m'apparaissait comme une utopie ressemble à une faute énorme.

C'est exactement cela qui me fait peur, Fridolf. Je redoute que me rappeler cette période de ma vie me fasse voir la bulle couleur arc-en-ciel, mais souligne aussi l'effroyable erreur que j'ai commise.

12

L'avion à hélice bourdonne au-dessus de la mer de Chine méridionale. Quand nous descendons en dessous de la masse nuageuse, j'aperçois de petites taches de terre rugueuse au milieu de l'eau noire aux reflets argentés. Nous sommes six passagers, et je suis la seule qui ne sois pas philippine.

Nous nous approchons de l'une des îles. Le tarmac forme une ligne droite avec un minuscule bâtiment au bout. Au pied des arbres, d'autres bicoques. L'île est si petite que la piste semble la traverser de bout en bout. L'avion change de direction, et j'aperçois le voilier amarré du côté sud. L'atterrissage est amorcé. Le pilote réduit l'altitude d'un coup brusque, ne laissant que quelques mètres entre l'avion et le mât du bateau.

Nick m'attend à l'arrivée, debout à côté du tarmac, en short bleu et en T-shirt vert mousse. Il me sourit.

« Salut, *Babe*. J'arrive pas à croire que tu sois vraiment là. »

Moi non plus, je n'y crois pas.

Nous rejoignons le bateau en barque. Les pots de Vegemite réjouissent Nick. Puis nous voilà debout tous les deux sur le pont du voilier de onze mètres, et ni l'un ni l'autre ne sait ce qui se passera ensuite. Visiblement, nous sommes en train de nous installer ensemble.

Nick me présente notre nouvelle maison, dans laquelle je ne suis entrée que très rapidement jusque-là.

« Voici le pont, ça c'est le mât, là-bas au fond t'as le gouvernail, et à l'avant il y a l'ancre et une trappe avec le treuil de l'ancre. »

Nous descendons dans la cabine. Entre l'escalier escarpé et la poupe du bateau se cachent le moteur et un coin pour dormir, lequel ressemble à une grotte remplie de cordages et de voiles pliées. À gauche, un petit placard avec les harnais de sécurité et le ciré de Nick, veste et pantalon. J'arrive du désert, je n'ai même pas pensé à me procurer un coupe-vent.

À droite des escaliers, les toilettes minuscules, un demi-mètre carré en tout et pour tout, avec une chasse d'eau de mer, un miroir et une douche qui ne fonctionne pas. La cuvette est équipée d'une ceinture de sécurité.

Derrière les toilettes, la table à cartes. Elle ressemble à un vieux pupitre d'école, avec un couvercle sous lequel se trouvent les cartes, la règle, le compas, la boussole manuelle et d'autres objets utiles pour naviguer. Au-dessus de la table, les radios et le radar.

En face de la table, la « cuisine » : deux minuscules éviers et une gazinière. Il y a même un petit frigo, de la taille d'un carton à bananes, mais il est hors service. Sous les éviers, des pédales. Nick me montre comment l'une sert à pomper de l'eau de mer et l'autre de l'eau potable stockée dans les réservoirs du bateau.

Enfin, le « salon » : un espace long de deux mètres bordé de part et d'autre par deux bancs étroits. L'un peut être transformé en lit une place. Entre les deux, le mât qui traverse le pont. Le long des parois sont installées de petites commodes et une étagère avec des livres.

Nick m'emmène ensuite vers la proue du bateau, où se trouve un lit triangulaire. C'est notre lit, et je n'y ai encore jamais dormi. Au-dessus, fixées aux murs de chaque côté, de petites armoires d'un mètre de large hautes de 50 centimètres. Nick a vidé celle de bâbord pour moi. Une fois que j'y ai rangé le contenu de mon sac à dos, elle n'est qu'à moitié remplie.

Nick me propose de m'installer à la table à cartes, en déplie une devant nous et me présente son plan : nous pourrions naviguer vers le sud, vers l'archipel de Palawan. Sur la carte, il a noté au crayon des coins protégés où jeter l'ancre, ainsi que des coordonnées. J'opine. Je ne comprends rien à ce qu'il me raconte.

Je regarde la carte, les côtes ravinées des îles, les tracés dans l'eau, les chiffres indiquant la profondeur. Je nous imagine au milieu, dans des lieux inconnus où nous avons décidé de nous fabriquer des souvenirs communs.

« Ça m'a l'air bien », dis-je.

Nous naviguons jusqu'à l'île principale où nous descendons faire des courses dans un immense supermarché. Là où nous allons, il n'y a guère d'épicerie. Nous prenons un Caddie et nous commençons à réfléchir. Nous n'avons aucune idée de nos régimes alimentaires ni de nos goûts respectifs. Nous n'avons partagé que des pizzas et des burgers dans un club de voile.

Nous décidons de laisser le Caddie dans une allée et d'aller chacun de notre côté. Je reviens avec des choses débiles, des yaourts, des surgelés et du poulet. Nick me demande de tout remettre dans les rayons, il est impossible de stocker ce genre d'aliments sur le bateau. À la fin, je pousse le Caddie que Nick remplit de nouilles, de pâtes, de conserves de thon et d'autres aliments longue conservation. Je choisis les biscuits et remplis d'œufs un sachet en papier. Il n'y a pas de boîte à alvéoles pour les ranger.

Quand nous levons les voiles, j'essaie de me tenir à l'écart autant que possible pour ne pas gêner. Cher Fridolf, tu aurais été mort de rire si tu m'avais vue à ce moment-là. Moi aussi d'ailleurs. Le pont est couvert de cordages, Nick me parle en utilisant des mots et des expressions que je ne comprends pas. Il me rassure : *Babes* apprendra, pas de souci. Dès que les voiles se gonflent, tout bascule à 45 degrés. Dans la cabine, la gazinière oscille telle une balançoire. C'est le seul objet en plus de la boussole à rester aligné avec l'horizon.

Je me souviens que c'est alors le matin. Le soleil brille, je n'ai aucune idée de notre destination, ni de notre heure d'arrivée, et être ainsi hors du temps a quelque chose de délicieux.

13

Retournons à l'automne 1864. Les années de récession et de famine ne sont pas encore là, les verres de grog n'ont pas été commandés à l'auberge et Fridolf n'a pas encore attrapé au vol le nom d'Amour. Il n'y a pas encore de clôture en os de baleine. Les *honghuzi* et la femme accrochée au plafond n'ont pas encore fait leur apparition dans l'histoire. Pour l'instant, Fridolf Höök a 27 ans. Il a devant lui quatre années pour rêver à autre chose qu'à émigrer. Selon les sources russes, il est en train de préparer le voilier *Hercule*, construit à Helsinki, pour un tour du monde qui va durer trois ans.

En mer, on a le temps de penser à beaucoup de choses. Je vois Fridolf, un jour de temps de curé, s'asseoir sur le pont de l'*Hercule*. Il s'adosse au mât, ouvre un bouton de sa chemise, passe la main dans sa barbe couverte de transpiration. Le soleil brûle au zénith, et le ciel sans nuages est d'un blanc laiteux.

Fridolf plisse des yeux et scrute l'horizon : peut-on y deviner, quelque part au loin, des nuages noirs et gonflés, des signes annonçant que cet air immobile et moite sans un brin de vent va enfin se rompre ? Puisse la surface de la mer se rider sous la brise, puisse le voyage continuer. Peut-être jette-t-il un coup d'œil au nid-de-pie en haut du mât, et là : flap-flap. Le coin paresseux du hunier pendouillant là-haut fait chauffer son cerveau : mais oui, pourquoi personne n'y a pensé avant ?

Le hunier, c'est cette voile carrée fixée au sommet du mât, légèrement plus large en bas qu'en haut, souvent gonflée à bloc dans les peintures représentant des voiliers. Dans les films, quand la tempête s'abat sur la mer, les matelots grimpent au mât comme une bande de singes et s'y accrochent en essayant d'enrouler cette fichue voile fixée à un endroit tellement dangereux que seul un miracle les sauverait de la mort s'ils tombaient.

Je ne sais pas si tu es réellement adossé au mât un jour sans vent, mais je sais que dans ton esprit germe une solution pour ferler cette voile capricieuse. Fini, les matelots hissés haut au péril de leur vie, fini le flap-flap agaçant.

Selon une source russe, Fridolf invente pendant le tour du monde de l'*Hercule* un « mécanisme facilitant la prise de ris de la voile » pour lequel un brevet a été déposé et suscite des éloges au moins à San Francisco.

J'essaie de dénicher d'autres informations sur cette invention mais je ne trouve rien, même en utilisant les différentes orthographes de ton nom. Puis, dans la jungle numérique des Archives nationales, voilà que ça mord : ton brevet est brièvement mentionné dans deux journaux parus à l'automne 1867. Ton idée y est décrite comme simple et astucieuse. Dans un des articles, quelques informations complémentaires sont fournies : il s'agit d'une « nouvelle invention nautique pour hisser et enrouler les huniers ».

Je ne trouve rien dans les archives des brevets déposés aux États-Unis, mais dans celles des autorités britanniques, je tombe sur une demande déposée en 1867 au nom de Fridolph Höök : « *Improvements in reefing and curling the upper sail.* » Améliorer la prise de ris et le fermage de la voile haute.

Où diable les Russes sont-ils allés chercher la référence à San Francisco ? Le problème, c'est que le brevet peut être déposé sous le nom de n'importe lequel des multiples patronymes de Höök.

Puis, après une nuit au goût de café, au petit matin, je trouve un livre qui recense tous les brevets déposés aux États-Unis en 1867. Te voilà, à la page 1048. Tu déposes une demande de brevet pour ton invention le 6 août de cette année-là. Suit une longue explication du fonctionnement de ta trouvaille, sur plusieurs lignes décrivant en détail les pièces et leurs attaches, notées avec des lettres en italiques, un anneau *a* qui s'accroche à la barre de flèche *d*, et ainsi de suite.

Les hormones de l'amour me submergent.

Cher Fridolf, laisse-moi t'expliquer pourquoi ton brevet m'excite tant. Ce qui s'accroche et à quoi, ce qui s'enroule et où – tout ça ne m'intéresse pas. Je n'ai pas besoin de ton enrouleur de voile. Je ne possède pas un hunier qui me causerait du souci les jours de tempête. Ce que je connais de toi, c'est ta date de naissance, quelques pas du chemin que tu parcours, une photo en noir et blanc, quelques fiancées cruellement torturées ou disparues, et plusieurs noms de famille. J'ai l'histoire écrite par Toivo Koivisto, à la véracité douteuse. Mais j'ai rêvé qu'en m'approchant de ton invention, je comprendrais quelque chose sur ta façon de penser. Je pourrais me rapprocher de toi. Je sais bien que tu es un navigateur, mais tu sembles avoir été tant d'autres choses aussi. Ta clôture, étrange et fascinante, ta mystérieuse collection d'objets dans un musée de Vladivostok – et maintenant, ce brevet. Tu dois être intelligent. Un créatif capable de trouver des solutions.

Je lis et relis le texte descriptif. L'écris-tu de ta main en anglais, accoudé au comptoir du bureau des brevets, petit clin d'œil à la fille derrière le comptoir, tes doigts triturant ta barbe broussailleuse, et voilà que le texte coule à flots sur une page entière ? Sens-tu la dopamine circuler dans tes veines ? Parles-tu anglais à la perfection ou as-tu dans ta poche une antisèche rédigée par quelqu'un d'autre, un texte que tu écorches en le lisant à la fonctionnaire qui pousse un soupir d'agacement avant de le taper au propre sur sa machine à écrire.

Quelle est ton odeur ce jour-là ? Est-ce que ce 6 août est une journée caniculaire à San Francisco, le genre de journée à transpirer comme un bœuf ?

Dans la description de ton invention, il y a des *a*, des *d* et des *c* écrits en cursive. Serait-il possible que quelque part dans les archives de la direction des brevets des États-Unis, il y ait un schéma de ton mécanisme de ferlage de voile, un schéma avec les mêmes lettres ? Un schéma que tu as peut-être griffonné au dos d'un paquet de cigarettes, adossé au mât, un jour sans vent.

14

Fridolf est de retour de navigation après trois ans. Nous sommes dans la pire année de famine. Le nom Amour a été mentionné, il est temps d'agir.

À la fin de l'été 1868, 50 personnes sont choisies pour faire partie de l'expédition. Le choix est rapide et orienté par la nécessité d'inclure des représentants de plusieurs corps de métiers : la colonie vise l'autosuffisance. Selon la liste qui figure dans le livre de Toivo Koivisto, l'utopie accueillera un maçon, un forgeron, des charpentiers, des fourreurs, un cordonnier, des agriculteurs, des apothicaires, un jardinier, un sommelier, un ingénieur et quelques étudiants. Comment est-ce possible qu'il n'y ait aucun médecin parmi vous ? Peut-être n'avez-vous pas réussi à en trouver un en si peu de temps, ou peut-être que vous ne vous en préoccupez pas plus que ça : un sommelier et des apothicaires seraient bien suffisants pour soigner les bleus des corps et des âmes.

Il a également été décidé qu'il serait utile d'avoir des couples et des enfants dans le groupe, pour que la colonie ne s'éteigne pas au bout d'une génération. J'essaie de me remémorer le contexte quand je constate que les listes ne comportent ni les professions, ni même les prénoms des épouses. Dans les sources russes, je trouve une unique information sur elles : la femme de l'apothicaire Axel Walldén s'appelle Selma et elle est sage-femme.

Finalement, six couples avec quatre enfants au total sont choisis. Quatre jeunes filles recueillies à l'hospice des indigents d'Helsinki sont également du voyage. Je lis qu'elles doivent être traitées comme le seront les épouses, mais qu'elles partent aussi comme domestiques. Cinq jeunes apprentis rêvant d'une carrière de marin et de chasseur de baleines sont également désignés pour l'expédition, ainsi que quatre matelots salariés. Parmi les 50 membres du groupe, vingt sont des hommes célibataires.

Il y a aussi deux passagers qui ont payé leur place : le commerçant Ernst Kellgren, de Kuopio, et son homonyme, l'agronome Ernst Wetterhoff.

J'imagine le remue-ménage provoqué par le départ. Comment le voyage a-t-il été présenté aux jeunes filles de l'hospice ? S'estiment-elles chanceuses, élues parmi plusieurs candidates, ou partent-elles contre leur gré ? Doivent-elles répondre à d'autres attentes, en plus d'être des domestiques, des attentes concernant l'avenir de la colonie ? Peut-être ont-elles été placées en rang et quelqu'un a-t-il choisi parmi elles celles aux hanches larges, au bassin taillé pour les accouchements.

Je pense aux discussions des familles à la table du dîner. La décision de partir est-elle prise en couple ? Peut-être pas. Peut-être que Monsieur rentre du travail le soir et dit à Madame, comme ça en passant : « Ah oui, avant que j'oublie, dans quelques semaines nous nous installerons de l'autre côté de la planète. » Peut-être qu'un autre a des regrets, mais qu'il est déjà trop tard, son épouse et ses enfants sont déjà si enthousiastes qu'il est impossible de faire marche arrière. Voilà l'épouse qui menace même de s'en aller seule : « Je ne resterai pas dans ce pays de famine et de misère ! Allez, fais ta valise ! »

Chacun se prépare à sa façon. En lisant les lettres envoyées pendant l'expédition, j'apprends que la jeune épouse de l'ingénieur en mécanique Nilsson, Tekla, 20 ans, se coupe les cheveux avant le départ pour éviter les désagréments d'une longue tignasse pendant le voyage en mer, puis dans la jungle épaisse.

Peut-être que Selma, la femme de l'apothicaire Walldén, prépare sa mallette noire de sage-femme, la remplissant de tout le matériel nécessaire à l'exercice de son métier.

Il n'y a guère de temps à perdre, le voyage est prévu seulement quelques semaines plus tard. Les uns et les autres ont-ils au moins le temps de se procurer une carte, pour voir vers où ils se dirigent ?

15

Je sirote un café froid et je suis du doigt les rails du Transsibérien, un tracé rouge et noir qui traverse la carte comme une fermeture Éclair. Si j'attrapais le curseur pour l'ouvrir, je couperais toute l'Asie en deux. Si les freins du train ne fonctionnaient pas, il ne s'arrêterait qu'après avoir plongé dans la mer du Japon. Et si j'en sortais à Vladivostok, après sept jours de voyage, j'aurais les jambes ankylosées et le dos raide d'être restée si longtemps assise.

J'aurais alors eu le temps de lire *Le Crime de l'Orient-Express* d'Agatha Christie et *Railway Bazaar* de Paul Theroux, de relire *Compartiment n° 6* de Rosa Liksom. J'aurais vu défiler Nijni Novgorod, Iekaterinbourg, Omsk, Krasnoïarsk et Slioudianka. Ces noms sonnent bizarrement, on les dirait sortis tout droit d'un film réservé aux adultes, mais ils réveillent aussi en moi des images de pauvres prisonniers en tenue rayée flottant sur des corps décharnés.

La construction du chemin de fer débute en 1891. Max Engman raconte que des ouvriers finlandais travaillent sur le chantier. Les mineurs boutefeux sont particulièrement appréciés. Il doit y avoir, tout au long des rails, des paysages, des forêts et des bourgs qui n'ont guère changé depuis l'époque de Fridolf.

Le terminus des rails, la région de l'Amour dont le nom fait penser à des félins en danger d'extinction, est au

XIXe siècle un trou perdu couvert de forêts et habité par des peuples autochtones. L'été, le climat y est presque méridional, alors qu'en hiver, il devient continental, avec un froid parfois cruellement mordant.

Je poursuis mes recherches sur la carte et sur le web pour me faire une idée du paysage qui m'attendrait sur place. Le Primorié est encerclé d'eau. À l'est et au sud, la mer du Japon, au nord, le fleuve Amour, et à l'ouest, l'Oussouri. Les fleuves, qui pendant la mousson inondent les terres tout autour, prennent naissance dans le plus grand lac de l'Asie extrême-orientale, le lac Khanka, paradis des tortues, des poissons et des oiseaux migrateurs.

En cherchant mon chemin sur la carte, je trouve même des Hesburger, une chaîne de fast-food finlandais. Il y en a trois à Vladivostok.

Je me demande si je devrais choisir une cabine de quatre ou de deux. Est-ce que ça vaudrait le coup de partir avec un appareil photo sophistiqué ? Ne risquerais-je pas de me le faire voler ? Et l'ordinateur portable ? Est-ce qu'ils auraient du café dans le train ou devrais-je me contenter de thé servi dans un samovar pendant une semaine ? Il faudrait emporter plusieurs livres, pas seulement les trois auxquels j'ai pensé pour l'instant. Des carnets et des stylos. Des crackers de seigle, des nouilles et des soupes instantanées – point de yaourts, de poulet ou de surgelés. J'ai quand même appris quelques petits trucs en route.

Certains de mes amis me disent qu'ils m'accompagneraient bien dans mon périple. Mais je sens que ce voyage est de ceux qu'il faut entreprendre en solitaire.

Est-ce que cette pensée t'effleure aussi, cher Fridolf ? Est-ce qu'après cette nuit à la taverne, en te réveillant le lendemain matin, tu ne te dis pas que tu aurais préféré partir en Amour tout seul ? Tu penses peut-être aux mains blanches et délicates qui tenaient les verres de grog, à leurs ongles bien coupés, et tu te dis qu'ils ne feront que gêner sur un bateau. En te regardant sur la photo, je sens que toi aussi, tu préfères la solitude.

16

Busuanga, Coron, Culion.

Les îles dessinées sur la carte se dressent devant moi, luxuriantes et rocheuses. Ma première expérience de navigation a été courte, moins de quarante-huit heures. Nick m'a appris à hisser la grand-voile, à ouvrir et à enrouler le génois, cette voile triangulaire située à la proue. Il m'a montré comment en serrant ou en relâchant les cordages on fait prendre aux focs la forme la plus propice pour que le vent nous porte au mieux.

Nous venons de jeter l'ancre. Nick va chercher la petite annexe pneumatique, dégonflée, pliée et rangée dans la grotte près des escaliers pendant la navigation. Je sors la pompe à pied. Puis nous ramons jusqu'à la plage.

Au ras de l'eau, perchés sur des pilotis, des vendeurs de poisson et de légumes, des gargotes bruyantes et enfumées, des échoppes proposant des casseroles, des seaux, des tongs et des magazines féminins en tagalog, décolorés par le soleil.

Maintenant que je suis allée chercher dans ma mémoire l'image vieille de vingt ans de ce petit village philippin avec ses couleurs et ses odeurs, je m'aperçois que j'ai complètement oublié quelque chose : à ce moment-là, nous sommes trois sur le bateau.

Je dois me concentrer un moment avant de réussir à me remémorer son visage. Il a bien un nom aussi, même si je n'arrive pas à m'en souvenir. Est-ce Dean ? Deacon ? Je suis presque sûre que c'est Deacon. Il est australien, lui aussi. Nick et Deacon ont travaillé à Hong Kong pendant des années, et Nick habitait alors déjà dans son voilier. Ils ont mis de l'argent de côté et sont partis pour un tour du monde. C'est un drôle de duo. Nick est drôle et empathique, Deacon, lui, a quelque chose d'intranquille et un langage un peu vulgaire.

Quand nous sommes à terre, nous nous déplaçons ensemble, mais sur le bateau chacun reste dans son coin. Le soir, Deacon se retire dans ce que nous appelons « le salon » et s'installe sur le banc à bâbord qu'on peut transformer en lit simple. Il passe beaucoup de temps à rédiger son journal. Il rêve d'écrire un roman, une histoire avec du suspense et du sexe, mais aussi intelligente et espiègle.

Je ne sais pas ce qu'il consigne dans son journal, mais je sais qu'il pense le poursuivre pendant bien plus longtemps que ce ne sera le cas. Il prévoit d'y inscrire des souvenirs des Philippines, de Thaïlande, d'Afrique, des Caraïbes et du Pacifique. Il pense écrire jusqu'au moment où, un jour lointain, plusieurs années plus tard, nous reviendrons à Hong Kong après avoir parcouru le monde.

Un soir, il lance que leur deal était de ne pas tomber amoureux, et que l'un d'eux a foiré.

Après nous avoir supportés pendant deux semaines, Deacon en a assez et rentre à Hong Kong.

Nous restons à deux.

Nick me donne à lire une pile de guides sur la navigation et les voiliers. Je parcours le manuel de la radio et un livre sur l'entretien du moteur. J'apprends à pomper l'eau de la cale. Je prends des notes dans mon cahier. Nous remplissons nos poumons d'oxygène et nous plongeons sous le bateau. Nick me montre l'hélice et la quille remplie de grenaille de plomb qui nous maintient à flot, nous et nos rêves. Je m'installe à la table des cartes pour observer le profil vert des fonds marins se dessiner sur l'écran. Puis Nick éteint le radar : on a une carte et des yeux, nous n'avons pas besoin d'autre chose.

Il m'apprend à utiliser les radios. Il y en a deux : une pour contacter ceux qui sont tout proches, une autre pour émettre à des milliers de kilomètres. Nous n'avons ni téléphone, ni ordinateur.

Après le départ de Deacon, nous nous dirigeons vers une petite île plus au sud. Nous jetons l'ancre, sortons l'annexe et ramons vers la plage. Nick a lu quelque part qu'il y a sur cette île une faune qui vaut le coup.

Nous accostons, grimpons en haut de la dune qui borde la plage et nous nous retrouvons en pleine savane africaine. Devant nous, des girafes, des zèbres, des autruches, des antilopes et bien d'autres bêtes qui n'ont rien à faire là. Nous sommes face au zoo personnel de l'ancien dictateur des Philippines, Ferdinand Marcos. C'est comme une décharge où auraient atterri tous les animaux de l'arche de Noé.

Un homme, gardien ou soigneur, s'approche de nous. Nous avons le droit de regarder, je peux même prendre quelques photos, mais il est hors de question que nous nous avancions plus loin dans les terres.

17

Parmi les membres de l'expédition de Fridolf, un noyau dur de 26 hommes décide de créer la Compagnie d'Amour, la Finska Amur Utvandrare-Bolaget. Leur projet est couché par écrit dans un règlement signé par tous les membres fondateurs. Son objectif principal est de créer une communauté de colons qui pratiquera l'agriculture, la chasse et la pêche, et plus précisément la chasse à la baleine et au phoque ainsi que la capture d'animaux à fourrure dans les parties septentrionales du Pacifique. Chaque sociétaire devra se plier sans rechigner aux tâches qui lui incomberont.

Il est convenu qu'un conseil d'administration sera élu chaque année. Lors de l'assemblée générale fondatrice sont ainsi nommés Fridolf Höök, en qualité de président, l'apothicaire Axel Walldén, mari de Selma, la sage-femme, en tant que trésorier et chargé des stocks, Victor Federley comme secrétaire, Frans Åberg comme contrôleur, et comme directeur des travaux l'agriculteur Eriksson, qui malgré son métier manuel a fait des études.

Les espoirs placés dans la Compagnie sont nombreux. Il n'y a pas que les sociétaires qui croient en l'Utopie. Le projet est également soutenu par Harald Furuhjelm, le fonctionnaire finlandais fraîchement installé en Amour, ainsi que par toute la Mère Russie et le tsar Alexandre II qui la dirige alors. Peu de temps après la création de la Compagnie, Fridolf se rend à Saint-Pétersbourg en tant que président pour négocier les subventions promises par la puissance publique.

Harald Furuhjelm, qui représente le tsar dans la région, est à Saint-Pétersbourg en même temps que Fridolf. Je ne sais s'il s'y est rendu exprès pour le voir, ou si ce n'est qu'un pur hasard. Mais je sais qu'ils se rencontrent, et que Furuhjelm aide Fridolf à rédiger sa demande de financement. Un emprunt est sollicité auprès de la Fondation des terres impériales pour le projet défendu par le capitaine, dont le but est de créer dans la région de l'Amour une colonie socialement égalitaire. Celle-ci fonctionnerait selon les idéaux communistes : les recettes et les dépenses, tout comme les joies et les peines, seraient équitablement réparties entre tous. Enfin presque : ceux qui tiendraient une fonction de direction gagneraient un peu plus.

Me suis-je donc entichée d'un communiste, voire pire : suis-je en train d'en tomber amoureuse ? L'idée me met mal à l'aise. Quand je pense à cette idéologie, je vois devant moi un révolutionnaire exalté à la voix grave, qui chante et crie des slogans en agitant un drapeau rouge. Quand j'y pense, je vois la Chine, la Corée du Nord et Staline, la répression et la peur de la mort.

Êtes-vous tous communistes dans cette compagnie ? Toivo Koivisto utilise le mot « *kommuuni* » (« communauté ») pour parler de vous. Qu'est-ce que cette doctrine peut bien désigner à cette époque-là ? Les utopies et les colonies en sont-elles des effets secondaires ?

Dans son livre *Kohti parempaa maailmaa* (*Vers un monde meilleur*), publié en 1985, Teuvo Peltoniemi, qui a étudié les utopies et les colonies finlandaises, établit une liste des sociétés idéales finlandaises. Il y en a dix-huit en tout, et je ne crois pas qu'il y ait eu besoin de mise à jour depuis sa parution.

Selon l'ouvrage de Peltoniemi, la colonie finlandaise la plus ancienne est Uusi Jerusalem, La Nouvelle Jérusalem, fondée en 1792 en Sierra Leone tandis que la communauté Emmaüs de Jokioinen, créée en 1977, est la plus récente. La Sierra Leone me semble un choix bien curieux, encore plus étrange que la région de l'Amour. L'un des fondateurs de la Nouvelle Jérusalem est August Nordenskiöld, issu d'une famille d'explorateurs finlandais. Les autres membres sont suédois et anglais. Peltoniemi explique que le choix de l'Afrique s'explique par le fait qu'il y ait alors, sur ses côtes occidentales, des terres « qui ne sont revendiquées par aucun État ». Autrement dit, il y a de la place. La colonie a un fondement religieux et un objectif humaniste : l'abolition de l'esclavage. August Nordenskiöld a personnellement en horreur la petite monnaie. Il déteste l'argent papier qui, dit-il, donne aux commerçants bien trop de pouvoir, en comparaison des agriculteurs et de l'industrie. Dans la Nouvelle Jérusalem, personne en particulier ne détiendrait le pouvoir, ce serait une démocratie parfaite. Les premiers habitants rejoignent la colonie en février 1792. Dès le mois de décembre de la même année, la bulle parfaite explose : Nordenskiöld décède, et avec lui la colonie meurt elle aussi.

Après la Nouvelle Jérusalem, on constate un grand vide dans la liste de Peltoniemi. Il n'y a rien avant ton expédition, Fridolf. Et après vous, il n'y a rien jusqu'au début du XXe siècle qui voit naître une sorte de boom des colonies. Pendant les trente premières années du XXe, les Finlandais vont cultiver leurs rêves en Amérique du Nord, à Cuba, en Carélie russe, sur la Côte d'Azur, au Brésil, en Australie, en République dominicaine, en Argentine et au Paraguay. La plupart sont des colonies socialistes, mais on trouve aussi des communautés fondées sur des idéologies religieuses, nationalistes et végétariennes. Puis plus rien jusqu'aux années 1970, où est fondée une communauté religieuse en Israël (1971) et la communauté Emmaüs à Jokioinen (1977), que Peltoniemi qualifie de mouvement écologiste.

Pour la société de l'Amour, Peltoniemi a noté «socialisme» comme idéologie dominante. Il n'y voit aucune nuance communiste, aucune lueur rouge. «La société Amuri s'occupe avant tout de questions pratiques. En ce sens, elle ne diffère guère des sociétés coloniales européennes», écrit Peltoniemi.

Mais alors, pourquoi raconte-t-on que vous affirmez, dans votre demande de subvention adressée au tsar, que la colonie fonctionnerait selon les idéaux communistes?

Je prends conseil auprès d'un ancien professeur, dont j'ai suivi les cours quand j'étudiais la futurologie. J'espère qu'il me rassurera, me dira de ne pas m'en faire, évidemment que Fridolf n'est pas communiste, il n'est qu'un chasseur de baleines tout à fait ordinaire, un explorateur et un inventeur inoffensif, qui se rend en Russie pour y bricoler une clôture. J'espère qu'il me dira que Fridolf est juste l'un de ces drôles de De Vinci dont on ne sait jamais très bien dans quelle catégorie les ranger.

Effectivement, Erkki Urpilainen, maître de conférences en histoire des idées à l'université d'Oulu, réussit à me rassurer. Il m'explique qu'au XIXe siècle, le communisme désigne tout simplement la propriété collective. À cette époque, l'idée d'une propriété privée source d'inégalités et de souffrance est répandue. Voilà pourquoi il faut s'en débarrasser.

Il ne s'agit pas d'une révolution, simplement d'un mode de vie, me dit Erkki Urpilainen. Plusieurs communautés religieuses appliquent alors les principes communistes. Il ne s'agit pas non plus de changer la société, mais de mettre en œuvre la propriété collective dans des petites communautés fermées. Selon mon ancien professeur, les colons de l'Amour pourraient être des svecomanes radicaux, à savoir des nationalistes suédophones, mais probablement pas des socialistes voulant changer la société.

En effet, il est possible que vous – ou certains d'entre vous – en ayez eu assez du mouvement fennomane* qui a alors le vent en poupe en Finlande. Qu'en penses-tu, Fridolf, de toutes ces « manies » de ton pays ? Le suédois est ta langue maternelle, mais j'ai comme l'impression que tous ces débats linguistico-politiques ne déclenchent pas de passion particulière chez toi. Tu ne réfléchis pas à ce genre de choses une fois en mer. Tu aiguises ton harpon et tu cherches une solution pour régler son compte au hunier et à son flap-flap agaçant.

Quoi qu'il en soit, les sociétaires ont rédigé une demande suffisamment argumentée et réaliste pour que la Fondation impériale leur accorde en juillet 1868 un financement de 30 000 roubles pour l'achat et l'armement d'un navire.

L'annonce de votre départ est rendue publique. Elle suscite dans la presse plusieurs réactions sceptiques, mais il y a toujours quelqu'un pour vous encourager. Le 10 octobre 1868, un court article publié dans *Kansan Lehti* nous apprend ceci :

« 20 à 30 hommes, mariés pour certains et conduits par le capitaine Höök, ont fondé une société et s'apprêtent à partir pour l'Amour. Ils ont obtenu, semble-t-il, un prêt de l'État russe et comptent chasser la baleine, et cetera. On entend dire qu'il n'y aurait pas, là-bas non plus, de quoi rêver d'or en barre. Mais c'est appréciable que certains osent entreprendre des choses, malgré tout. »

C'est bien dit, ça. « Oser entreprendre des choses. » C'est exactement la bonne attitude quand on s'en va vers l'utopie.

* La fennomanie est un mouvement politique nationaliste du grand-duché de Finlande au XIXe siècle, défendant la langue finnoise, à l'époque marginale et utilisée uniquement à l'église, non dans les écoles, les administrations ou les universités.

◆

Fridolf commence à s'agiter.

Mi-octobre 1868, accompagné du capitaine Jakobsén et de l'ancien chasseur de baleines, charpentier et tonnelier Mickelson, il se rend en Allemagne pour acheter un bateau. Dans ses poches, 30 000 roubles. Le navire doit pouvoir transporter 50 passagers et être adapté à la chasse à la baleine. Le choix se porte sur un brick à deux mâts de 27 mètres de long et de 4,7 m de large, construit en chêne en 1852. Il sera baptisé *Imperator Alexander II.*

Est-ce votre amour pour l'empereur et le grand-duc qui motive le choix du nom ? Ou est-ce une promesse faite à la va-vite à Saint-Pétersbourg, pour appuyer votre demande ? Certes, la pratique est commune à l'époque, les bateaux représentant ainsi le pouvoir des hommes et des femmes dont ils portent le nom. Peut-être pensez-vous qu'ainsi le tsar vous accompagnera symboliquement jusqu'à votre arrivée en Amour.

Fridolf prolonge son séjour en Allemagne pour surveiller l'aménagement du bateau. Pour que tous aient de la place pour dormir, l'espace sous le pont est divisé en deux, un côté dédié aux repas, l'autre devenant la cabine des hommes célibataires, avec seize couchettes et cinq « lieux de repos » pour les plus jeunes. À quoi peuvent-ils bien ressembler, ces « lieux de repos » ? Des hamacs y sont-ils alignés ? Ou bien s'agit-il de simples paillasses étroites, guère plus larges qu'un rebord de fenêtre ?

Chaque couple aura sa propre cabine, et les filles de l'hospice en partageront une autre. Celle de Fridolf est aménagée sur le pont, et il l'occupera avec cinq fondateurs de la Compagnie d'Amour, deux seconds dont son petit frère Hjalmar, et trois autres hommes.

Le brick est chargé de quatre barques et de divers outils destinés à la chasse à la baleine. Des stocks de nourriture pour dix mois sont entassés sous le pont. Certaines sources prétendent qu'il y a là de quoi se nourrir pendant deux ans. Puis, quand tout paraît prêt, Fridolf fait parvenir un message en Finlande : « Bienvenue à bord ! »

Si j'avais une machine à remonter le temps et que je pouvais choisir trois instants à partager avec Fridolf, le premier que je sélectionnerais serait celui de l'aménagement et de la préparation du bateau. C'est le meilleur moment du rêve, celui qui précède le départ.

Quelle partie de ce rêve est la meilleure pour toi, Fridolf ? L'exaltation atteint-elle son apogée pendant ces journées de préparatifs où tu fais connaissance avec le navire, seul, dans le calme, où tu montres aux menuisiers l'emplacement des cloisons et où tu rédiges la liste de courses pour le voyage ? Le soir, je te vois lever le regard de la carte et te frotter les yeux, je te vois monter sur le pont, remplir tes poumons de l'air léger de la nuit. Tu sens le bateau se balancer dans le port, tu le sens tirer sur l'ancre que tu as hâte de lever. Tu allumes peut-être ta pipe, pressé de découvrir comment le brick se comportera en mer, comment il s'inclinera dans le vent, comment il chevauchera les vagues.

18

Le passé m'aspire de nouveau. Je prends une bouffée d'oxygène avant de plonger. L'*Imperator* tire sur son ancre dans un port allemand et les souvenirs m'attirent vers des eaux de plus en plus profondes.

Le *Zest of Hong Kong* est amarré dans une baie à l'eau chaude et transparente de la mer de Chine méridionale, devant la petite île de Linapacan, dans l'archipel de Palawan, aux Philippines. Des poissons gris perle, couleur pêche ou arc-en-ciel picorent les algues accrochées à la coque du bateau. Nick joue de la guitare, et je regarde le soleil couchant répandre des touches d'or et d'orangé sur les nuages foncés qui parsèment le ciel.

Nous voyageons depuis quelques semaines, ou peut-être quelques mois. Cela n'a aucune importance. Je ne sais pas quel jour de la semaine nous sommes, et cela non plus n'a pas d'importance. La seule chose qui pourrait impacter nos vies serait un cyclone tropical s'approchant de Linapacan.

Mes mains sont noires de graisse. J'ai démonté le winch de bâbord, celui sur lequel s'enroule l'écoute du génois quand on le borde. J'ai d'abord dévissé le disque qui maintient le couvercle du winch en place. Sous le couvercle, une multitude d'engrenages et de minuscules roulements à billes. J'ai patiemment enlevé chaque pièce pour les plonger dans une bassine remplie d'essence. Je les ai frottées avec une vieille brosse à dents, puis je les ai essuyées avec un torchon. J'ai ensuite graissé les engrenages et lubrifié les boîtiers de roulement, avant de verser l'essence dans un bidon pour le prochain entretien. Puis j'ai tout remis en place, revissé le couvercle pour refermer le winch. Le tac-tac régulier d'une mécanique bien huilée a retenti sur le pont.

Le soleil est désormais un disque jaune et lourd. Il s'affaisse dans l'eau, se désintègre en écailles cuivrées. Nick est assis sur le pont, en short bleu et en T-shirt vert mousse, il joue du Neil Young et du Bob Dylan, des morceaux de The Pogues. Dans nos réserves, il y a des nouilles, du riz, des flocons d'avoine, de la farine et des conserves. La mer est calme et le temps doux. Nous avons du thé et du café, ainsi que de l'eau potable, grâce au réseau d'approvisionnement philippin. J'ai 26 ans, Nick quelques années de plus. Nous ignorons combien de temps nous resterons dans la baie chaude de l'île de Linapacan, et nous ne connaissons pas notre prochaine destination.

Nick se met à chanter *Moondance* de Van Morrison, et je cure mes ongles noirs avec la pointe d'un tournevis.

19

Je te scrute de nouveau mais tu es fermé et silencieux. Cette photographie m'est inconnue. Tu y parais beaucoup plus grand que sur celle de 1894. Ce nouveau cliché a été réalisé par Carl Schoultz, un des fondateurs de la Compagnie d'Amour. Au début du voyage, il est étudiant en pharmacologie, âgé d'une vingtaine d'années. Je sais que cette photo a été prise à Vladivostok au plus tard en 1889, cinq ans avant Osaka. C'est la dernière date possible puisque ensuite Schoultz rentre en Finlande, dans la ville de Turku, où il crée un studio et met en boîte la première photographie de presse de l'histoire du pays, immortalisant l'église Saint-Michel de Turku et publiée dans le journal *Turun Sanomat*. À cette époque, la colonie idéale a déjà disparu.

Sur le portrait de Schoultz, tu ressembles plus à un philosophe ou à un intellectuel russe qu'à un navigateur. Tu as choisi un manteau de laine, similaire à celui d'Osaka mais plus grand d'au moins deux tailles. Sous le manteau, une tenue élégante, on dirait une queue-de-pie ou un smoking.

Je n'ai toujours pas réussi à y voir plus clair dans ta situation maritale. Es-tu marié ? Si oui et si elle est en vie, elle t'a peut-être rappelé sur le pas de la porte de votre maison entourée de la clôture d'os de baleine, tandis que tu partais à ton rendez-vous au studio photo. Elle est alors allée chercher un torchon humide dans la cuisine, puis l'a passé sur tes épaules pour enlever poussière et cheveux, peut-être quelques pellicules aussi. Ou est-ce que les *honghuzi* ont déjà attaqué, te rendant veuf sur cette photo prise à Vladivostok?

La chaîne de la montre à gousset est accrochée à un bouton au niveau de ton diaphragme. Un délicat binocle est posé sur ton nez massif. Sur les photos prises plus tard, il a disparu. Le portes-tu ici par simple coquetterie? Ta barbe est épaisse comme un nid de tisserin. Est-il possible de faire glisser ses doigts dedans ou resteraient-ils coincés dans les nœuds?

De quoi parlez-vous en prenant la photo? Peut-être Schoultz lance-t-il une blague et peut-être as-tu du mal à garder ton sérieux. Tu transpires dans ton épais paletot et tu presses Carl. Mais ta pose ne lui convient pas.

«Allez Fridolf, tiens-toi comme un vrai loup de mer. Tu viens d'apercevoir la vapeur soufflée par une baleine et tu dis à tes hommes de mettre le bateau à l'eau. Voilà, comme ça!»

Clac.

Es-tu heureux à cet instant-là?

◆

Mon bureau est couvert de livres. Ils tracent des chemins qui me mènent vers d'autres ouvrages, vers des archives numérisées, vers la Voie Lactée. J'ai à peine le temps de parcourir quelques lignes que je me souviens d'un détail concernant la même histoire, lu dans une autre source, mais laquelle? Je feuillette les livres, j'ai l'impression de m'y noyer, mais voilà que la houle me renvoie vers la surface comme un bouchon de liège et j'aperçois le paysage ondulant jusqu'à l'horizon: le voilà, le nom, là-bas, vers le sud-ouest!

Höök. Heck. Gek. Où était-ce déjà, cette mention concernant l'apothicaire Axel Walldén, le mari de Selma la sage-femme ? C'était un détail que je n'avais lu nulle part ailleurs... Et pourquoi ici on me parle de 1869, alors que telle autre source renvoie à une tout autre année ? Quelle orthographe vais-je choisir pour un nom qui en a cinq différentes ?

Ma capacité de concentration s'amenuise et je me mets à faire des détours. L'histoire maritime de la Finlande déborde de personnages tous plus passionnants les uns que les autres, tels que le botaniste finlandais Herman Spöring, qui navigue sur l'*Endeavor* du capitaine Cook, ou Elisabeth Amalia Qvist, l'épouse du capitaine Lars Krogius, qui accompagne son mari dans ses trois tours du monde au milieu du XIXe siècle. Les croises-tu à un moment ou un autre, cher Fridolf ? J'ai tendance à penser que oui, puisque Lars Krogius exerce comme enseignant dans l'établissement maritime de Turku où tu étudies dans les années 1860. Son épouse accouche de leurs deux plus jeunes enfants sur un bateau. L'un d'entre eux naît en 1860 à Aïan, dans l'Extrême-Orient russe, dans la région vers laquelle toi et ton expédition de 50 personnes vous dirigez.

Je lis l'ouvrage *Suureen itään* (*Vers le Grand Est*) de Max Engman et je consigne sans arrêt dans mon carnet des détails qui me semblent pouvoir nourrir un récit. Je prends des notes sur Carl Frans Gabriel von Haartman, qui étudie la médecine à Moscou avec une ardeur telle qu'il devient le médecin personnel d'Alexandre II. Profite-t-il d'une auscultation du cœur impérial pour susurrer à l'oreille du tsar que ce serait bien de soutenir les aventuriers finlandais sur le départ, qu'ils prendraient bien soin de son Amour ?

Je lis des histoires sur les personnes déportées en Sibérie et sur celles qui demandent à être déportées, et je voudrais m'y rendre aussi, voir les lieux où les meurtriers finlandais et les bonnes infanticides vivent alors. Cet endroit se trouve sur les bords de la rivière Om – le village porte le nom d'Helsinki.

Je vérifie de nouveau la route du Transsibérien pour voir à quelle distance de ce village il passe. Je me demande s'il reste des traces des maisons finlandaises là-bas, sur les bords de l'Om, un bouton tombé du pantalon d'un meurtrier ou l'épingle à cheveux d'une domestique ayant fauté.

De nouveaux documents arrivent par la poste. Je pensais que Toivo Koivisto était mon seul espoir, mais je découvre deux autres ouvrages qui me font désormais rêver. Le premier, signé Erik Appel et paru en 1998 s'intitule *Det förlovade Amurlandet – Finlandssvenskt kollektiv i Vilda Östern* (*La Terre promise d'Amour – une colonie suédophone finlandaise dans l'Est sauvage*). L'autre est enveloppé dans du vieux papier kraft et dégage une légère odeur de cave à patates – c'est *Amurinmaan retki – Suomlainen kommunismin koe ; tositapausten mukaan* (*L'Expédition en Amour – une expérience finlandaise de communisme ; selon des faits réels*) de F. H. B. Lagus, écrit en 1925.

Je veux connaître leur verdict : la communauté de Höök est-elle composée de communistes ? Les deux ouvrages me répondent que non, sans aucun doute possible. Les colons veulent simplement construire une utopie commune. La propriété et le travail collectifs font certes penser au communisme, mais ce n'est pas l'idéologie de la communauté. Selon Appel, ses membres, hommes ou femmes, n'ont même pas connaissance des œuvres de Marx. J'ai le sentiment que le mot « communisme » que vous utilisez fait plus référence dans votre esprit au sens étymologique du terme qu'à une idéologie, aux mots français et latin « commun » et « communis ».

Dans l'ouvrage de Lagus, je découvre une description faite de Fridolf par Carl Schoultz, le photographe de Vladivostok : « Fridolf Höök, capitaine, la trentaine. A navigué par le passé sur le Pacifique. Un homme intelligent et expérimenté, un homme d'action et d'aventure. »

Höök, Fridolf Höök. *Shaken, not stirred.*

◆

La nuit, je n'arrive pas à dormir. Fridolf me manque et je m'arrache les cheveux pour trouver une solution pour les enfants, le temps de mon voyage à Vladivostok. Je leur ai proposé de m'accompagner en train mais ils n'ont manifesté aucun enthousiasme.

Je découvre des détails impressionnants sur cette voie ferrée, la plus longue du monde. J'apprends par exemple qu'après sa tournée au Japon, David Bowie a pris le train depuis Vladivostok parce qu'il avait peur de l'avion. Une de ses biographies mentionne-t-elle le voyage ? Je devrais en embarquer une comme lecture de voyage.

Je suis pressée de partir, mais il me faut d'abord mettre un peu d'ordre dans les informations dont je dispose. Ce serait terrible de voyager jusqu'à Vladivostok et dans tous ces lieux qui sont alors les tiens – Sidemi, Strelok et Nakhodka – puis de rentrer à la maison et de découvrir dans un livre, un article, ou par une rumeur, quelque chose que j'aurais dû savoir avant le départ.

De plus, tu n'es pas encore arrivé à destination, toi non plus. Pour l'instant, tu es à Bremerhaven en Allemagne et tu attends les autres membres de l'expédition. Tu es debout sur le pont du bateau, tu écoutes grincer la chaîne de l'ancre, tu vérifies que les boulons et les vis sont correctement serrés, que le fond de cale ne se remplit pas trop vite et que les couvercles de tonneaux de viande en salaison sont bien fermés.

20

Tu as encore une semaine tranquille devant toi, Fridolf, avant l'arrivée du reste de la troupe. Nous sommes le 30 octobre 1868 et les autres passagers de l'*Imperator Alexander II* viennent de monter à bord d'un autre navire, un bateau à vapeur sur le point de quitter Helsinki. Ils sont sur le pont avec leurs bagages, leurs peurs et leurs rêves, je les vois s'appuyer sur le plat-bord, se penchant par-dessus comme pour toucher une dernière fois le rivage familier qui s'éloigne. Certains ont une barre en travers du crâne après une fête de départ tapageuse et nostalgique, organisée la veille au soir à Seurahuone.

Le départ du bateau à vapeur chargé de beurre finlandais et de rêves d'Amour est suivi par une foule compacte amassée sur le quai. Peut-être est-ce seulement à ce moment-là que certains passagers se rendent compte de la décision qu'ils ont prise, prennent conscience qu'ils sont bel et bien sur le point de s'engager dans un voyage vers l'autre bout du monde, en compagnie d'inconnus. Je dois écrire « inconnus » parce que je n'ai aucun moyen de savoir à quel point vous vous connaissiez ou pas, ni ce qui vous a réunis autour de ce projet de départ.

Plusieurs de mes sources laissent entendre que peu d'entre vous se sont rencontrés avant le départ. F. H. B. Lagus indique, en se basant sur les mémoires et les écrits de Carl Schoultz et de Felix Nilsson, que la plupart des fondateurs de la Compagnie ne se connaissent pas, mais Max Engman soutient que les membres de l'expédition sont de « jeunes hommes de 20 à 25 ans, ayant reçu une bonne éducation, et qui se sont fréquentés lors de parties de voile, de chasse et de pêche aux alentours d'Helsinki ». Il utilise des guillemets pour ce passage mais ne précise pas la source de cette citation.

Quoi qu'il en soit, les voilà donc à présent sur le pont du bateau à vapeur devant Helsinki : les rêveurs suédophones, les filles de l'hospice, la sage-femme Selma, Tekla avec ses cheveux coupés court pour le voyage, les marins et les apprentis, ainsi que les enfants. Peut-être qu'un des mômes, plus curieux et dégourdi que les autres, a déjà fait le tour des jeunes passagers. Un second, plus timide, reste agrippé aux jupes de sa mère, serrant un bout de tissu froissé dans son petit poing. Un père a pris son petit dans les bras et se rassure en se disant que tout ira bien, qu'il fait tout ça pour ses enfants, pour qu'ils aient une meilleure vie.

Peut-être qu'un d'entre vous se doute déjà qu'il ne reviendra jamais, et ses yeux s'embuent et sa gorge se serre, comme si son thorax était tout d'un coup devenu trop étroit.

Les journaux racontent comment un groupe d'étudiants sur le quai entonnent le chant national pour célébrer votre départ, et comment les acclamations et les hourras vous accompagnent alors que le bateau met le cap vers l'aventure. Peut-être que quelqu'un parmi vous reste sur le pont plus longtemps que les autres, jusqu'à ne plus voir la coupole de la cathédrale, ni la fumée des cheminées de la ville. Puis arrive le moment où la silhouette d'Helsinki, fondue en un simple trait foncé, finit par disparaître derrière la ligne d'horizon.

◆

Le bateau à vapeur se met en route vers Lübeck. Par temps clément, le voyage aurait duré trois jours mais une tempête oblige le navire à jeter l'ancre au large de Bornholm, une île située tout au sud de la Suède et appartenant au Danemark, puis à Rügen. La tempête continue à se déchaîner, et il faudra s'arrêter une troisième fois, s'abriter dans la baie du petit port de Warnemünde. Il paraît que depuis cet endroit, les Finlandais font une excursion à Rostock. Les sources n'en détaillent pas le programme et ne précisent pas non plus si tout le monde est de la partie, femmes et filles de l'hospice incluses.

Une semaine entière passe avant que le bateau n'arrive à Lübeck. Après ce voyage mouvementé, une messe à l'église Sainte-Marie s'impose. En sortant, les hommes célibataires se dirigent vers une taverne pour jouer au billard jusque tard dans la nuit. Depuis Lübeck, le voyage se poursuit par la route la plus rapide, en train vers Hanovre et de là vers Brême et Bremerhaven, où Fridolf attend ses troupes. Les célibataires fêtards sont à deux doigts de rater le train.

À Bremerhaven, les Finlandais logent dans une auberge en attendant que les derniers aménagements sur le bateau soient finalisés. Je suis heureuse d'apprendre qu'en plus des trois cochons et des semis nécessaires à l'agriculture, vous avez embarqué dans vos bagages plusieurs livres en finnois et en suédois. J'aimerais tellement savoir lesquels ! Lisez-vous *Nummisuutarit** d'Aleksis Kivi, *Kalevala* ou *Kanteletar* de Lönnrot, ou la fennomanie vous rebute-t-elle au point de ne rien vouloir savoir de ces ouvrages ? En Finlande, ce sont des années de famine mais aussi de réveil national, avec les auteurs Snellman, Runeberg et Lönnrot qui collectent d'anciens récits, mots et poèmes pour les

* *Les Cordonniers de la lande*, pièce de théâtre ayant reçu un prix à l'époque.

rassembler dans des recueils, brandis comme une preuve du caractère unique du peuple finlandais. Que pensez-vous de toute cette agitation autour de la langue finnoise et de la « finnitude » ? La devise des fennomanes, *Nous ne sommes pas suédois, et nous ne serons pas russes, soyons donc finlandais*, ne correspond en rien à votre projet.

Dans les sources que j'ai consultées, un seul de vos livres est mentionné : *Lahnlaegs historia*. L'information provient d'une lettre de Janne Söderhjelm, un des fondateurs de la Compagnie d'Amour, qui raconte l'avoir lu pendant la traversée. *Lahnlaegs historia* comporte un chapitre sur l'émigration, avec un exemple de colonie idéale, similaire à votre projet, où chacun travaille équitablement pour le bien commun. Mais à la fin, la colonie meurt de faim, écrit Janne.

J'essaie de trouver des informations sur l'ouvrage en question, mais le moteur de recherche ne reconnaît pas le mot « Lahnlaeg » que je lui propose sous plusieurs orthographes différentes – on ne sait jamais, il y a peut-être une erreur dans ma source. Je demande au professeur Erkki Urpilainen, qui m'a rassurée par rapport à l'idéologie communiste, s'il connaît cet ouvrage mystérieux. Il n'en a jamais entendu parler. Par contre, il mentionne un autre livre, *Voyage en Icarie* d'Étienne Cabet, qui sert alors fréquemment de guide aux créateurs d'utopies. Publié en 1839 et traduit dans de multiples langues, l'ouvrage est un best-seller de son époque, explique Urpilainen.

Dans la société utopique de Cabet, le capitalisme est remplacé par des coopératives ouvrières. Par la suite, l'auteur et ses disciples créent deux communautés utopiques aux États-Unis. Les deux échouent. Les hommes se mettent à boire, les femmes convoitent de beaux habits et des bijoux, et plus personne n'est motivé pour travailler pour le bien commun, les uns et les autres préférant chercher leur propre bonheur.

Je ne sais pas si vous avez avec vous l'ouvrage de Cabet ou *L'Utopie* de Thomas More, un classique du XVIe siècle qui a inspiré l'auteur français. Je n'ai encore jamais lu *L'Utopie*. J'apprends qu'il a été rédigé en latin et que son titre n'est absolument pas *L'Utopie* mais *De optima rei publicae statu de que nova insula Utopia*, ce qui signifie à peu près: « Sur l'état optimal de l'État et sur une nouvelle île nommée Utopie ».

Au départ, More utilise pour cette île le nom latin de Nusquama, qui signifie la même chose que le mot « utopie », issu du grec: *no place*, le non-lieu. Nusquama.

Dans l'exemplaire en finnois que j'emprunte à la bibliothèque, je découvre la préface de la traductrice Marja Itkonen-Kaila. Elle écrit: « L'utopie désigne à la fois un fantasme et la vérité vraie. »

C'est exactement ça.

◆

Pendant que les dames ou les amateurs de lecture rangent les livres sur les étagères du salon situé sous le pont, les jeunes hommes rejoignent les salles de bal de Bremerhaven. À Hanovre, ils buvaient de la bière et jouaient au billard, mais ici, ce sont les pistes de danse qui les attirent. Vous dites-vous que c'est votre dernière possibilité d'être en lien avec le sexe opposé? Une dernière danse avec des demoiselles européennes?

Un des voyageurs, le jeune Alexander Stierncreutz, écrit que la veille du départ, le 24 novembre, les célibataires s'appliquent à dépenser leurs derniers marks allemands au bal.

21

Nous sommes aux Philippines depuis bientôt six mois. Nous avons doucement glissé vers la pointe sud de l'archipel de Palawan, qui s'étire tout en longueur. Manille, la capitale, a été éprouvée par des typhons, des inondations et des vents cycloniques qui ont causé la mort de milliers de personnes, alors même que nous étions amarrés dans des baies protégées, sans que rien vienne nous perturber.

Nick m'a appris à grimper au mât. J'arrive désormais à manœuvrer les voiles et à tenir la barre, je sais jeter l'ancre et faire marche arrière pour qu'elle morde bien le fond. Nous utilisons peu le moteur, sauf quand il faut charger les batteries du bateau.

Nous nous baignons, nous lavons notre linge et nous nous rendons dans de petits villages dont les habitants suçotent des noix rouges qui leur colorent les dents et parlent anglais avec un accent qui ressemble au bruit régulier d'une machine à coudre. Nous achetons sur les bords de route des beignets frits dans l'huile dont le goût sucré ou salé ne se révèle qu'une fois qu'on croque dedans.

Nous avons l'un comme l'autre quelques économies grâce à nos emplois précédents. Nous n'avons pas de carte bancaire, elle ne nous servirait à rien ici. Nous avons sur nous des chèques de voyage et des billets. Nous utilisons environ 100 dollars par mois pour boire, manger et faire nos courses.

Nous n'avons pas de facture de téléphone ni d'électricité, nous ne payons pas de loyer et ne remboursons pas d'emprunt. Quand nous jetons l'ancre, cela ne nous coûte rien. Nous n'achetons pas de nouveaux habits, et il n'y a ni cinéma ni théâtre sur ces petites îles paradisiaques.

Nous n'avons même pas d'adresse.

Notre colonie idéale est longue de onze mètres et demi, large de trois mètres à son maximum, et dispose d'un mât. Elle a été construite en fibre de verre à Taïwan, quinze ans plus tôt, selon le plan du bateau finlandais Swan. Son fond a été traité avec une peinture de cuivre pour éviter que des algues s'y accrochent. Elle se déplace grâce à ses voiles et, en cas de besoin, à un moteur de tracteur de la marque suédoise Volvo.

Nous pensons tous les deux qu'il est temps de poursuivre notre route des Philippines vers une autre destination. Le monde nous attend, et je suis désormais assez expérimentée pour l'arpenter. Est-ce que je me trompe si je dis que jusque-là, notre séjour m'a surtout fait penser à des vacances prolongées ? Mais désormais, nous mettons ensemble le cap non pas vers un nouveau pays, mais pour conquérir le monde. Peut-être ce sentiment est-il exacerbé par le fait que pour la première fois, les papiers officiels nécessaires pour notre départ des Philippines me mentionnent comme membre de l'équipage du *Zest of Hong Kong*. Je ne suis plus une routarde en sac à dos, mon passeport porte un autre tampon qui me permet de quitter le pays en bateau, dans une unité composée d'un voilier et de deux personnes.

◆

Nous sommes installés à la table à cartes et nous étalons devant nous de nouveaux plans que Nick a photocopiés alors qu'il était encore à Hong Kong. La table est couverte de mers dont quelqu'un a mesuré la profondeur, examiné les récifs et les écueils, passant en revue toute cette immensité marine, petit bout par petit bout. As-tu navigué par ici, Fridolf ?

Au milieu de cet océan de papier se trouve l'île de Bornéo, qui ressemble à un triangle un peu désaxé. La navigation nous prendra deux, trois, ou quatre jours. Nous écoutons les prévisions météo, et comme il n'y est question ni de typhons ni de tempêtes, nous levons l'ancre. Je m'occupe du winch sur le pont pendant que Nick tient la barre. Nous mettons le cap vers le sud-ouest.

22

Bremerhaven, novembre 1868. Vingt-six des passagers de l'*Imperator Alexander II* posent pour une photo de groupe. Ils se sont placés comme pour une photo de classe, en trois rangs, le premier assis et le troisième surélevé, tous debout sur ce qui est peut-être un étroit banc de salle de gymnastique.

Tu es assis au premier rang, vers le milieu. Tu portes un pantalon clair et tu as croisé les jambes. À côté de toi, il y a ton frère Hjalmar. Vous vous ressemblez beaucoup, les mêmes sourcils plantés bas et les mêmes yeux un peu enfoncés.

Malgré sa couleur sépia, la photo a quelque chose de moderne. On pourrait presque y ajouter une quatrième rangée, avec une demi-douzaine de jeunes gens d'aujourd'hui, des fils de pub avec une barbe de bûcheron, qui sirotent des lattes au lait d'avoine, affublés d' épais manteaux de laine et de chaussures en cuir un peu montantes, façon jodhpur. Tu portes d'ailleurs des souliers dans ce style, des bottines bien serrées autour de la cheville. Je t'imaginais avec des bottes plus imposantes, montant au moins jusqu'au genou, des bottes de chasseur de baleines bien graissées pour être imperméables. Tu ne les aurais enlevées que pour dormir – et encore!

Carl Schoultz, le jeune étudiant apothicaire et photographe amateur, a vissé son appareil sur un trépied et réglé le retardateur pour pouvoir être sur le cliché, lui aussi.

Il s'est précipité vers la dernière rangée, a peut-être compté les secondes dans sa tête et s'est placé tout à gauche. Plus j'apprends à te connaître, cher Fridolf, plus je suis également séduite par ce jeune homme. Lui aussi ressemble à une personnalité à la De Vinci : un homme aux multiples talents, créatif et enthousiaste.

Sur la photo figurent, en plus de ton frère Hjalmar, de Carl Schoultz et de toi-même, les personnes suivantes :

Eriksson – agriculteur ayant étudié dans une école d'agronomie
Th. Rosenström – employé de commerce
E. Falcken – apothicaire
Grönberg – marin, ancien étudiant en pharmacologie
Wilhelm König – sommelier d'origine allemande, ainsi que son frère
Herman König – jardinier
Wickholm – forgeron
Frans Åberg – agriculteur ayant fait des études
Mickelson – tonnelier, ancien chasseur de baleines (marié)
Grönstrand – ancien sous-officier du bataillon de garde, maçon (marié)
Pietari Hackarainen (aussi mentionné dans certaines sources sous le nom de Hakkarainen) – artisan tanneur (marié)
N. Jacobsén – capitaine, premier second de l'Imperator Alexander II
Beckström – charpentier de marine
Axel Walldén (prénom parfois orthographié « Aksel ») – apothicaire (marié)
Leo Polén – armurier
Tennberg – fourreur
Alexander Stierncreutz – bachelier
Östman – maître d'œuvre du bateau (marié)
Engblom – ancien sous-officier, menuisier
Victor Federley – maître d'école

Alfred Federley – agriculteur, frère de Victor
Felix Nilsson – ingénieur mécanicien (marié)
Ernst Wetterhoff – agronome et poète
Janne Söderhjelm – bachelier

Sur le bateau, il y a aussi le commerçant Ernst Kellgren, mais pour une raison que j'ignore, il n'apparaît pas sur la photo. N'y figurent pas non plus les épouses, ni les enfants, ni les jeunes filles de l'hospice, ni les apprentis marins.

Peut-être que les femmes sont tout de même présentes, en coulisses – c'est ce que j'ai envie d'imaginer en tout cas. Selma Walldén, la sage-femme, est peut-être à côté de l'appareil, faisant signe à son mari Axel de se tenir droit, puis hochant la tête pour approuver la pose. C'est un bel homme au visage ténébreux, sans barbe ni moustache.

Selon la légende, l'ingénieur mécanicien Felix Nilsson est assis au premier rang, à droite de Hjalmar Höök. Peut-être que sa femme Tekla, celle qui s'est raccourci les cheveux, s'est aussi occupé des mèches rebelles de son mari, a égalisé çà et là, puis leur a appliqué une couche de cire capillaire pour bien les lisser. Sur la photo, les cheveux de Felix sont plaqués sur son crâne. Ce sont de jeunes mariés, peut-être encore submergés par la douceur pétillante d'un début d'histoire. Peut-être se sont-ils dit, juste avant le départ, que ce serait quand même un sacré voyage de noces, ce périple jusqu'en Amour! Felix Nilsson semble tout raide, assis à côté de Hjalmar, presque collé à lui, comme s'il avait peur de ne pas rentrer dans le cadre. Sa jambe gauche est délicatement tendue en avant, le talon posé comme celui d'un danseur.

À droite de Nilsson, tout au bout du premier rang, on voit Janne Söderhjelm, la mine sévère et paraissant un peu âgé pour être bachelier. Il est l'auteur de plusieurs lettres rédigées pendant le voyage et publiées dans des journaux.

Mon cher Schoultz, pourquoi n'as-tu pas pensé à prendre aussi une photo avec les femmes et les enfants ? Ou peut-être en as-tu bien pris une, mais un problème est survenu, dans les réglages de l'appareil ou dans la chambre noire ? Ou peut-être n'y avait-il qu'un exemplaire de cette photo-là, et le vent marin l'a emporté, gardant ce souvenir pour lui ?

Je les scrute longuement, Schoultz, Janne Söderhjelm, Alexander Stierncreutz et Nilsson. Ils ont l'air si sérieux, ces trois jeunes gens et ce jeune marié. Ce sont eux que j'ai le plus souvent croisés dans ce que j'ai lu. F. H. B. Lagus a utilisé dans son ouvrage publié en 1925 les mémoires de l'ingénieur mécanicien Nilsson et du photographe Schoultz. Quant à Erik Appel, dont le livre est paru en 1998, il se réfère à l'ouvrage de Lagus, aux lettres de Janne Söderhjelm et d'Alexander Stierncreutz qui, sur le cliché pris à Bremerhaven, est debout au milieu de la seconde rangée, jeune homme moustachu de 20 ans, au visage grave et aux cheveux en bataille.

En lisant la liste de noms trouvée dans le livre de Koivisto, j'ai soudain l'impression étrange de contempler une galerie de personnages d'un polar d'Agatha Christie ou d'un Cluedo. Je parie que le coupable est König, le jardinier !

Alors que les autres se tiennent raides comme des piquets, ta posture à toi est plus détendue, presque avachie. Tu es délicieusement débraillé. Vous avez tous des têtes d'enterrement mais dans tes yeux à toi, je perçois aussi autre chose, sans que je sache nommer ce que c'est – de l'inquiétude, de l'apathie, de la fatigue, de la lassitude ? C'est comme si tu étais en train de faire tout à fait autre chose quand on est venu te chercher pour la photo. Peut-être étais-tu penché sur tes cartes, absorbé par tes pensées, en train de noter les récifs entourant les îles et les côtes avec des flèches, comme le faisait Nick, et voilà qu'on t'appelle, allez, viens vite, alors que tu t'en fichais pas mal, de cette photo.

Quatre des hommes – Wilhelm König, Hackarainen, Grönberg et Janne Söderhjelm – ont glissé leur main droite à l'intérieur de leur veste, au niveau du cœur, comme le faisait Napoléon Bonaparte. Peut-être sont-ils francs-maçons, ce qui est interdit en Finlande à cette date ? Est-ce la raison de leur départ ?

Peut-être pas. Après tout, à l'époque du tsar, il n'y a pas de sociétés franc-maçonnes en Finlande, juste quelques individus isolés initiés à l'étranger.

La pose à la Napoléon est plutôt une posture à la mode, pour souligner sa virilité, parfois sa noblesse. Peut-être est-ce simplement un signe symbolique pour vous, le signe que vous vous engagez dans cette aventure de tout votre cœur.

Depuis Bremerhaven, il serait encore facile de faire demi-tour pour rentrer à la maison. Il serait encore possible de soutenir que tout de même, cette tempête initiant le voyage a été bien assez éprouvante pour ne pas se lancer dans une expédition de plusieurs mois en voilier. Toute cette histoire n'est que pure folie ! Tekla aurait alors laissé ses cheveux repousser et le cordonnier serait revenu à son atelier.

Mais non, vous débordez d'enthousiasme et de foi en l'avenir. Vous avez déjà un pied dans l'utopie.

23

Maintenant que les voyageurs ont bravé les premières tempêtes jusqu'en Allemagne et sont en train de s'installer dans leur cabine avec leurs bagages, il est temps pour moi de prendre le taureau par les cornes. Je m'inscris à un cours de russe pour débutants. Mon objectif est de maîtriser les bases pour me débrouiller dans la région de l'Amour, pour pouvoir enquêter sur l'identité de ta femme, ou bien de ta gouvernante si ce n'est qu'une gouvernante. Je veux savoir si tu as eu un enfant ou deux. Et si j'ai la confirmation que tu as bien une épouse, je veux savoir de quoi elle meurt : pendue à un crochet de lampe ou d'une cause plus commune.

Je voudrais aussi savoir à quel point et pour quelles raisons on se souvient de toi à Vladivostok. Que voulait dire cet Ivan Pisarev de l'université quand il m'a répondu que vous faisiez partie des personnages historiques de la ville ? Et puis il me faut absolument maîtriser l'alphabet cyrillique pour pouvoir traduire en finnois des articles te concernant, en m'aidant d'un dictionnaire. Après ma première leçon, je retiens deux mots : Дом (maison), et мода (la mode).

Tu as mis le bazar sur mon bureau. J'ai reçu le livre d'Erik Appel il y a deux jours et j'ai déjà réussi à l'égarer. La table croule sous des dizaines d'ouvrages parsemés de Post-it, sous des enveloppes déchirées et des tickets de caisse au dos desquels j'ai griffonné des notes sur toi ou sur ton voyage.

Ces pensées gribouillées dans la voiture ou dans une queue de supermarché ne m'inspirent plus rien, je ne comprends même pas pourquoi elles m'ont semblé si importantes à un moment donné. Sur mon bureau plane une douce cacophonie où les voix des uns et des autres ne cessent de se contredire.

Je me suis rendu compte que votre photo de groupe a été reproduite non seulement dans le livre de Toivo Koivisto mais aussi dans celui de Lagus, et dans bien d'autres encore. Les légendes varient selon la source. Selon l'une d'elles, tu serais à la place de Jacobsén, et selon une autre, ton frère Hjalmar serait toi. L'Agence finlandaise du patrimoine (Museovirasto) dispose d'une copie de cette photo, et sur son enveloppe kraft figure un schéma avec des cercles et des numéros pour indiquer qui se tient où. Je décide de m'y fier.

Toutes ces observations contradictoires grignotent toutefois ma confiance et me font douter. Il y a tellement d'incohérences que j'ai peur que tu me quittes. Dans mes cauchemars, la parution de mon livre ressemble à un mariage où le marié est aux abonnés absents. Pour éviter de vivre une telle honte, peut-être vaudrait-il mieux glisser notre petit coin de paradis à la poubelle, éteindre l'ordinateur, empiler tous les livres, en enlever tous les Post-it, puis les ranger dans la bibliothèque, au milieu d'autres ouvrages. Peut-être vaudrait-il mieux t'oublier.

Toutes ces questions me hantent, mais toi tu es à Bremerhaven en train de t'occuper des derniers préparatifs et tu n'as pas de temps à me consacrer. Koivisto, Halén, Lagus et Appel me proposent des réponses, mais l'un d'entre eux ment. Peut-être me mentent-ils tous ?

Je me lève, recharge la cafetière avec trois nouvelles doses de café moulu, sans même vider le filtre précédent, encore tiède. Puis je te regarde de nouveau. J'essaie de saisir quelque chose dans tes pupilles, un éclat de ta vie, un reflet du studio d'Osaka. Si je te quitte maintenant, répéterais-je l'erreur que j'ai commise il y a des années ? Resurgirais-tu dans ma vie plus tard, comme une vague glaciale venue du passé ? M'emporterais-tu alors, courant contre lequel je n'aurais pas la force de me battre ?

24

Nous avons mis le cap vers Bornéo et l'équateur qui le traverse. Le voyage ne ressemble en rien à notre petite balade dans l'archipel des Philippines, où les terres émergées plus ou moins grandes sorties de l'eau nous protégeaient de la houle. Désormais, il nous faut l'affronter. Nous ne pouvons rien laisser sur la table à cartes, les objets rangés dans les placards tintinnabulent sans arrêt, et les vagues balaient le pont. Le vent fait pencher le voilier, puis se calme, et le bateau ne bouge plus d'un pouce.

Pendant le voyage, nous nous voyons peu. L'un de nous deux est presque toujours en train de dormir, pendant que l'autre assure son quart. Il est indispensable de veiller à cause de la météo mais aussi pour éviter les collisions avec d'autres bateaux.

« Tu suis cette direction sur la boussole », me dit Nick avant d'aller se coucher.

Pendant la navigation, nous dormons sur les deux étroits bancs du salon. Avant de nous coucher, nous tirons sur les tissus tendus sous le matelas et nous les nouons aux crochets vissés au plafond. Ils fonctionnent comme des barrières qui nous évitent de tomber du lit avec les mouvements du bateau.

Je fixe la boussole dans la nuit noire et je maintiens le cap indiqué par Nick. Je n'ai pas encore tout à fait compris comment réagir quand le vent change de direction et qu'il faut border les voiles. Pendant ce trajet-là, Nick dort mal.

Nous avons déjà la côte nord de Bornéo en vue quand nous nous rendons compte que nous n'avons pas de drapeau malaisien à bord. Quand un voilier arrive dans un nouveau pays, le drapeau miniature de l'État en question doit être accroché au filin qui relie le mât au pont à tribord. Et n'y a-t-il pas un autre drapeau accroché juste en dessous, pour indiquer que nous arrivons d'ailleurs et que nous souhaitons remplir les formulaires d'entrée dans le pays ? Une bannière unicolore, blanche ou jaune... Comment se fait-il que je n'arrive plus à m'en souvenir, alors que je l'ai accrochée au filin tant et tant de fois ? Je suis obligée de vérifier : elle est jaune.

À la poupe du voilier, nous accrochons le drapeau du pays de l'équipage. Dans notre cas, c'est l'Australie, selon la nationalité du capitaine.

Nous sommes presque arrivés à destination quand je m'attelle à la fabrication d'un drapeau, en déchirant un morceau de drap blanc de la taille d'une feuille A3 et en y dessinant, avec ce que je trouve comme peinture, feutres et vernis à ongles, les bandes rouges qui font penser à la bannière des États-Unis, le croissant de lune et le petit soleil remplaçant les étoiles. Nick me demande par la même occasion de barbouiller de rouge l'abat-jour au-dessus de la table à cartes. Quand on descend du pont dans le noir, la lumière est tellement aveuglante que les yeux mettent un moment à s'habituer. La lumière rouge est plus douce.

Les bandes et les astres n'ont pas encore eu le temps de sécher quand nous fixons mon œuvre au filin.

Nous jetons l'ancre quelque part vers la pointe nord de Bornéo. Je ne me souviens plus du nom du lieu. Cela fait une éternité que je n'y ai pas pensé et j'ai l'impression que le nom, mais aussi tout le reste – à quoi ressemble cet endroit, ce que nous y mangeons et faisons –, tout a disparu. Je n'arrive pas à comprendre comment fonctionne la mémoire, pourquoi ce dont on se souvient paraît autant relever du hasard. Comment fonctionne le filet qui empêche certaines choses de remonter à la surface mais en laisse passer d'autres ? Ou bien est-ce l'inverse : de toutes les choses vues et vécues, certaines n'ont imprimé aucune marque dans le disque dur de ma mémoire ?

Je ne me souviens pas de la durée de ce trajet, ni de l'état de la mer ou de la direction du vent. Je ne me souviens pas si nous avons croisé d'autres navires. Je ne me souviens de rien. La carte m'indique que la route depuis le sud de l'archipel de Palawan jusqu'aux côtes nord-est de Bornéo est de 200 kilomètres ou de 108 milles nautiques à vol d'oiseau.

Ce n'est pas très long. J'imaginais une distance bien plus importante. En fonction de la force et de la direction du vent, elle peut être parcourue en seulement vingt-quatre heures, mais si nous avions le vent contre nous et que nous devions zigzaguer, le trajet a dû être plus long. Ce qui est certain, c'est qu'il était suffisamment long pour que je tienne un quart de nuit. Ça, je m'en rappelle. Je me rappelle aussi qu'il est alors facile de dormir sur le banc étroit avec la barrière en tissu. Assez vite, nous nous sommes calés sur un rythme où je veillais jusqu'à 1 ou 2 heures du matin, et Nick prenait ensuite la relève pendant les heures du loup, jusqu'à 7 heures, heure à laquelle je me levais pour nous préparer une bouillie d'avoine.

À Bornéo, nous devons être amarrés au pont et avoir de l'électricité parce que je me souviens que Nick sort son rasoir.

« Tu comptes raser ta barbe ?

– Oui. »

Je lui demande de ne pas le faire. J'aime sa barbe.

« Comme tu veux, *Babes* », répond-il. Puis il range le rasoir dans sa pochette noire.

Une fois arrivés, nous faisons une excursion jusqu'au sommet du mont Kinabalu, haut de 4 095 mètres. Quelqu'un y prend une photo de nous avec mon appareil, au petit matin, juste avant l'aube, quand la température est encore en dessous de zéro.

Puis nous poursuivons notre voyage. Nous naviguons vers l'ouest, vers une ville qui s'appelle Kuching. Nous jetons l'ancre au milieu d'un fleuve à l'eau marronnasse. Le voilier tourne en fonction des marées qui agissent sur le courant du fleuve, et nous sommes obligés d'accrocher une deuxième ancre à la première pour qu'elles forment sous l'eau une sorte de T renversé.

« Comme ça, on est retenus, peu importe le sens du courant », m'explique Nick.

Sur le bord du fleuve, il y a une échoppe où nous pouvons acheter de l'eau, des chips, quelques conserves, des cigarettes, de la bière et de la nourriture lyophilisée. À quelques centaines de mètres, on aperçoit un arrêt de bus. Quand j'essaie de repérer le cours d'eau sur une carte, je ne le retrouve plus.

Nous partons en excursion vers l'intérieur des terres, dans une jungle sauvage dont je n'ai gardé qu'une seule photo, celle d'un serpent vert qui se prélasse sur une branche. Je ne remarque le reptile qu'une fois passée en dessous. Nous errons pendant un moment, puis nous arrivons à un petit village traversé par une large route non goudronnée, avec un minuscule kiosque tout de travers, sans frigo puisque sans électricité.

Sur les étagères, au milieu des paquets de biscuits, des sacs de farine, des conserves australiennes et chinoises et des collants en nylon, je remarque un emballage étrangement familier, un emballage que je n'ai pas vu depuis des années : du réglisse finlandais de la marque Panda. Je saisis Nick par la main et je lui montre le paquet, tout excitée : « Regarde ! Moi et le réglisse Panda, au même endroit ! »

Je demande au vendeur d'où vient le réglisse et il m'explique qu'il a été laissé là par des voyageurs finlandais, quelques années plus tôt.

Max Engman nous parle des Finlandais en mer Arctique, en Sibérie, à Saint-Pétersbourg et en Alaska russe, sur la Route de la soie et sur les presqu'îles désertiques de la baie de la mer de Béring – mais dis, Max, il y en a dans plein d'autres endroits encore, dans la jungle tropicale de Bornéo par exemple, dans un village traversé par une route ensablée, et en plus, ils se baladent avec du réglisse Panda !

« Pourquoi l'ont-ils laissé ici ? je demande au vendeur. Était-ce pour payer un achat ? »

Il ne sait pas me répondre. Il ne connaît même pas le contenu de l'emballage.

« C'est peut-être un genre de médicament ? suggère-t-il. Ou une épice ? »

Il hausse les épaules. Je décide d'acheter le paquet pour que Nick goûte un bout de là d'où je viens. Il s'exécute.

« Alors, t'en penses quoi ? »

Il me dit que ça lui rappelle quelque chose.

« C'est pas un médicament pour la digestion ? En Australie, on prend ça contre la constipation. »

◆

Chez moi à Oulu, je retourne ma malle arabe, ma bibliothèque et mes placards pour exhumer le nom de ce fleuve dans mes journaux de navigation, mais je ne les retrouve nulle part. Je sais qu'il y en a cinq. À l'époque, je n'écris pas autant que j'écrirais aujourd'hui si je pouvais y retourner.

Je voudrais tellement me rappeler le nom de ce fleuve et de tous ces lieux que nous avons arpentés ensemble. Tout ce qu'il m'en reste aujourd'hui, c'est un souvenir fragile d'endroits sans existence concrète. Pendant plusieurs jours, je continue à chercher mes cahiers, puis je finis par être soulagée de ne pas les retrouver. Qui sait, j'y ai peut-être écrit des choses que je ne voudrais plus lire.

25

La chaîne de l'ancre de l'*Imperator Alexander II* grince et crisse quand elle est enroulée autour du cabestan. La veille au soir, le bateau des colons a été remorqué depuis le quai jusqu'à l'entrée du port. Le soleil vient à peine de se lever quand, à 6 heures du matin, les portes du port s'ouvrent. Nous sommes le 25 novembre 1868, le jour de la Sainte-Catherine. Les quais de Bremerhaven s'animent : après Liverpool, c'est le second port d'embarquement pour des milliers d'émigrés vers États-Unis. Si le 25 est un jour sans vent, le remorqueur vous hale plus loin en mer pour que les voiles du bateau attrapent la brise.

Pour être tout à fait honnête, si certaines sources mentionnent ce jour-là, je n'ai aucune certitude quant à la date exacte de votre départ. Selon Toivo Koivisto, vous prenez le large « un jour de fin novembre ». Un autre précise que les préparatifs du voyage se terminent le 26, jour où les passagers quittent l'auberge pour s'installer sur le voilier. Selon le jeune Alexander Stierncreutz, celui aux mèches rebelles, le dernier jour à terre est le 24 novembre, et au soir de cette journée-là, après la tournée des salles de bal, le voilier est remorqué jusqu'aux portes du port qui s'ouvrent tôt le lendemain matin, le 25.

Dans son ouvrage, F. H. B. Lagus décrit l'agitation du départ, en s'inspirant des mémoires de Schoultz : « Des passagers tout à fait inexpérimentés courent çà et là sur le pont comme des poule sans tête, excités à l'idée d'aider avant le départ. » Schoultz lui-même est planté sur le pont, en marinière et ciré, s'efforçant de son mieux de ressembler à un vrai marin.

Cette mention de l'inexpérience de l'équipage remet en question une citation de Max Engman selon laquelle les passagers se connaissaient déjà avant le voyage parce qu'ils avaient chassé, pêché et navigué ensemble. Bon, admettons : barrer un petit voilier qui longe les côtes n'a rien à voir avec la manœuvre d'un brick à deux mâts.

Puisque dans une utopie, tout le monde participe équitablement, Fridolf divise les passagers en deux groupes : les veilleurs de tribord et ceux de bâbord. La formation des marins d'eau douce débute immédiatement mais l'ordre de ferler les perroquets est un véritable charabia pour la plupart d'entre eux. Souvent, les passagers remplis d'enthousiasme gênent plus qu'ils n'aident, en tirant sur le mauvais bout dans la toile d'araignée formée par les cordages qui relient le mât et le pont ou en abîmant le matériel à force de gestes trop brusques.

Régulièrement, Fridolf s'assure auprès des marins qui sont sous le pont que de l'eau ne s'infiltre pas dans la cale à travers les lames de chêne. Peut-être descend-il lui-même vérifier l'état de la coque, voir comment le navire réagit au balancement et aux torsions des vagues.

Quand les falaises de calcaire de Douvres apparaissent, le vent tombe et la puissance du courant fait reculer le bateau. Le temps est splendide et les passagers se plaisent sur le pont, mais Fridolf est nerveux. Il jette des coups d'œil furieux à la croisière qui s'amuse, surtout à la gent féminine. Sur les baleiniers, il a pris l'habitude d'être entre hommes, et le voilà qui accuse les femmes de ce début de voyage si lent. Tout de même, Fridolf : même si la tradition maritime a décrété que les femmes, et surtout les rousses, portent malheur sur un bateau, je suis absolument certaine que même avec tes équipages 100% masculins tu as déjà rencontré une pétole.

Puis subitement, les promenades paisibles sur le pont se transforment en pleurs et en vomissements. La tempête s'est levée dans la Manche, la première de l'*Imperator Alexander II*. Fridolf est obligé de mettre le cap sur Plymouth, dont le port est déjà rempli de bateaux cherchant à s'abriter. D'ailleurs, l'*Imperator* n'est pas le seul à se diriger vers la région de l'Amour : un navire britannique et un autre danois sont dans le même cas. On n'en saura pas plus sur ces bateaux, on ignore s'ils transportent des marchandises ou des passagers, si vous les considérez comme des concurrents ou si vous échangez des informations et discutez de vos projets respectifs. Peut-être partagez-vous le même rêve.

Les voyageurs envoient régulièrement de leurs nouvelles à plusieurs journaux finlandais. Quand il n'est pas possible de se rendre à un bureau de poste, les lettres sont confiées à d'autres navires. Les articles publiés dans les journaux mentionnent rarement le nom de l'auteur, mais quand c'est le cas, il s'agit toujours d'hommes de la Compagnie, le plus souvent de Janne Söderhjelm, parfois du capitaine lui-même. Jamais aucune des femmes ne signe une missive.

◆

Peu après le départ de la troupe de Fridolf, une autre colonie de Finlandais se dirige vers l'Amour. Ils partent de la ville de Turku.

À la fin du XIXe siècle, les traversées des océans ont commencé à se faire en bateau à vapeur plutôt qu'en voilier. Fridolf, lui, est de la génération où les navires sont en bois, les hommes d'acier et le mouvement produit par le vent gonfle la voile. Pour ce loup des mer et chasseur de baleines, impossible de choisir autre chose qu'un voilier. Mais les colons de Turku ont opté pour le *Nahodka*, un bateau à vapeur appartenant à l'administration de l'Amour et mis à leur disposition par l'administrateur Harald Furuhjelm.

Le bateau des colons de Turku les attend en Allemagne, exactement comme c'est le cas pour l'expédition de Fridolf. Le voyage pour s'y rendre depuis la Finlande se fait sur un autre navire.

Les articles publiés au moment du départ de cette seconde expédition laissent penser qu'elle est plus conservatrice que celle du voilier. Selon le *Finlands Allmänna Tidningen*, les passagers sont de jeunes gens dans la force de l'âge, et les femmes sont « fortes et en bonne santé ». Quant au journal *Ilmarinen*, il décrit la troupe ainsi : « Les 40 habitants de Turku qui quittent leur pays, probablement pour toujours, pour s'installer comme colons dans un pays étranger avec femme et enfants sont d'honnêtes gens de bonne éducation. Les hommes célibataires n'étant pas admis, cinq mariages ont eu lieu précipitamment à Turku avant le départ. » À cause de ces noces organisées en urgence, l'expédition reçoit le surnom de « voyage d'Amour ».

Les membres de l'équipage sont en majorité des artisans et des agriculteurs, et n'ont ni l'intention de profiter des richesses de la mer une fois sur place, ni l'expérience nécessaire pour le faire.

Il faut noter ici que la référence à Turku ou à Helsinki désigne uniquement le port de départ de l'expédition, et non les origines des individus qui y prennent part. Dans celle de Fridolf, la majorité sont des suédophones vivant aux alentours de la capitale, mais participent aussi des personnes venues de partout en Finlande. Le commerçant Kellgren, par exemple, est de Kuopio, dans l'Est, et Fridolf lui-même est natif de Tammisaari, dans l'Ouest, à équidistance de Turku et d'Helsinki. Les membres de l'expédition de Turku viennent, quant à eux, de la région de Varsinais-Suomi.

Il existe peu d'informations sur le voyage du *Nahodka* et le devenir de cette colonie, y compris dans les sources russes. Il semblerait que la presse s'intéresse davantage à l'expédition de Höök qui vogue en voilier vers le pays de ses rêves. Les articles insistent beaucoup sur l'expérience de Fridolf en tant que capitaine et chasseur de baleines. Il paraîtrait aussi que contrairement à la troupe de Turku, la colonie de Höök entretienne spontanément des liens avec les journaux.

L'expédition du bateau à vapeur a d'ailleurs été présentée aux passagers différemment de celle partant d'Helsinki. Sur le *Nahodka*, tout le monde dispose d'une cabine confortable et l'aération est excellente. C'est un voyage *all inclusive* : le prix comprend une place en cabine mais couvre aussi les repas.

Le capitaine du *Nahodka*, originaire de Lieto, à une dizaine de kilomètres de Turku, s'appelle Bolin. En plus du ravitaillement, le bateau est chargé de dix tentes, de matériel de pêche, de haches, de scies, de charrues et de bien d'autres choses indispensables pour entreprendre une nouvelle vie.

Dans l'article « Varsinaissuomalaisia Amurinmaalla » (« Des habitants de Varsinais-Suomi dans la région de l'Amour »), l'auteur Väinö Perälä publie la liste des personnes ayant obtenu l'autorisation de quitter la Finlande pour l'Amour. La plupart de ces dérogations ont été accordées en octobre 1868, certaines seulement vers la toute fin du mois. L'expédition de Turku n'était guère en avance sur les préparatifs.

La liste de Väinö Perälä comporte plusieurs noms d'enfants. Mon instinct maternel se réveille, alors que Fridolf a touché mon côté aventurier. Quel est le destin de la petite Olga Karoliina Lohman et celui de Heikki Heikinpoika ? Qu'arrive-t-il aux Knaap ? Selon les registres de l'Église, trois bébés sont nés dans cette famille à Vladivostok. Ils indiquent aussi qu'en 1906, « le père vit avec ses enfants en Sibérie orientale ». Mon Dieu, l'épouse d'Eerik Juhonpoika Knaap, la jeune Eriika Vilhelmiina Heikintytär, décède-t-elle en utopie et Eerik devient-il veuf avec trois enfants à charge ?

Le 5 novembre, la veille du départ, les émigrés de Turku organisent leur propre fête d'adieu dans la cathédrale de la ville, une fête bien plus sage que celle des colons menés par Höök. Le doyen de la cathédrale, le pasteur Renvall, prononce un discours où il recommande aux membres de l'expédition de travailler, de s'aimer, de se soutenir mutuellement, et de perpétuer la foi de leurs pères. Des bibles, des « Nouveau Testament » et des recueils de cantiques en finnois sont remis aux voyageurs, en guise de cadeau de départ, dans une grande effusion d'espérance.

◆

En Finlande, la fièvre d'Amour ne se limite pas à ces deux expéditions si différentes. De jeunes gens rêvent de départ mais peut-être manquent-ils de courage ou d'argent, puisque les journaux ne disent rien de leurs aventures.

Les autorités mettent d'ailleurs les rêveurs en garde, précisant que la région est quasiment inhabitable, qu'on n'y ramasse pas de pépites d'or comme des airelles dans la forêt, et qu'il faudra sacrément travailler pour gagner la farine nécessaire au pétrissage de son pain. Pendant tout le printemps 1869, les articles de presse recommandent d'attendre au moins l'arrivée du *Nahodka* et du capitaine Höök avant d'entreprendre quoi que ce soit, pour savoir ce qu'auront à dire les émigrés de la vie dans cet Eldorado oriental.

Mais les rêves ne meurent pas si facilement. En janvier 1869, une annonce est publiée dans le journal *Tapio*, signée des initiales G. W. L'autrice est à la recherche de jeunes hommes qui pourraient l'accompagner jusqu'en Amour. Un habitant de Joensuu, O. M. D., lui répond, se décrivant comme un jeune homme, et demande plus d'informations – de quoi enflammer immédiatement G. W.

Sa réponse, ravissante de détours et de mystère, est publiée dans le numéro suivant de *Tapio*. Elle y donne des indices sur son âge et son état physique. Ainsi, elle précise être jeune depuis plusieurs décennies, avoir déjà reçu bien des propositions de mariage, mais être toujours libre. Sa motricité est bonne, bien qu'il lui soit utile de faire des pauses de temps en temps. Elle a toujours toutes ses dents, mais vu la durée du voyage peut-être serait-il recommandé de se procurer un dentier avant le départ, juste au cas où. À en croire la liste de choses nécessaires au voyage, ajoutée à l'annonce, G. W. semble avoir un sens pratique certain : il lui faut une perruque, un peigne, une brosse, un couteau, une fourchette et une tenue de marche – ainsi que le dentier susmentionné. Elle écrit avoir un maigre patrimoine mais précise que ce peu sera très probablement utile.

Quel dommage : c'est tout ce que j'arrive à savoir des tentatives de G. W. de se rendre en Amour. Elle semble être une femme si décidée que je l'imagine bien séduire Fridolf une fois arrivée en Utopie.

26

Toivo Koivisto, l'auteur de la biographie de Fridolf par ailleurs ingénieur spécialisé dans les mines d'or, ne s'intéresse pas vraiment à la traversée du capitaine et de l'équipage novice qui s'agite sur le pont. Il ne consacre qu'une phrase unique à la première tempête: « Il a fallu mettre le cap sur Plymouth pour réparer les dégâts. » Je soupçonne Toivo d'être un romantique, pas un aventurier.

Heureusement qu'il y a sur le voilier des passagers qui aiment écrire des lettres. Ils y rendent compte de l'avancée du voyage et des conditions de navigation.

Ainsi, un certain « *En ung Amur-farare* »* envoie depuis Plymouth une lettre datée du 14 décembre 1868, s'adressant au journal suédophone *Hufvudstadsbladet.* Il y relate la première tempête, terrible, décrit les hurlements des sirènes et les lumières des fusées de détresse dans le ciel. Les passagers sont pris de peur, les cris résonnent sur le bateau. Impossible de dormir, la houle les éjecte de leur couche. L'auteur se demande s'ils ne vont pas passer Noël à Plymouth.

À l'arrivée au port, ceux qui étaient sur le pont sont trempés jusqu'aux os. Comme il n'y a guère de chauffage sur le navire, l'auteur de la lettre suppose que les habits ne sècheront qu'une fois sous des ciels plus cléments.

* En suédois, signifie « un jeune voyageur de l'Amour ».

Pendant la tempête, la préparation des repas s'est avérée bien compliquée, mais une fois au port, place au festin ! On sert de la soupe de petits pois avec du lard et de la moutarde, accompagnée de pain au levain, et un flan aux pommes et aux prunes en dessert. La cuisine est-elle confiée aux femmes ?

Dans sa lettre, le jeune passager nous livre le menu de toute la semaine :

> Dimanche, tranches de viande en salaison, pommes de terre, pudding de riz avec sauce au vin.
> Lundi, lard et haricots.
> Mardi, cabillaud et chou salé, soupe de seigle.
> Mercredi, viande et pommes de terre, soupe de chou fermenté.
> Jeudi, soupe de petits pois, lard, flan avec sauce aux prunes.
> Vendredi, viande en salaison, lentilles et soupe de seigle.
> Samedi, cabillaud et pommes de terre, bouillie de riz ou autre, verre de vin.

Au petit déjeuner sont servis café, pain et lait fermenté. Une autre tasse de café est proposée à midi, ainsi que du thé le soir. Les dimanches, c'est tournée de bière.

Mais à Plymouth, la bière, ce n'est pas que le dimanche. Les célibataires s'en donnent à cœur joie, même si les moyens semblent limités. Les plus âgés se dirigent vers les pubs tandis que les plus jeunes, ou tout du moins l'étudiant apothicaire Carl Shoultz, préfèrent les petits théâtres populaires où se produisent des artistes de variété peu connus. « Ce sont des lieux très joyeux ! » nous assure Schoultz dans l'ouvrage de F. H. B. Lagus.

À Plymouth, trois porcs supplémentaires sont chargés sur le bateau, et les réserves de seigle, de maïs et d'autres grains sont complétées pour garantir les semis nécessaires au démarrage de l'agriculture à l'arrivée. L'idée est de collecter, tout au long du voyage, d'autres graines et plants à cette même fin. On se procure aussi des tissus brillants, d'autres ornés de jolis motifs, pour servir de monnaie d'échange avec les habitants des contrées lointaines.

Pendant que les dégâts causés par la tempête sont réparés sur le bateau, chacun s'occupe comme il peut. Les moins expérimentés s'exercent à manipuler les voiles. Quand l'argent vient à manquer et que les divertissements finissent par lasser, certains se mettent à la pêche à l'anguille pour passer le temps. La pêche s'avère très fructueuse. L'hameçon a tout juste le temps de disparaître sous l'eau que ça mord déjà. Toutes les anguilles sont de la même taille, d'une coudée environ, elles sont de toute évidence au même niveau de développement. Elles sont capturées par centaines et cuites avec la peau.

Lors de ses escapades en ville, Schoultz semble se retrouver systématiquement dans des situations plus rocambolesques les unes que les autres. La veille de Noël, lui et Janne Söderhjelm partent acheter du pain et finissent par réveillonner avec la famille du boulanger. Les invités dansent au son de l'accordéon, puis se met en place un jeu « Sous une branche de gui », laquelle a remplacé le lustre dans une pièce de fait plongée dans l'ombre. Si les jeunes gens s'étaient figuré ce voyage comme une grande aventure, les expériences vécues à Plymouth sont tout aussi nouvelles pour eux.

« De toute ma vie, je n'avais encore jamais embrassé personne, ni reçu tant de baisers de tant de jolies filles, et qu'est-ce que c'était amusant », aurait écrit Schoultz dans ses mémoires, selon Lagus.

Son camarade Janne Söderhjelm, le bachelier au regard dur sur la photo de Bremerhaven, n'est a priori pas du tout enchanté par le jeu du gui, qu'il qualifie de stupide.

Un autre soir, alors que Schoultz cherche de nouveau à acheter du pain, un groupe de jeunes filles se met à le suivre, véritable nuée de guêpes, et quand elles l'attrapent, elles l'embrassent jusqu'à le rendre fou.

Sur le voilier, on prépare Noël. Le bateau est décoré de guirlandes de fanions. Le matin du 25, tout le monde se rassemble pour une messe conduite par le capitaine et pour chanter trois psaumes. Quelqu'un a même préparé le traditionnel porridge de riz de Noël, et d'autres ont trouvé en ville du jambon et des tartes. L'équipage se réunit pour un repas de fête autour de la grande table de la salle sombre. Il n'y a que quelques lampes à huile accrochées avec du fil de fer au-dessus du festin, et leur lueur est si faible qu'il serait impossible de lire.

Pour une fois, le bateau est calme et silencieux. La plupart des passagers profitent du jour férié pour se reposer et dormir, après tout le manque de sommeil accumulé. Ici et là résonnent des cantiques, puis l'hymne national. Des lettres sont arrivées depuis la Finlande, certains ont même reçu de petits colis.

Dans une missive publiée dans un journal, un jeune voyageur admet que ce premier Noël loin de chez lui et de ceux qu'il aime le rend bien nostalgique. Le sapin, les cadeaux et le pays lui manquent tellement qu'il songe à faire demi-tour, écrit-il. Puis il se ressaisit : au diable ce genre de pensées ! Mieux vaut se concentrer sur l'idée d'un avenir commun avec les autres émigrés, et surtout ne pas oublier l'humour – et voilà que tout paraît déjà plus radieux !

À quoi pense Fridolf en dégustant son porridge ? Ce n'est pas son premier réveillon en terre étrangère. Le voyage ne fait que commencer et ils sont déjà en retard sur le planning. La pause au port de Plymouth s'éternise. Dans la presse locale, les voyageurs apprennent que la même tempête qui les a conduits là a causé le naufrage de treize bateaux au large de la ville. Les Finlandais tentent de nouveau de poursuivre le voyage mais le vent est beaucoup trop fort.

Vos rêves sont-ils en train de se déchirer comme les voiles de votre navire ?

Je ne crois pas. Rien de tout cela n'est nouveau pour Fridolf. Il sait qu'en mer ce n'est pas l'humain qui dicte le rythme du voyage. En tout cas pas sur un voilier. Alors que certains se vautrent dans la nostalgie du pays, Fridolf regarde vers le futur. Dans sa cabine sur le pont, il se penche sur les cartes. Il y a deux routes possibles pour rejoindre l'Amour : celle de l'est – passant par l'Afrique du Sud et le cap de Bonne-Espérance – et celle de l'ouest, qui contourne la pointe méridionale de l'Amérique du Sud et le cap Horn. Fridolf passe les jours de fête à réfléchir à ces deux options.

Pour un navigateur, le cap Horn s'apparente au mont Everest pour un alpiniste, à la Lune pour un astronaute ou à un ultra-marathon pour un coureur. De plus, cette route est particulièrement dangereuse et risquée quand elle est empruntée à « contre-sens », depuis l'Atlantique vers le Pacifique. Le navire doit alors louvoyer contre le courant de l'océan Austral, contre la houle et le vent. Mais une fois le cap franchi, c'est le Pacifique, son étendue bleue et étale qui attend le navigateur.

Contourner l'Afrique du Sud serait plus simple mais le voyage se compliquerait vers la fin, une fois qu'ils seraient arrivés dans le dédale d'îles et de détroits qui ralentirait la navigation et la rendrait plus difficile.

Puis tes pensées s'échappent de nouveau vers le Pacifique. Peut-être aurais-tu l'occasion de sortir les harpons, pour délester l'océan de quelques baleines ?

Cher Fridolf, je ne sais pas combien de fois tu as déjà passé le cap Horn, ni dans quel sens. Mais je sais que tu ne veux pas mettre ta tribu d'Amour en danger en lui faisant affronter la rage du cap. Tu as probablement pensé à une troisième route, passant par l'Amérique du Sud : il est en effet possible de se faufiler par le détroit de Magellan, en longeant la Terre de Feu, tout au sud des côtes chiliennes. Charles Darwin, l'inventeur de la théorie de l'évolution, s'est aventuré dans ce labyrinthe de criques en voyageant sur le *Beagle*. Mais le détroit de Magellan n'est pas sans risques non plus, avec des vents soufflant au plus fort des rafales mesurées par l'échelle de Beaufort et ses eaux parsemées d'icebergs détachés de la banquise. Certes, existent aussi, cachées à l'ombre des falaises, des baies protégées, à condition de les atteindre avant que la tempête n'éclate.

Mais pour l'instant, il est trop tôt pour se soucier de tout ça. D'abord, il faut vous faire quitter Plymouth.

◆

Alors que je suis plongée dans les tergiversations de Fridolf sur la route à emprunter, je reçois un mail de l'Institut de la migration (Siirtolaisuusinstituutti). Je leur ai demandé ce qu'ils ont dans leurs archives concernant Höök, et ils me répondent en m'envoyant un petit trésor, un paquet cadeau se transférant depuis un cloud jusqu'à mon ordinateur : un ensemble d'articles de presse sur la colonie, publiés entre 1868 et 1870, tous retranscrits. Les textes sont écrits dans un suédois ancien et même si j'en connais déjà certains, c'est tout de même autre chose de les lire dans l'alphabet d'aujourd'hui plutôt qu'en caractères d'imprimerie du XIXe siècle.

Souvent, quand il s'agit de non-fiction, l'auteur collecte l'information par petites graines minuscules qui ensuite se mettent à germer. Il arrive régulièrement qu'à cause de contradictions et d'approximations, certaines n'éclosent jamais. D'autres fois, plus rarement, des mots et des phrases nous parviennent et éclaircissent soudain l'horizon, comme si un vent s'était levé, gonflant les voiles, et soudain le récit se met à voguer dans la bonne direction.

Ce jour-là, ce ne sont pas les transcriptions des articles qui me procurent cette sensation, mais un autre texte emballé dans le même paquet cadeau tout droit descendu du cloud. C'est un rapport rédigé en suédois par Bertel Forman, proviseur de l'établissement d'études maritimes de Turku. Son introduction débute à peu près ainsi: « En février 1959, l'établissement reçoit un télégramme expédié par Elena Fridolfovna Höök, la fille de Fridolf Höök, qui les informe qu'à Vladivostok un navire vient d'être baptisé du nom de son père. »

Qui est cette Elena, fille de Höök?

Je remplis le filtre de la cafetière, et j'ai l'impression que sous mes pieds le sol tangue comme tangue le pont d'un voilier quand les vagues se déchaînent soudain. Sans que je l'aie vue venir, une bourrasque s'est abattue sur moi – que dis-je; ce n'est pas une bourrasque, mais un ouragan en bonne et due forme qui me fonce dessus, un ouragan que les météorologues ont nommé Elena.

Comment expliquer son existence?

Elle ne peut tout de même pas être le petit garçon kidnappé par les *honghuzi*.

Toivo Koivisto soutient que Fridolf a deux enfants: une fille, Mia, et son petit frère, Ami, embarqué par les brigands. Mia s'appellerait-elle en réalité Elena? Si les *honghuzi* les attaquent bien en 1880, alors que la fille de Fridolf a 4 ans comme l'indique Koivisto, cela signifierait que cette Mia ou cette Elena aurait 83 ans au moment de l'envoi du télégramme. Certes, ce n'est pas impossible mais alors pourquoi Toivo n'utilise-t-il pas le vrai nom de la fillette? Ne le connaît-il pas?

À la lecture, il s'avère qu'Elena a déjà été en contact avec l'établissement un an plus tôt. Elle cherchait alors des informations sur le parcours de son père. Quel genre d'élève est-il enfant ? Où navigue-t-il ensuite ? Pour répondre aux questions d'Elena, le proviseur a plongé dans les archives de l'école et a rédigé un résumé de la vie de Fridolf.

Il nous faut donc remonter dans le temps, nous aussi. Le texte envoyé par l'Institut de la migration nous donne un éclairage sur la jeunesse de Fridolf tandis que pour le moment mes seules sources à ce sujet étaient des articles rédigés en russe. Ils se basent essentiellement sur un ouvrage de Larisa Vitalievna Aleksandrovskaya, une autrice qui a mené des recherches sur la vie de Fridolf et sur l'immigration en Amour. Ce livre n'existe qu'en russe. La traduction littérale de son titre serait « L'Odyssée de Fridolf Höök ».

Je ne sais pas si les auteurs des articles en question ont mal interprété l'ouvrage d'Aleksandrovskaya – toujours est-il que plusieurs informations censées en provenir sont problématiques. Par exemple, les citations qui en sont issues indiquent que l'*Imperator Alexander II* serait parti d'Helsinki alors que tous les textes de l'époque évoquent un bateau à vapeur pour cette première étape du voyage entre Helsinki et l'Allemagne.

De même, les articles prétendent que l'expédition de Turku, celle partie à bord du *Nahodka*, aurait pris un raccourci vers l'océan Indien en passant par le canal de Suez qui vient alors d'être ouvert – or les journaux finlandais rapportent que le capitaine Brolin laisse un courrier à l'attention de Höök au cap de Bonne-Espérance, en Afrique du Sud. Qui plus est, les passagers du *Nahodka* ont envoyé en Finlande une lettre retraçant leur route – qui passe par ce cap.

Me voilà donc obligée d'extraire de mes notes toutes les informations issues des sources russes, d'ouvrir les fichiers qui les rassemblent, de les vérifier et d'en supprimer certaines. Voici comment les choses se sont passées selon le proviseur Forman, et je suis prête à faire confiance à sa version de l'histoire :

En 1838, alors que Fridolf est encore petit garçon, son père Erik Höök devient douanier à Turku. La famille y emménage, quittant Tammisaari. Dix ans plus tard, Erik est nommé à un nouveau poste à Kaskinen, toujours aux douanes. La famille compte alors neuf enfants.

Je décide de m'arrêter un instant sur Kaskinen, une petite ville portuaire du golfe de Botnie. En faisant une recherche dans les archives numérisées de la Bibliothèque nationale finlandaise avec le nom du père de Fridolf et celui de la bourgade, je trouve un acte de décès daté de mai 1848, au nom de Fanny Lovisa, la dernière de la famille, la petite sœur de Fridolf âgée de tout juste quatre mois. Puis, quelle horreur, en juin, à peine quatre semaines plus tard, c'est Erik, le père, qui meurt brutalement. Il n'aura tenu son poste à Kaskinen que quelques mois.

Dans ces archives, je trouve aussi un troisième acte de décès au nom de Höök. Je découvre alors qu'Erik avait déjà été marié et que sa première épouse, Helena Mathilda Holmström, est décédée en novembre 1832 à Tammisaari, à l'âge de 28 ans, trois mois et sept jours, laissant derrière elle un mari et trois enfants. Dans l'année qui suit, Erik se remarie avec Melle Aminof.

Cher Fridolf, quand ton père meurt, tu as presque 12 ans. Vas-tu en cours à Kaskinen ? Les premières écoles populaires sont fondées seulement dans les années 1850. Je présume qu'un poste aux douanes fait alors de ton père quelqu'un d'important, et que la progéniture de gens comme lui reçoit certainement une éducation. J'imagine que tes parents souhaitent au moins que tu apprennes à lire. Est-ce ta mère qui t'enseigne la lecture ? Ou avez-vous un précepteur ?

Si tu vas à l'école, tu es en grandes vacances quand ton père meurt. Vous venez de vous installer à Kaskinen, et voilà qu'arrive ce genre de malheur.

Ta mère, Ulrika Charlotta Sofia Aminof, désormais veuve et mère célibataire, quitte la ville avec vous pour s'installer de nouveau à Tammisaari. Prend-elle aussi sous son aile les trois premiers enfants de ton père Erik, devenus orphelins, ou sont-ils recueillis par d'autres membres de la famille ? Peut-être quittent-ils le nid pour voler de leurs propres ailes ? À cette époque-là, le plus jeune d'entre eux doit déjà être adolescent, suffisamment grand pour travailler ou étudier.

La mort de ton père a peut-être joué un rôle dans ce que le proviseur Forman s'apprête à nous raconter : l'année suivante, alors que tu es âgé de 12 ou 13 ans, tu t'engages comme mousse sur le brick du capitaine Hollming, un voilier nommé *Olga*. Le bateau met le cap sur Rio de Janeiro où l'attend une cargaison de café. Certaines sources prétendent que tu as fugué de chez toi, et ça ne m'étonne pas : je n'aurais jamais autorisé mes enfants à prendre la mer à cet âge-là.

Comment as-tu organisé ta fuite ? As-tu attendu que les autres s'endorment dans votre maison de Tammisaari pour glisser dans ta besace une tenue de rechange et te faufiler sur la pointe des pieds jusqu'à la cuisine, y chaparder une poignée de biscuits et quelques épaisses tranches de pain de seigle ? Te voilà dehors. Peut-être marches-tu jusqu'à la grande route puis lèves-tu le pouce – ça fait quand même une trotte à pied, le chemin depuis Tammisaari jusqu'à Turku.

Tu te rends ensuite au port avec ton baluchon et tu annonces de ta voix d'enfant déjà pleine de détermination que tu veux prendre la mer. Si je t'avais vu là-bas, je t'aurais attrapé par la main et je t'aurais emmené chez moi, je t'aurais servi un chocolat chaud et une tartine, puis je t'aurais demandé : « Bon, qui appelle ta mère, toi ou moi ? »

Mais ce n'est pas ainsi que ça se passe. Tu es embauché comme mousse sur l'*Olga*, et à l'été 1850, tu reviens à Turku à bord du même bateau et tu te rends à Tammisaari, chez toi. Un an s'est écoulé quand tu pousses de nouveau la porte de la maison. S'il est vrai que tu as fugué et que personne ne savait où tu étais passé, ta famille pensait certainement que tu étais mort. Ils te voient entrer et deviennent blancs comme un linge. Après la terreur arrive le soulagement, suivi de l'administration d'une bonne leçon.

Peut-être ont-ils reçu une lettre que tu as envoyée depuis Rio, ou peut-être leur avais-tu laissé un petit message sur la table de la cuisine en partant: «Je prends la mer. Salutations, Fridolf.» Ou alors ton départ découlait d'une décision prise à plusieurs: après le décès de ton père, il fallait que tous contribuent à la survie de la famille.

Ce qui est certain, c'est que tu reviens différent du garçon que tu étais quand tu es parti.

Dès l'automne, tu es de retour au port. Cette fois-ci, tu t'engages comme mousse sur un navire beaucoup plus important, la frégate *Åbo*, le deuxième plus grand bateau de toute la marine marchande de Turku. Je t'imagine bien fier de voir ton salaire augmenter grâce à ton expérience – au lieu de 2 roubles [environ 97 euros], tu en recevras désormais 3 par mois. Avec ce rouble supplémentaire, tu pourrais te procurer sur le marché environ quatre kilos de beurre.

Les trois années suivantes, tu navigues sous les ordres du capitaine Göös sur l'*Åbo*.

En 1853, tu fais un saut rapide à la maison pour profiter des petits plats de ta maman mais dès octobre, l'appel de la mer retentit de nouveau. Tu as désormais 16 ans et tu es promu matelot sur l'*Åbo*, ce qui fait augmenter ton salaire d'un rouble supplémentaire.

L'*Åbo* a une cargaison de sel à aller chercher en Espagne, mais sur le chemin du retour, les choses se compliquent. La guerre de Crimée vient d'être déclarée et dans le détroit d'Øresund votre navire – comme plusieurs autres – est réquisitionné par les Anglais. Vous devez abandonner le bateau et rentrer par la Suède.

Puisque la guerre met fin à toute navigation, tu n'as d'autre choix que de rester sur la terre ferme de ton pays. À quel point est-ce insupportable pour toi ? Tu arpentes la maison d'un pas fébrile qui rend les autres fous. Dès que tu aperçois un bout de corde ou de ficelle, te voilà en train d'y faire un nœud de chaise ou de l'enrouler autour d'un pied de table en nœud de cabestan. Tu tambourines sur le couvercle de ta malle de matelot en attendant que la guerre se termine et que les bateaux naviguent de nouveau.

Je l'avoue, je suis extrêmement fière de toi. Au lieu de traîner dans les tavernes du port à vider des pintes de bière, à enrichir les filles de joie et par la même occasion à t'inoculer une quelconque maladie vénérienne invalidante, au lieu de te faire tatouer des femmes à poil et des ancres plein la peau, tu t'inscris à l'école maritime de Turku pour passer ton diplôme de second.

La formation dure deux ans. Au programme de la première année, des matières générales, des mathématiques, des langues ou de la géographie, qui doivent t'être bien utiles : tu as quitté la maison si jeune que tes lacunes sont sûrement conséquentes.

Par hasard, je tombe sur la photo d'une salle de classe de l'école maritime d'Oulu. Elle a été prise au début du XXe siècle, mais selon la légende, au moins une partie des objets qu'on y voit daterait de 1863, l'année d'ouverture de l'établissement. C'est dans ces années-là que tu fréquentes l'école de Turku.

L'élément le plus imposant sur l'image est une immense maquette de frégate à trois mâts, de la taille d'une camionnette. Les mâts frôlent le plafond, ils font probablement trois mètres de haut.

Toutes les voiles sont hissées, comme en pleine mer sous les alizés. C'est un outil pédagogique parfait pour réviser le nom des voiles, des bômes, des bouts et des pièces des gréements qui maintiennent le mât. Le voilà, ce fichu hunier pour lequel tu inventes et brevètes ensuite une technique de ferlage.

Au sol, à côté du voilier, un autre objet, plus petit, comme une sorte de panier allongé, qu'on pourrait prendre pour un kayak ou une luge. Puis je comprends que c'est un bateau désossé, réduit à sa charpente, laissant voir la varangue et les couples, le corset en bois qui soutient le navire.

Sur une table, un globe et des instruments d'astronomie, des outils pour apprendre la trigonométrie, les logarithmes et la navigation astronomique. À côté, un imposant télescope sur son trépied, et entre la maquette et la table, un squelette humain. À quoi vous sert-il ? À apprendre à sauver des vies ou à en détruire ?

Tu passes ton diplôme en 1856. Dans le rapport du proviseur Forman, il n'y a aucune trace de supposées faibles compétences en natation, mentionnées dans plusieurs sources russes comme les causes d'un retard dans l'obtention de ton diplôme. Puis tu t'engages dans ce qui te fera probablement le plus vibrer : la chasse à la baleine.

La Compagnie de chasse à la baleine finno-russe a armé son premier bateau, le *Suomi*, en 1851. Six ans plus tard, alors que la guerre de Crimée vient de se terminer, c'est le *Grefve Berg*, le quatrième bateau de la Compagnie, qui s'apprête à partir en expédition. Tu fais partie de l'équipage en tant que matelot. Jusqu'à Brême, ta paie est de 7 roubles, mais à partir de là, ce sont les règles de la coopérative qui s'appliquent : les revenus dépendront de la prise.

Le bateau navigue surtout dans le Pacifique septentrional et sur la mer d'Okhotsk, au nord du lieu où votre colonie s'établira plus tard. Vous n'êtes pas seuls : les Américains, les Russes, les Français et les Anglais sont là aussi, avec leurs navires. Tu es désormais dans ton élément, tu n'as peur ni de la mort ni du travail physique éreintant, à mener dans un environnement glacial, toujours instable, jamais au sec. Toi, mon chéri, tu assures dans tout ce que tu fais, et bientôt le capitaine te fait appeler dans sa cabine : « Félicitations Fridolf, tu es promu harponneur ! » Tu prends de sacrés galons – c'est un des postes les plus importants sur le navire. Après tout, le succès et les revenus de tous dépendent avant tout du travail des harponneurs et des rameurs des bateaux de pêche.

En 1858, la Compagnie donne l'ordre au *Grefve Berg* de rentrer en Finlande. Il est remplacé par un baleinier moins important, l'*Amur*, qui se dirige alors vers le Pacifique. Ces bateaux de plus petite taille peuvent naviguer toute l'année, contrairement aux baleiniers plus grands, contraints de rejoindre Honolulu ou une contrée plus clémente pour éviter la glace et passer l'hiver. Tu n'as aucune envie de rentrer en Finlande. Tu demandes donc un transfert sur l'*Amur*, ce qui t'est accordé.

Avant de repartir, le *Grefve Berg* s'amarre dans le petit port d'Aïan, en Russie, sur les bords de la mer d'Okhotsk, le temps de faire des réserves d'eau et de matériel nécessaire à la pêche et à la navigation. Je me souviens du nom de la ville. C'est là-bas qu'en 1860, Elisabeth Amalia, l'épouse de Lars Krogius, celui qui a fait trois fois le tour de la Terre en voilier, donne naissance à un petit garçon.

Elisabeth arrivera à Aïan à bord de la frégate *Nikolai* seulement deux ans plus tard. Mais tandis que tu te trouves au port de la ville, un autre petit baleinier y est amarré, le finlandais *Storfursten Constantin*. Le capitaine est Otto Lindholm, un chasseur de baleines expérimenté, le même gars qui, selon Max Engman, décrivait les délices des tropiques dans une lettre à sa mère : les melons et les tortues, le lait de coco, les bananes et les ananas. Un peu plus tard, Otto Lindholm rejoindra lui aussi Nakhodka et Vladivostok, à peu près au même moment que toi et ta colonie d'Amouriens. Selon Toivo Koivisto, vous vous seriez ensuite associés en affaires, avec grand succès d'ailleurs. Selon cet auteur, vous entretiendriez des relations chaleureuses entre loups de mer. Peut-être vous rencontrez-vous pour la première fois à Aïan ?

Tu travailles comme second sur l'*Amur* jusqu'à ce que le baleinier rentre en Finlande en mai 1862. C'est aussi la fin de la Compagnie finno-russe de chasse à la baleine. Je me demande pourquoi tu reviens en Finlande au lieu de simplement embarquer sur un autre bateau. Conduire le baleinier jusqu'à son port d'attache faisait-il partie de ta mission ?

Après avoir passé l'été à la maison à Tammisaari pour la première fois depuis des années, tu repars à Turku, pour passer ton diplôme de capitaine. Peut-être était-ce ton plan de carrière qui t'a poussé à rentrer ? Tu obtiens ton diplôme dès l'année suivante. À partir de là, le proviseur Forman n'a plus d'informations sur ce qui t'arrive avant l'automne 1864, où tu prends un poste de second sur le très grand voilier *Hercule*. Je savais déjà que tu y as travaillé. Cette navigation dure trois ans, et outre au bureau des brevets de San Francisco, tu te rends entre autres à Sydney, en Australie.

Et voilà ! C'est tout ce que le proviseur Forman a à nous raconter. J'espérais que son rapport me livrerait au moins un petit indice sur l'identité d'Elena. Qu'il y aurait, dans quelque matricule annuel de l'établissement, une galerie d'anciens élèves devenus célèbres, avec des informations sur leur vie. Qu'il y serait écrit que le major de promotion Fridolf Höök, ce loup de mer à la barbe touffue, habite désormais une utopie entourée d'une clôture d'os de baleine qu'il est marié à Mme Unetelle, et a une fille, Elena. Mais non. Pour ce qui est du mystère des femmes évoluant autour du capitaine, les archives de l'Institut de la migration n'ont fait que l'épaissir : qui est Elena, et qui lui a donné naissance ?

◆

J'ai eu le temps de relire plusieurs fois le texte du proviseur, d'aller chercher trois paquets de café soldés et des noisettes au supermarché, quand tard le soir je reçois un autre e-mail, de la part des autorités américaines en charge des brevets. J'avais presque oublié la demande d'information que je leur avais adressée au sujet du brevet de Fridolf et de ses lettres en cursive. En écrivant le message, je m'étais dit qu'une réponse relèverait de l'utopie. Mais la voilà, devant mes yeux : « *Hello Katariina !* »

L'expéditeur du message m'explique avoir retrouvé la demande de Fridolf ainsi que le dessin y étant joint. Je clique sur le lien contenu dans le mail, mais quelque chose déraille et je me retrouve devant des brevets modernes, des dessins techniques ennuyeux et incompréhensibles sur des applications farfelues qui ne supporteraient ni l'eau de mer, ni la vie sur un voilier. Je me dis qu'il y a eu un malentendu. Quelle bêtise d'avoir pensé qu'ils retrouveraient un dessin vieux de 150 ans !

Puis je remarque une toute petite case en bas de page où il est écrit en lettres presque transparentes : « *patent number* ». Je tape le numéro du brevet de Fridolf et je m'attends à voir apparaître de nouveau des exemples de technologie moderne et stupide. Je clique sur « entrer » et je sursaute. Bordel de merde, le voilà !

J'ai des papillons dans le ventre, comme si Fridolf venait de m'appeler pour me dire qu'il passerait me voir, d'une minute à une autre.

J'ouvre le dossier de demande de brevet.

Le dessin est extraordinairement beau. J'ai mal dormi la nuit passée et je n'ai pas mangé, il est bientôt minuit, mais toute sensation de fatigue a soudain disparu.

◆

Nom de l'inventeur : Fridolf Höök.

Une feuille A4 avec le texte du génie expliquant le fonctionnement de l'invention.

Puis le dessin.

Je n'arrive pas à le quitter des yeux. L'as-tu vraiment fait toi-même ? On y voit le mât du bateau, le gréement et ses cordages, ce fichu hunier qui te cause tant de soucis, des poulies et d'autres pièces encore. Des lettres, des traits tracés à la règle. C'est tellement beau, comme une partition avec des mesures, legato et allegro. En bas à droite, il y a ton nom. Est-ce ta signature, ce mot manuscrit tout en ondulations et en douceur ? La lettre *F*, délicate, comme une langue de feu, une vague ou une plume que le vent ne tarderait pas à emporter. Et cet autre *f* à la fin de ton prénom, un *f* minuscule et arrondi, collé à la lettre précédente. Et enfin, comme le climax d'un concerto, ce *H* majuscule qui amorce ton nom de famille, aérien comme de la dentelle, plein de courbes gracieuses.

Ton écriture est tellement belle. Pendant un instant, je te vois avec une grande clarté, et j'ai l'impression que nous sommes en train de respirer le même air.

F. Hook,

Sails & Rigging.

No. 67,546. Patented Aug. 6, 1867.

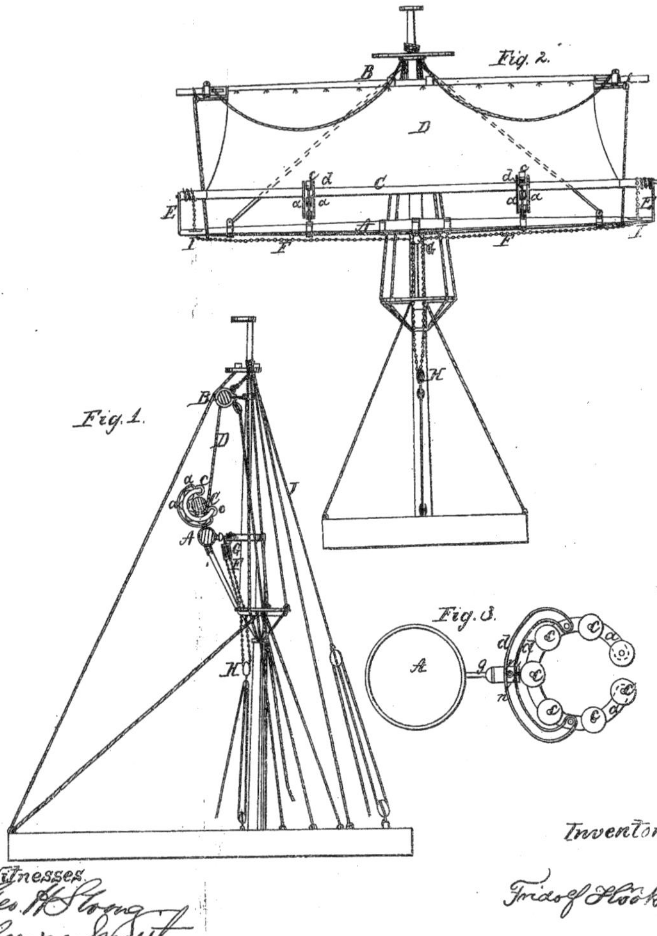

Witnesses

Geo. H. Strong

C. W. M. Smith

Inventor

Fridolf Hook

N. PETERS, PHOTO-LITHOGRAPHER, WASHINGTON, D. C.

27

Je me réveille en pleine nuit et je n'arrive pas à me rendormir. Je n'ai encore jamais été aussi proche de toi. Je regarde de nouveau le dessin et la trace du stylo que tu as un jour tenu. Je dois extérioriser d'une façon ou d'une autre cette image de toi qui palpite en moi avant qu'elle ne disparaisse.

Souvent, quand je travaille sur un livre, je peins, sans intention précise, simplement pour explorer ce qui se passe dans mon subconscient, sous les méandres de l'enquête, sous toutes les informations rassemblées. Je peins quand je n'arrive plus à écrire ou quand une trouvaille est si forte en émotion qu'elle me laisse sans mots.

Je sors les tubes de peinture et je fouille dans la poubelle jaune pour trouver quelques morceaux de carton. Je laisse la spatule faire ce qui lui chante. Les couleurs glissent sur les années qui nous séparent et sur la surface de l'eau, je sens que je tangue sur l'océan avec toi. Encore et encore, cette eau salée s'est évaporée pour retomber ensuite en pluie. Est-il possible qu'une goutte d'eau ou un flocon de neige transporte en lui une poussière que tu aurais un jour essuyée sur ta peau ?

Je fais tourner le morceau de carton que j'ai couvert de couleurs, je le regarde, les yeux mi-clos, ma vue se brouille. Je ne vois qu'un clapotis vert et gris et rouge. Je retourne le carton dans un sens, puis dans l'autre, puis dans l'autre encore.

À l'envers, ça ressemble à des rochers au bord de l'eau. Au milieu, une sorte de baie, avec très clairement un bateau et un homme qui tient quelque chose, une canne à pêche peut-être. Ou bien est-ce un harpon ?

Je cherche des photos contemporaines de la baie de l'Amour, de Strelok, de Sidemi et de Nakhodka, de tes terres d'utopie, et je suis surprise de constater qu'elles comportent des collines vertes et de petites buttes au bord de l'eau, comme sur mon œuvre.

Qu'en est-il de mon autre bout de carton, long et étroit ? N'y voit-on pas un homme et une femme en train de s'embrasser ? Leurs silhouettes s'étirent, comme des ombres de fin d'après-midi, collées l'une à l'autre. La femme est-elle ton épouse, ou peut-être la fille du prince que Toivo Koivisto veut te faire épouser ? Ou est-ce la gouvernante ? Ou bien est-ce moi ? Je frôle tes lèvres de carton. Je suis libre d'imaginer notre relation comme je l'entends, alors je la décrète fantastique.

28

Nous visitons la ville de Kuching, à Bornéo. À la sortie du musée plongé dans la pénombre et la fraîcheur, la fournaise et l'éclat du soleil nous vrillent les yeux et collent les vêtements à notre peau. Je suis tout enthousiaste de ce que je viens de découvrir : si je me mettais à ramer vers l'intérieur montagneux de l'île en suivant le fleuve Sarawak qui traverse la ville, j'arriverais à un moment ou à un autre dans une jungle habitée aujourd'hui encore par des personnes comme celles présentées dans le musée, à savoir des réducteurs de têtes, des cannibales, des sauvages comme ceux que nous présente l'anthropologie, vivant à moitié nus dans des contrées sans électricité, trempant leurs flèches dans des mélanges empoisonnés. Je me dis que je m'entendrais mieux avec eux qu'avec mes contemporains.

Dans le musée, j'ai acheté un livre sur l'histoire de Bornéo. Je le parcours dans le bus alors que nous repartons vers le fleuve à l'eau marronnasse où notre bateau est amarré, retenu par ses deux ancres.

Même si les peuples autochtones de l'île me fascinent, Bornéo ne ressemble pas du tout au paradis ensommeillé que renferment les autres îles des Philippines. Bornéo est poussiéreux, résonne des Klaxons de véhicules divers et variés, et le soleil s'y montre plus rarement. L'eau du fleuve est sale, les plages sont boueuses et glissantes. Mais les lieux nous convainquent d'une chose : ce que nous expérimentons ensemble depuis six mois correspond à ce que nous voulons pour notre avenir commun. Je m'y prépare pour la suite en cherchant un maximum d'informations sur ce que tel ou tel endroit a de particulier à nous offrir, sur ce que nous devons absolument y goûter, sur les musées ou les fêtes traditionnelles à voir.

Pour maintenir en vie notre rêve, nous devons toutefois nous procurer de l'argent.

Nous ressortons les cartes, une fois de plus. L'endroit le plus raisonnable pour trouver du travail serait Singapour. La cité-État est à 460 milles nautiques, soit à environ 850 kilomètres de notre fleuve. Nous n'avons encore jamais navigué aussi longtemps depuis le début de notre aventure commune.

Quand la marée se met à descendre, nous levons nos deux ancres et le bateau se met à voguer sur le fleuve et ses vagues troubles aux crêtes pointues. Il nous faudra une semaine, guère plus. Nous avons désormais trouvé notre rythme. Lorsque nous sommes éveillés en même temps, nous cuisinons et bricolons ensemble. Nick m'apprend de nouvelles choses sur la navigation. Il me fait faire des nœuds d'écoute les yeux fermés, mettant mes mains derrière mon dos, puis il me montre comment tresser et nouer l'extremité du cordage pour éviter qu'il s'effiloche. Il me laisse changer le filtre à huile du moteur de tracteur suédois.

Au bout de quelques jours de navigation, plusieurs signes nous indiquent que nous nous approchons de la civilisation. Il y a moins d'oiseaux marins, plus de bateaux et de chalutiers. Parfois, nous sommes obligés de faire un gros détour pour éviter un filet de pêche tendu entre deux embarcations, long d'un ou de plusieurs kilomètres. Une nuit, nous sommes pris par accident dans l'un d'eux et il s'accroche à la quille. Alors que jusque-là la nuit était totalement noire, voilà que subitement de puissants projecteurs s'allument autour de nous, nous donnant l'impression d'être au milieu d'un stade de football. De part et d'autre, les pêcheurs nous crient dessus, puis un des chalutiers fonce sur nous. La vague qu'il crée soulève suffisamment notre voilier pour qu'il se dégage et pour nous laisser poursuivre notre voyage.

En journée, l'océan n'est plus bleu cobalt ni outremer. Il est jaune-marron, gris et paresseux, comme chargé d'huile. Malgré l'environnement qui ne fait pas rêver, nous sommes enthousiastes. Nous avons une envie et un objectif communs, et nous sommes heureux ensemble. À Singapour, nous pourrons peut-être laver notre linge et les alèses imprégnées de sel dans une vraie machine à laver. Nous aurons de l'électricité, nous pourrons utiliser la perceuse et même prendre une douche chaude. Nous travaillerons un peu, puis nous aurons de nouveau du temps pour nos rêves.

Nous arrivons au large de Singapour. Le profil de la ville ressemble à un histogramme au-dessus duquel flotte un léger voile gris. Au lieu de nous diriger vers un club de voile coûteux, nous nous amarrons au quai d'un chantier naval, dans une zone industrielle. Nick trouve du travail immédiatement. Il est embauché pour dessiner les bâtiments portuaires de l'armée qui seront construits sur une île proche du chantier naval. Les choses s'avèrent plus compliquées pour moi. Je suis citoyenne finlandaise et en plus, mon diplôme de kinésithérapeute ne m'est d'aucune aide dans un pays où ces études sont de niveau universitaire – ce qui n'est pas le cas en Finlande.

Je contacte alors des quotidiens finlandais et je leur propose des articles. Quand Nick travaille, je me promène avec un carnet et un appareil photo un peu partout à Singapour, parfois en Malaisie péninsulaire.

Nick me découpe dans les journaux des annonces avec des offres d'emploi. Je fais des interviews pour mes articles, puis je vais à des entretiens d'embauche dans des cabinets de kinésithérapie ou dans des salles de sport. Au bout d'un mois, je finis enfin par trouver un poste de responsable dans la salle de sport d'une base militaire américaine. J'anime des cours et je propose des activités aux épouses et aux enfants des militaires. Je suis aussi en charge d'une petite bibliothèque et d'un espace pour les jeunes. Je suis une formation de coach en développement personnel, et le soir, je donne des cours dans une salle de sport singapourienne.

Puis, le temps passant, la situation devient de plus en plus problématique. Puisque je travaille sur une base militaire américaine, je devrais demander un permis de travail américain. Sauf que c'est impossible, notre adresse étant celle d'un chantier naval à Singapour. Je vais régulièrement en Malaisie pour faire tamponner mon passeport et renouveler mon visa touristique. La quatrième fois, je reçois un avertissement : ce n'est pas la peine de revenir pour un cinquième cachet.

Maintenant que tu es avec moi, Fridolf, j'ose me voir telle que je suis à cette époque-là. Avec Nick, nous travaillons tous les deux, et même si tout va bien en dépit des problèmes de visa, cette vie à quai nous oblige à réinventer nos rôles et notre quotidien. Singapour est une ville beaucoup trop agitée pour moi, avec trop de monde entassé sur une toute petite île. J'ai pris l'habitude de passer tout mon temps avec Nick, et je n'aime pas du tout notre nouvelle routine. C'est là-bas que je remarque pour la première fois que la terre ferme ne nous réussit pas.

Un jour, nous décidons de mettre le bateau en cale sèche. Le soir et le week-end, nous réparons toutes les parties immergées. Nous vérifions les joints et les roulements à billes de l'hélice, l'évacuation des toilettes. Nous ponçons et nous peignons la coque avec une nouvelle peinture cuivrée. Le matin, nous descendons du bateau par une échelle, notre casse-croûte à la main. Nick part au travail en Zodiac, moi dans un métro qui me transporte de l'autre côté de la ville, jusqu'à la base militaire américaine.

Bientôt, des rats s'introduisent dans le voilier. Ils s'agitent le matin dans le filet à provisions dans lequel nous gardons les fruits. Je m'en plains au travail, et une dame américaine me propose d'adopter son chat de 2 ans pour lequel elle cherche un nouveau foyer avant le retour de la famille aux États-Unis. Elle m'explique avoir trouvé l'animal dans les poubelles d'un restaurant de la ville, alors qu'il n'était qu'un tout petit chaton.

Nous installons le chat gris tigré dans un carton troué à coups de ciseaux et je le transporte en métro jusqu'à la maison. Pour une raison qui m'échappe, l'animal fait du bateau sa nouvelle demeure, et les rats prennent la poudre d'escampette. Nick veut lui donner un nom finlandais. Nous le baptisons donc Kisu*.

* *Kisu* est un mot familier en finnois pour désigner un chat.

Comme je ne peux plus avoir un nouveau visa touristique, nous nous demandons si nous ne devrions pas réserver un voyage pour Bali, situé à une heure de vol. Là-bas, nous pourrions nous marier, et j'obtiendrais alors un permis de séjour. C'est la première fois que nous parlons de mariage. Nous le referons à deux autres occasions. S'il te plaît, Fridolf, ne dis rien, ne me demande pas si je regrette. Ne détourne pas ton regard de là où il est posé, quelque part derrière mon épaule droite.

Pour tenter d'y voir plus clair dans ma situation administrative, je me rends à l'ambassade de Finlande. Et effectivement, les choses s'éclaircissent, mais pas comme nous l'avions imaginé. On me propose un poste de gouvernante à la résidence de l'ambassadeur. Son épouse, Eeva, m'apprend à préparer des repas festifs pour les évènements qu'elle organise. Souvent, avant l'arrivée des invités, elle vient m'aider en cuisine, et alors qu'elle est déjà tout apprêtée pour la réception, elle pile des piments, mélange une vinaigrette ou mouille le saumon au four avec du vin blanc. Pour le jour de l'indépendance de la Finlande, nous confectionnons avec une machine spéciale la pâte pour les « pirogues caréliennes »* destinées aux convives.

Nous sommes à Singapour depuis huit ou neuf mois, quand un soir, en rentrant du travail, nous entendons un drôle de piaillement sous la housse de la grand-voile. En entrouvrant la fermeture Éclair, nous apercevons un nid. Cela fait bien trop longtemps que nous sommes immobiles. Nous décidons d'attendre que les oisillons sachent voler. Puis il sera temps pour nous aussi de prendre le large.

* Les pirogues caréliennes (*karjalanpiirakka*) sont des tartelettes salées, avec une fine pâte de seigle et garnies de riz.

29

L'*Imperator Alexander II* ne quitte Plymouth que le 11 janvier 1869. Après ce début de voyage tumultueux, il est étonnant que l'ensemble des passagers soit toujours prêt à poursuivre l'aventure. Après tout, il est certain qu'il y a, au port de Plymouth, des bateaux qui pourraient ramener les hésitants vers la Finlande, ou au moins les en rapprocher. Quelqu'un pourrait décider de rester en Angleterre. Mais non. Visiblement, votre foi en l'Amour est forte, et quelqu'un sur le bateau sait l'entretenir et l'encourager. Est-ce toi, Fridolf ?

Lors de votre départ, la météo est tout autre qu'à votre arrivée : il fait bon, le vent est doux. Le mal de mer et la peur de la tempête ont cédé la place à la joie et à l'enthousiasme. Les hommes s'exercent de nouveau à manier les voiles et bientôt, les trois tours de garde pourront être instaurés. Le marin Grönberg est promu second, en plus de Jacobsén et de ton petit frère, Hjalmar Höök.

Pendant leur temps libre, les passagers jouent aux échecs et font des travaux manuels. Ils se préparent à la vie en Amour en confectionnant des habits et en bricolant des armes capables de tuer un tigre. L'équipage compte plusieurs boute-en-train, les blagues fusent, le bouchon du tonneau de rhum est régulièrement dévissé et les chansons résonnent.

Les anniversaires et les saints sont célébrés avec assiduité, toute raison pour faire la fête est bonne à prendre.

Vous êtes déjà arrivés dans le golfe de Gascogne quand une nouvelle tempête vous surprend, endommageant une des barques destinées à la chasse à la baleine et déchirant plusieurs voiles. Quand le vent retombe, un pod de dauphins se met à courser le navire. Fridolf est soudain sur le qui-vive, tel un chien de chasse qui a flairé une proie. Il ordonne que deux barques soient mises à l'eau. Les harponneurs visent les bêtes, qui paniquent. Quand un des dauphins est hissé sur le pont du voilier, plusieurs passagers sont attristés par la mort d'un si bel animal.

Une partie de la chair est tranchée en steaks, l'autre est hachée pour faire des boulettes, et l'huile est récupérée dans des tonneaux. Les associés de la Compagnie font leurs comptes, et le résultat les rassure sur la suite.

Après plusieurs jours passés en mer, les passagers aperçoivent à l'horizon la pointe du pic de Teide, le volcan en forme de cône de l'île de Tenerife. Conformément au plan de navigation, le voilier contourne les Canaries pour se diriger vers le Cap-Vert. Le temps est clément, et une baignoire est installée sur le pont pour permettre à chacun de se prélasser dans l'eau salée réchauffée par le soleil. Au dîner, on déguste du poisson frais, des côtelettes de porc, des patates et du concombre.

Et quelle joie ! Même Toivo Koivisto ose monter un peu à bord, juste le temps de quelques lignes ! Tu n'as vraiment pas le pied marin, n'est-ce pas cher Toivo ? C'est le tangage qui te donne le mal de mer ? Ou peut-être que tu détestes les habits sans cesse humides, les objets qui se déplacent tout seuls, le fait de ne pas pouvoir te laver, d'être secoué comme un cocotier.

Dans son récit, Toivo mentionne la tempête de la baie de Gascogne et la pêche aux dauphins. Puis il vous abandonne à votre sort et ne vous retrouve qu'à votre arrivée au Cap-Vert. Là-bas, votre vie monotone de marins sera teintée d'une bonne dose du romantisme qu'affectionne Toivo – et même d'une touche d'érotisme.

30

« L'île de Sal est un des endroits les plus arides sur cette Terre », écrit Fridolf dans une lettre envoyée aux journaux de son pays en février 1869. « Il n'y a ici ni eau, ni verdure, seulement de grandes étendues de marais salants. Environ 700 à 800 personnes habitent sur cette île, et elles n'ont d'eau potable que parce qu'elles en achètent aux navires qui accostent ici pour remplir des cargaisons de sel. »

Après trente-deux jours de navigation depuis Plymouth, le voilier atteint l'archipel du Cap-Vert. Le voyage s'est déroulé sans encombre, si ce n'est quelques bourrasques vers Madère. Tous et toutes se sont habitués à la vie en mer. Fridolf raconte que les passagers se préparent à la pêche avec enthousiasme. Pour l'instant, point de baleine, mais les harpons sont fin prêts pour la rencontre avec la bête. Il termine sa missive d'un insolent « *God nåde valarna!* » (Que Dieu protège les baleines!)

Au départ de Plymouth, le brick n'a pas eu besoin de ballast. Les tonneaux ont été remplis d'eau potable désormais troquée contre du sel – 700 tonnes sont chargées sur le voilier. Fridolf projette de le vendre ailleurs, avec une marge de 90 % – un bon plan pour la Compagnie. Pour que les tonneaux vides prennent moins de place, leurs cercles en fer sont desserrés et les douves empilées.

Fridolf poursuit sa description de l'île. Il n'y a là ni fleurs, ni buissons, seuls quelques cocotiers rabougris qui ont séché sur pied. La dernière pluie date d'il y a deux ans. Fridolf finit sur une ravissante note d'humour: «Après cet exposé, je suppose qu'aucun d'entre vous ne voudra s'installer ici, vous viendrez bien plus volontiers nous rejoindre à Nakhodka.»

Toutes les lettres envoyées pendant le voyage respirent la bonne humeur. Les auteurs semblent apprécier la navigation, et les quelques petites tempêtes n'ont pas de quoi les décourager. Ce nouvel environnement est observé avec entrain et curiosité. Fridolf félicite l'équipage, et la bonne ambiance ainsi que l'adaptation rapide des passagers à la vie en mer sont rapportées par plusieurs des auteurs. En début et en fin de missive, des salutations sont envoyées à la famille. Parfois, un brin de nostalgie affleure dans leur parole.

Pendant que Fridolf fait ses comptes et élabore son budget prévisionnel, le pharmacien Axel Walldén soigne les maux de la bonne société portugaise de l'île avec les médicaments et les liniments embarqués sur le voilier. En guise d'honoraires, il reçoit des noix de coco et des fruits cueillis dans les jardins des colons.

Une fête est organisée sur l'île, ce qui fait aussitôt revenir Toivo Koivisto. Dans son livre, il passe plus de temps à décrire une sauterie d'un soir sur l'île de Sal qu'à relater une traversée de plusieurs mois: «Les jeunes hommes de l'expédition font connaissance avec les beautés brunes de l'île, et un bal est même organisé, pendant lequel, au son des tambourins et des castagnettes, les femmes mulâtres exposent avec ferveur et fougue leurs talents, leur peau foncée presque pour unique tenue.»

Un tel flirt de la part des «mulâtresses» conduit, selon Koivisto, à une bagarre entre Finlandais et «indigènes», en conséquence de quoi les Finlandais finissent au cachot.

Le récit de Koivisto ressemble fortement à un produit de l'imagination. Est-ce là l'un des détails contre lesquels Halén nous met en garde ? En fait, non. Schoultz lui aussi raconte, à travers le récit de F. H. B. Lagus, qu'une fête mémorable est organisée dans un ancien entrepôt de l'île, loué pour l'occasion. Chaque Finlandais a le droit de s'y rendre avec un invité. Pas étonnant qu'ils choisissent les plus belles femmes de l'île.

Évidemment, les Finlandais veulent faire bonne impression sur ces dames et se parent de leurs plus beaux atours. Les chemises blanches et les pantalons repassés sont sortis des malles, on noue une écharpe de soie autour de son cou, un chapeau couronnant l'ensemble. Évidemment, mon Fridolf ne se rend pas à la fête, contrairement à son petit frère Hjalmar. Des pâtisseries et du vin de palme sont servis, et le sommelier König s'assure que personne ne reste sur sa soif.

Schoultz décrit la danse des dames tel un juge de compétition : « Elle dansent avec énergie, séductrices et bien en rythme. » Des voiliers s'arrêtent régulièrement sur les îles, et les danseuses ont donc appris aussi bien la valse, la polka que la mazurka. Mais tous n'apprécient pas les festivités : Janne Söderhjelm, celui qui ronchonnait déjà après les Anglaises, écrit que l'île de Sal est un lieu fort ennuyeux, fête comprise.

Schoultz nous livre quelques détails de plus sur la bagarre. Elle éclate à 2 heures du matin, quand les habitants de l'île, jaloux, décident de mettre un terme à tout ce jeu de séduction. Les femmes jettent de l'huile sur le feu en prenant la défense des Finlandais. Toutes les forces de l'ordre de l'île, sabre à la main, viennent embarquer les nouveaux arrivants, dont trois finissent au cachot : le menuisier du bateau Beckström, le jardinier König et le charpentier Östman. Les voyageurs de l'Amour parviennent toutefois à les faire relâcher, et toute la troupe victorieuse rentre au port en chantant *Porilaisten marssi*, une marche militaire finlandaise.

Je dois souligner ici qu'Östman n'avait rien à faire à cette fête. Selon la liste de Koivisto, c'est un homme marié.

À partir de là, les futurs colons ont intérêt à ne plus montrer le bout de leur nez sur l'île. Schoultz réussit toutefois à réceptionner un colis d'adieu de la part de sa partenaire de danse, Mery de Luz, qui lui a fait envoyer une mèche de cheveux. Il se rappelle que son flirt lui attribue le doux nom de « Don Carlos » et qu'elle est la seule parmi les femmes de l'île à posséder des chaussures.

Peu après le bal, le dernier jour de février à 16 heures, l'ancre est levée. Sur le pont, des célibataires bien tristes qu'accompagnent les baisers envoyés depuis le quai, des baisers qui semblent gonfler les voiles du bateau s'éloignant de cette île si aride, mais tellement romantique.

« Je suis horriblement fatigué et le vin de palme m'a donné la gueule de bois », écrit Alexander Stierncreutz, le jeune célibataire à la mèche rebelle, alors que le voilier glisse sur les vagues, hors de portée des sanglots d'adieux.

31

Nick vient de démarrer le moteur. Je largue les amarres, j'enclenche la marche arrière pour écarter le voilier du quai et je saute sur le pont. Kisu nous y a rejoints pour surveiller les manœuvres. Quand il s'aperçoit que la distance entre le bateau et la terre ferme s'agrandit, il s'agite et pousse un miaulement nerveux. Par miracle, il renonce à sauter sur le quai, encore à sa portée.

J'ai mal à la tête et les odeurs du chantier naval me donnent la nausée. La veille, nous avons passé la soirée avec nos amis singapouriens pour fêter notre départ, et nous sommes tous les deux épuisés.

Les oiseaux ont quitté leur nid et nous avons trouvé à Singapour tout ce que nous étions venus y chercher. Nick tient la barre et je rassemble les cordages en jolis bouquets. J'enlève les pare-battages en caoutchouc placés entre le bateau et le quai, puis je les range avec les grelins et les lusins dans les coffres situés sous les bancs, près du gouvernail.

Nous sommes bien équipés pour poursuivre notre voyage. À Singapour, nous nous sommes fournis en pièces détachées et nous avons remplacé les cordages abîmés. La coque du voilier a été repeinte et nos réserves de provisions débordent de formidables produits impérissables. Le frère de Nick s'est chargé de nos provisions en lectures : il est libraire à Melbourne et nous a fait parvenir une collection de guides *Lonely Planet* couvrant tous les pays où nous comptons nous rendre.

Nick dirige le voilier vers l'ouverture entre les deux jetées. Dès que le vent s'engouffre dans les voiles, il coupe le moteur. C'est le matin. Dans les rues de Singapour, les voitures et les bus klaxonnent, s'arrêtent aux feux, accélèrent jusqu'aux prochains. Les métros filent dans les tunnels, et dans leurs entrailles retentissent les mêmes annonces monotones répétant les noms des stations. Des millions de personnes s'évitent dans les escalators et sur les trottoirs. Lentement, très lentement, l'île s'éloigne. C'est déjà l'après-midi quand les gratte-ciel aux façades réfléchissantes se transforment en une grappe de boîtes grises. Puis le paysage se brouille comme nimbé de brume, et les bâtiments rétrécissent encore. Le soir venu, ils se sont enfoncés dans l'eau.

L'océan est huileux et gras, mais nous glissons sur sa surface, et quand, dans la nuit, la pluie se met à tomber, elle emporte avec elle les réveils matinaux, les horaires de travail et toutes ces choses inutiles.

32

Après l'île de Sal, l'expédition de l'Amour met le cap sur l'océan Atlantique Sud. Fridolf semble toujours hésitant sur la route à suivre. Cap de Bonne-Espérance ou cap Horn ? Pour rejoindre l'un ou l'autre depuis le Cap-Vert, il faudra d'abord se laisser porter par le Gulf Stream qui tourne dans le sens des aiguilles d'une montre, et pousse le bateau vers le sud-est.

La navigation de l'*Imperator Alexander II* débute sous de bons auspices. Les dix premiers jours, un vent du nord-est, régulier et soutenu, fait glisser le voilier sur l'eau. Mais à deux degrés au nord de l'équateur, il s'encalmine sur une mer d'huile.

Alors que le bateau stagne sur l'océan étale, l'équipage aperçoit soudain au loin un nuage de vapeur, comme une cheminée au milieu de l'océan qui cracherait l'humidité d'un feu de bois tout juste allumé. Sur le pont, tout le monde s'agite. Les barques sont mises à l'eau, et c'est Hjalmar Höök qui harponnera la bête.

Plusieurs heures passent avant que l'animal, décrit comme désespéré et bondissant, ne s'épuise. Dans un article du *Helsingfors Dagbladet*, un correspondant anonyme parle d'un « poisson » d'une longueur de dix mètres, un *Delphinus Melaus*, qui donnera deux tonneaux d'huile.

Ce calme plat dure près de quinze jours. Les colons s'amusent en dansant sur le pont au rythme d'un harmonica et en tirant sur une cible. Pour une fois que le bateau ne bouge pas trop, les dames se lancent dans la préparation de gâteaux, de tartes et de plats plus élaborés. Janne Söderhjelm et Alexander Strierncreutz entament des études d'anglais.

Puis la brise se lève, juste assez pour permettre au voilier de passer l'équateur. Ceux qui le franchissent pour la première fois reçoivent un baptême en bonne et due forme, recevant des seaux d'eau salée. Puis le voilier est porté en direction des côtes brésiliennes par le courant maritime de l'Atlantique Sud, qui tourne dans le sens inverse des aiguilles d'une montre.

À peine arrivent-ils dans l'hémisphère Sud, qu'ils croisent non pas une baleine mais deux requins, bientôt capturés et observés avec curiosité par l'équipage. Leur peau est si dure et rugueuse qu'après dépeçage, elle sera utilisée comme papier de verre sur le bateau. Leur squelette cartilagineux servira à fabriquer des cannes.

Puis le vent se lève pour de bon, et le 28 mars, le voilier arrive au large de Trinidad. Quand on regarde une carte de l'Amérique du Sud sur un ordinateur, il faut zoomer plusieurs fois avant de réussir à distinguer la forme de cette île minuscule. Fridolf ne semble pas avoir l'intention d'accoster, d'autant que les manuels de navigation mettent en garde contre des manœuvres difficiles, mais l'eau potable et le bois commencent à manquer. Peut-être pourraient-ils remplir les réserves sur cette île déserte ?

Fridolf décide alors que lui, son petit frère Hjalmar, le bachelier Stierncreutz, le commerçant Kellgrand, Carl Schoultz ainsi que le marin Sjöberg rameront jusqu'à l'île pour vérifier si elle abrite une source d'eau fraîche ou si il pousse quelque chose de comestible.

Les heures passent, et la barque ne revient pas.

Quand la nuit commence à tomber, une autre part à leur recherche. L'équipage de Fridolf est retrouvé perché sur un écueil. Les vagues qui se fracassent contre les côtes rocheuses les ont éjectés de la barque, désormais endommagée. Les passagers ont évité de justesse la noyade.

L'équipage de la seconde barque voudrait accoster mais Fridolf leur interdit fermement de tenter une telle folie et leur ordonne de revenir le lendemain. Il n'y a rien à craindre sur l'île où n'habitent ni humains, ni bêtes sauvages. Dépités, les sauveteurs retournent sur le brick, dépourvu de capitaine. En attendant son retour, le commandement est confié au charpentier Östman, mais celui-ci semble manquer cruellement de charisme puisque tous et toutes – les femmes n'étant pas en reste – se mêlent des décisions à prendre.

Le naufrage de Trinidad sera relaté par Alexander Stierncreutz mais aussi par Carl Schoultz, tous deux réfugiés sur le rocher avec Fridolf. Les naufragés n'ont avec eux qu'un bout de gingembre que Fridolf compte planter sur l'île, et trois allumettes trempées qu'ils feront sécher sur une pierre. Ils ramassent des bouts de bois pour faire un feu qu'ils ne réussissent que péniblement à allumer.

En effet, le vent est si fort qu'il éteint les flammes à plusieurs reprises, jusqu'à ce qu'il ne reste plus qu'une allumette. Fridolf déboutonne alors sa chemise, se saisit d'une poignée de copeaux de bois qu'il place contre sa poitrine nue, à l'abri du vent.

« Allume, mon garçon », ordonne-t-il alors à Schoultz, qui s'apprête à frotter la dernière allumette.

Les copeaux crépitent contre la peau du capitaine et une fois la flamme bien nourrie, le feu peut enfin être allumé.

◆

Le lendemain matin, l'équipe de sauvetage tente un nouvel accostage. Elle emporte avec elle de l'eau potable et un peu de nourriture pour les naufragés. Mais une fois sur place, elle ne trouve nulle trace de Fridolf ni de ses camarades. Les sauveteurs finissent par les apercevoir bien plus haut sur les rochers qui bordent la côte. Fridolf leur fait des signes, il ne faut surtout pas accoster, c'est beaucoup trop dangereux.

Les naufragés décident d'explorer l'île de plus près. Stierncreutz trouve des sortes de haricots gris et rayés que tous, sauf Fridolf et le cueilleur lui-même, dévorent pour calmer leur faim. S'en suivent immédiatement nausées et vomissements. Les deux rescapés laissent les souffrants se reposer et partent chercher de l'eau.

Schoultz, Hjalmar Höök et le marin Sjöberg sont les plus mal en point. Ils s'allongent à même le sol et décident de mourir ensemble. Mais que nenni ! Les crabes qui infestent l'île profitent de la situation et se mettent à rôder autour des hommes couchés par terre. Le trio finit par s'énerver : non seulement l'île est difficile à l'approche, mais en plus on ne peut pas y crever tranquille !

« Même si Hjalmar Höök est le plus malade d'entre nous, ces parasites remuants et répugnants le mettent tellement hors de lui qu'il s'agite de tous ses membres, tel un damné », raconte Schoultz.

Leur combat contre les crustacés a remis les hommes d'aplomb et ils décident de rejoindre les deux éclaireurs. Quant aux affreux crabes, capables de trouer même un paletot épais, ils poursuivront leur vie dans les légendes du bateau, comme une consolation quand arrivera un malheur : « Ce n'est tout de même pas aussi horrible que ces crabes de Trinidad ! »

Les naufragés assoiffés finissent par trouver un ruisseau et boivent jusqu'à plus soif, des litres et des litres d'eau. Sur les collines, ils repèrent une colonie d'oiseaux couvant leur nid, et chapardent quelques œufs aux volatiles qui n'ont pas l'habitude de se méfier de prédateurs.

Sur un haut plateau, l'équipage observe un ensemble de grosses pierres alignées, ainsi que les vestiges de quelque chose qui pourrait être un champ abandonné. L'île aurait-elle déjà été habitée ?

En descendant vers la plage de l'autre versant, les hommes découvrent de nouvelles provisions : des œufs de tortue. Par moment, des cris d'animaux leur parviennent depuis les hauteurs de l'île. Ils les identifient comme ceux de phacochères ou de chèvres sauvages, mais ne peuvent ni les voir ni les atteindre.

Enfin, l'équipage retourne sur le lieu du naufrage. Dès que le temps s'apaise, les malheureux remettent la barque endommagée à l'eau et réussissent à rejoindre le brick, non sans difficultés. Dans ses mémoires, Schoultz dépeint une image de Fridolf digne d'un dieu de l'Antiquité : « Il se montre plus fort que nous tous réunis – et de plus, il est toujours de bonne humeur, nous décrivant un avenir radieux pour que notre courage et notre enthousiasme ne faiblissent pas. »

Finalement, le brick reste deux semaines au large de l'île. Le ravitaillement en eau potable est laborieux mais la nature décide de donner un coup de main aux passagers en faisant tomber une pluie diluvienne qui remplit les barques installées sur le pont. L'eau est ensuite écopée et recueillie dans les tonneaux. Des débris d'une épave trouvée sur la plage sont ramassés pour servir de combustible. Pour compléter les réserves de nourriture, on décide d'embarquer non seulement des œufs de tortue mais aussi des bêtes vivantes.

Celles-ci sont faciles à capturer la nuit quand elles remontent sur la plage pour pondre. Une fois retournées sur le dos, il leur est impossible de fuir. Mais leur transfert vers le bateau s'avère bien plus compliqué. D'abord on tente de conduire les bêtes en laisse, en les laissant nager jusqu'au voilier, mais leur force est telle qu'il faut plusieurs hommes pour les maîtriser une fois qu'elles sont dans l'eau. Finalement, elles seront transportées sur des radeaux fabriqués avec du bois flotté.

◆

Au départ de Trinidad, le voilier essuie une tempête avant de flotter encore une fois sur une mer d'huile. Quand le vent se lève de nouveau, Fridolf a pris sa décision. Le cap est mis sur l'Afrique du Sud.

Les quatorze tortues capturées se promènent librement sur le pont. J'imagine l'amusement que cela peut être pour les enfants du bateau. Les montent-ils, à califourchon sur la carapace, comme sur un cheval ? Ou installent-ils une poupée sur le dos de la bête pour ensuite calculer la longueur parcourue avant qu'elle ne tombe de sa selle ? Les tortues ont-elles des noms ?

Certaines meurent rapidement, d'autres survivent un mois sans nourriture. Elles sont consommées en boudin, en rôti et en ragoût. Les enfants récupèrent-ils les carapaces pour jouer avec et se balancer dedans comme dans un petit bateau ?

En cuisine, les œufs inspirent de nouvelles recettes. C'est à ce moment du récit que je découvre que depuis le départ de Plymouth, c'est Frans Åberg, l'un des trois agriculteurs de l'équipage, qui officie comme cuisinier. Selon les passagers, ses plats sont tout à fait corrects, si ce n'est qu'il a tendance à faire brûler les fonds de casserole. Stierncreutz, qui selon son journal a affublé Fridolf du surnom de « Gubbe »*, prépare avec les œufs un délicieux

* « Bonhomme » en suédois.

*pannukakku**. Il confectionne aussi un gâteau, secondé par le bachelier Janne Söderhjelm. Une des passagères invente par hasard une nouvelle recette de petit déjeuner, aussitôt adoptée et appréciée : une bouillie formant un biscuit de mer, revenue dans du beurre pour lui donner du croquant.

* Sorte de gros pancake, préparé au four.

33

Nous naviguons depuis vingt-quatre heures dans le détroit de Malacca qui sépare la Malaisie de l'île de Sumatra, cap vers le nord, quand Nick décide de tester le Navtex, l'appareil placé au-dessus de la table à cartes, pour voir s'il fonctionne aussi loin des côtes. C'est une petite boîte noire, guère plus grande qu'une plaquette de beurre qui, grâce à des signaux radio, réceptionne des informations utiles à la navigation et des bulletins météo. Je ne l'ai encore jamais vu allumé.

La boîte noire se met à imprimer des messages en caractères minuscules sur du papier semblable à ceux des tickets de caisse. Pour ce qui est de la météo, pas d'inquiétude – mais plusieurs actes de piraterie ont été signalés dans le coin. Les attaques visent plutôt les cargos naviguant avec un équipage réduit au minimum, pas tant les voiliers.

Plusieurs histoires circulent au sujet de ces pirates des mers, relayées dans la presse et par des rumeurs. Ils se déplaceraient avec des vedettes rapides, grimperaient armés à bord des cargos circulant lentement dans le détroit, les détourneraient vers la Chine où les navires seraient repeints, renommés et se verraient attribuer de fausses immatriculations avant d'être revendus.

Quand je suis seule sur le pont, je fixe la mer et je me demande si je voudrais voir passer l'une de ces vedettes. J'essaie d'imaginer à quoi ressemblent ces pirates et mon imaginaire me renvoie toujours au même bonhomme au chapeau à larges bords, puant l'antimite, aux bottes de cuir et un crochet à la place d'une main.

Nous longeons les côtes ouest de la Malaisie sans en croiser un seul. Nous nous arrêtons quelques jours à Port Kelang avant de poursuivre vers les îles plus au nord, vers Penang et Langkawi. Sur de petites plages isolées, nous faisons connaissance avec les gens du cru, des musulmans et des hindous de Malaisie. Une fois, nous sommes invités à une fête hétéroclite, inspirée à la fois de l'islam, de l'hindouisme et du bouddhisme.

Tout ce que j'observe me sert de matière pour écrire des articles. Pendant notre séjour à Singapour, j'ai déjà rédigé plusieurs reportages. Nous n'avons ni ordinateur, ni machine à écrire, alors je gribouille à la main sur du papier quadrillé et j'envoie les feuilles à mon père qui les transcrit. Dans la même enveloppe, je glisse les négatifs des photos liées à l'article. Parfois, nous mettons plusieurs semaines à trouver un bureau de poste, puis le courrier met plusieurs mois à arriver. J'embrasse mon nouveau métier avec enthousiasme et un peu de fierté aussi. Il me permet de rencontrer des personnes intéressantes et d'en apprendre beaucoup sur les cultures des pays où nous faisons escale. Je me découvre aussi moi-même : je sais désormais que je peux gagner ma vie en écrivant.

◆

Vers Noël, nous franchissons la frontière entre la Malaisie et la Thaïlande et nous mouillons pendant quelques jours dans une jolie petite baie avec une plage de sable. À l'exception de quelques huttes, les côtes paraissent désertes, et nous ne croisons personne sur les flots non plus. Un ruisseau se déverse dans la baie, et l'eau nous semble si douce après l'eau de mer que nous en profitons pour faire des réserves.

Un jour, nous sommes en train de laver notre linge au bord du ruisseau quand des bruits nous parviennent depuis la forêt épaisse qui borde le cours d'eau, puis surgissent un homme, à moitié vêtu, et deux jeunes enfants tout nus. Ils sont tout aussi surpris que nous de cette rencontre impromptue. Ils hochent la tête, remplissent leurs bouteilles en plastique et disparaissent de nouveau dans la forêt. Plus tard, nous lisons dans l'un de nos guides que sur ces îles résident des « gitans des mers » qui habitent dans des huttes construites sur pilotis et vivent de ce que leur offre l'océan.

C'est étrange comme certaines choses s'impriment dans notre mémoire tellement mieux que d'autres. Encore aujourd'hui, installée à mon bureau, je peux sentir sur ma peau la chaleur de cette plage, la brûlure du soleil à midi. Je me souviens de ce que je porte comme vêtements tandis que nous lavons notre linge ce jour-là. La vie est alors douce et légère. Elle l'est vraiment, alors même qu'un jour j'ai plongé la tête la première dans un banc de méduses, qu'une de mes jambes a enflé de façon horrible et que pendant une soirée entière, mon cœur a battu la chamade au rythme d'un marteau-piqueur.

Je crois que je devrais arrêter de me remémorer tout ça. Notre plage n'est probablement plus la même, et bientôt je l'aurais abîmée encore un peu plus en essayant de me la rappeler. Je l'aurais éclaboussée de café et j'y aurais dispersé les feuilles d'automne voltigeant vers le sol devant ma fenêtre, je l'aurais polluée de choses à faire et du bruit de ventilation de la hotte de la cuisine.

Puis je jette un regard vers toi, vers ta photo, et le courant m'emporte.

Nous passons d'île en île, toujours plus vers le nord. Nous mouillons là où la carte nous le décrète. Nous restons le temps qu'il nous plaît. Dans notre agenda, un seul repère : si nous voulons rejoindre le Sri Lanka et l'océan Indien par temps clément, il nous faudra y mettre le cap avant que janvier ne se termine.

34

Depuis Trinidad, avec vos tortues à bord, vous longez d'abord les côtes brésiliennes vers le sud, portés par le courant de l'Atlantique méridional. Puis, une fois que vous êtes arrivés à la latitude du Cap, il est temps de s'éloigner de l'Amérique du Sud et de voguer vers l'est.

Le jour, les passagers observent de petits pétrels, et la nuit, l'océan se transforme en spectacle lumineux quand poissons, méduses et seiches se mettent à chasser, laissant derrière eux un trait vert phosphorescent. Pendant des semaines, le paysage se limite à des rubans d'écume blanche, puis, soudain, surgit au milieu des vagues un nuage de brume et là, apparaît Tristan da Cunha. Aujourd'hui, c'est l'île habitée la plus éloignée des côtes. Tu l'aperçois, cher Fridolf, mais tu décides de la contourner. Il y a beaucoup trop de vent pour accoster et puis, de toute façon, qu'y auriez-vous fait ? Vous êtes pressés d'arriver ailleurs.

L'eau stockée dans les tonneaux d'huile a pris un goût écœurant. Pour qu'elle reste potable, vous y mélangez du vinaigre. Dans une lettre, un passager se plaint du manque de tabac. Quand vous vous approchez du Cap, des gémissements et des halètements se font entendre sous le pont de l'*Imperator* : la femme du tonnelier Mickelson est en plein travail. Elle accouchera d'une petite fille. Je suppose que Selma, l'épouse sage-femme de Walldén, prend les choses en main.

Quelques jours plus tard, le 7 mai 1869, le navire arrive à Hout Bay, au sud du Cap. Une fois bues les premières gorgées d'eau fraîche, les passagers envoient des nouvelles à la maison. Mais qu'écrivent-ils, ces correspondants rêveurs d'or ? Ils en rajoutent sur les pauvres tortues mais ne disent rien de la naissance qui vient d'avoir lieu. Un seul la mentionne – et encore ! Celui-ci raconte que pour la plupart, les voyageurs se sont bien portés, si ce n'est le tonnelier qui a eu la diarrhée, probablement après avoir bu de l'eau croupie. Puis : « Ah oui, l'épouse du diarrhéique a eu une petite fille. » Et enfin quelques mots sur la météo « qui, je le sais, vous intéresse beaucoup, n'est-ce pas, eh bien sachez que nous allons vers une saison plus fraîche ».

Schoultz écrit quant à lui que Walldén est devenu père, et qu'il a hâte de poser pied à terre, pour goûter le fameux vin du Cap et voir quelques jolies demoiselles. Et qui sait, recevoir quelques baisers peut-être, cela fait si longtemps !

Mais… un instant. Dans les nouvelles publiées dans les journaux, il est question de l'épouse du tonnelier Mickelson accouchant quatre jours avant l'arrivée au Cap. Mais dans ses mémoires, Schoultz raconte que Selma a eu un bébé la veille de l'arrivée à Hout Bay. Y a-t-il eu deux nouveau-nés, ou les passagers se connaissent-ils si mal les uns les autres qu'ils ne distinguent pas le tonnelier du pharmacien, en plus de mal compter les jours ? Schoultz rédige ses mémoires des années plus tard, alors que les récits envoyés aux journaux sont écrits juste après la naissance.

Je passe en revue la presse de l'époque numérisée par la Bibliothèque nationale et je replonge dans mes sources. Il y est question de quatre nuits, puis d'une nuit, de Mickelson, puis de Walldén. Tiens, voilà qu'au Cap je retrouve Koivisto, qui mentionne lui aussi une naissance et fait de Selma la mère. Je farfouille dans les documents éparpillés sur mon bureau où tu as mis le bazar, cher Fridolf, et je remets enfin la main sur *Det förlovade Amurlandet* d'Erik Appel, que j'avais égaré. Je feuillette les pages en y cherchant un bébé. Je finis par trouver la mention d'une lettre envoyée par Janne à sa famille en Finlande, où il raconte qu'une petite fille est née avant terme sur le bateau. Elle est alors placée dans une boîte à cigares, ensuite mise à l'eau.

Quelle histoire horrible.

◆

Au Cap, une lettre t'attend, cher Fridolf. Une lettre que j'ai déjà lue et qui est la raison pour laquelle les articles russes prétendant que l'expédition de Turku a emprunté le canal de Suez me mettent mal à l'aise. Ce mot a été rédigé par le capitaine Brolin et il t'informe que le bateau à vapeur *Nahodka* est passé par Le Cap deux mois plus tôt. Tu décides d'y répondre et tu envoies une missive vers l'Amour : on vous rejoint !

Je savais bien que je pouvais te faire confiance. Je trouve dans les méandres des Archives nationales une missive que tu as écrite à votre arrivée à Hout Bay, publiée ensuite dans plusieurs journaux. Tu y donnes quelques informations supplémentaires sur la naissance, et selon ta lettre, le nouveau-né n'est autre que Melle Mickelson, la fille du tonnelier.

Tu racontes d'ailleurs que tu as eu pour mission de baptiser cette petite aux yeux bleus. Elle reçoit en prénoms une litanie de lieux qui existent toujours sur la carte de l'Afrique du Sud : Saldana Constancia Africana Brigantina. Le dernier n'a rien à voir avec la géographie. C'est une dérivation du mot suédois « *brigg* ». « Logique : elle est née sur un brick », écris-tu avec humour dans ta lettre.

Est-il possible qu'il y ait eu deux naissances à bord ? Le bébé de Walldén serait celui mentionné par Janne, né prématuré, trop faible pour survivre. Et le second, celui qui survit, serait celui de Mickelson. Dis, Fridolf, tu nous aurais quand même tenus au courant si l'enfant que tu venais de baptiser était décédé par la suite ? Mais d'un autre côté, tu nous aurais aussi informés d'une autre naissance, si un second accouchement avait eu lieu sur le brick, n'est-ce pas ? Ou bien peut-être que les parents du deuxième bébé ne souhaitaient pas qu'une telle chose soit relatée dans un journal.

Je n'en sais rien. Le passé est souvent ainsi, incomplet et raccommodé, comme un pull qu'on a tenté de repriser avec des laines de couleurs différentes.

À la lecture de tes lettres publiées dans la presse, je n'ai pas l'impression que tu sois quelqu'un de très croyant. Vous avez bien fêté Noël, fait baptiser les enfants, et les dimanches un moment de prière est organisé sur le pont sous la direction du maître d'école Victor Federley, mais il n'est pas question d'autres pratiques religieuses dans les récits de votre voyage. Certains auteurs envoient des bénédictions de Dieu à la famille et à la mère patrie, mais dans tes missives, il n'y a aucune trace de ce genre de formules.

◆

Les passagers du *Nahodka* ont, eux aussi, profité du séjour au Cap pour envoyer des nouvelles à leurs proches. Eux qui voyagent sur un bateau à vapeur souffrent moins des caprices des courants et des vents. Leur bateau a d'ailleurs pris une route un peu différente de la vôtre, et leur voyage a été plus rapide.

Le bateau à vapeur a quitté Hambourg le 11 décembre pour Ramsgate, où les réserves d'eau et de charbon ont été complétées. Puis la route s'est poursuivie le long de la côte sud de l'Angleterre, avec des arrêts à Southampton,

Dartmouth et Falmouth. Mi-janvier, le bateau est arrivé à Madère et a ensuite poursuivi sa route vers le Cap-Vert, où il a mouillé deux jours. Dans les lettres des passagers, il n'est point question de bal mouvementé ni de mèches de cheveux reçues en souvenir. Depuis l'île de Sal, le bateau s'est ensuite dirigé vers l'île de l'Ascension et enfin vers Le Cap, où il est arrivé un bon mois plus tôt. Bref, pas de canal de Suez.

Malgré la rapidité du voyage et la ventilation extraordinaire à bord, l'expédition de Turku a eu du chagrin : trois enfants sont morts à bord. Le premier est décédé à Hambourg, les deux autres pendant la traversée. L'un est mort brûlé, après qu'une casserole d'eau bouillante s'est renversée sur lui. Plus tard, il sera noté que puisque trois autres enfants naîtront pendant le voyage, l'équipage au complet arrivera malgré tout à destination. Tout cela est relaté d'une manière si laconique que je me demande si les années de famine n'ont pas rendu les gens insensibles face à la mort.

◆

Dès l'arrivée de l'*Imperator Alexander II* à Hout Bay, tu te rends au Cap, à quelques dizaines de kilomètres de là, pour rencontrer le consul de Suède, M. Åkerberg. Les autres membres de l'expédition font connaissance avec la région et en tombent amoureux. La nature est somptueuse et les villas hollandaises avec leurs balcons sont ravissantes. La montagne de la Table, la végétation si luxuriante peuplée de caméléons, les chants joyeux des oiseaux dans les arbres – toutes ces choses vous émerveillent et vous les évoquez dans vos courriers.

Vous souvenez-vous encore de la catastrophe humanitaire que vous avez provoquée avant de partir, des gens qui meurent de faim et de maladies alors que vous sirotez du vin de Constance sous une ombrelle, alors que vous vous gavez de fruits et que vous déjeunez dans des restaurants chics ?

Schoultz s'est de nouveau trouvé de la compagnie féminine. « Des yeux de velours et une peau de pêche », écrit-il, s'improvisant poète. Et toi, Fridolf, n'as-tu jamais pendant ce voyage été happé par les yeux d'une femme, n'as-tu jamais déshabillé du regard une passante, répondu à un sourire séduisant par un clin d'œil ?

Alors que vous faites connaissance avec le continent africain, un autre rêveur célèbre s'y trouve aussi : le fameux docteur Livingstone. De l'avis général des habitants étrangers du Cap, le médecin se serait pris un coup sur le ciboulot : « *...tydes almänna meningen här wara att han ej är rätt klok* »*, écris-tu dans une de tes lettres.

Selon ceux qui vivent à Hout Bay, le docteur toqué serait alors en route vers l'intérieur des terres égyptiennes. Nous savons que c'est effectivement le cas : à cette époque, Livingstone est en train de crapahuter sur un sentier long et tortueux, pensant qu'il le conduira jusqu'à la source du Nil.

* « De l'avis général ici, il est toqué. » En suédois ancien dans le texte.

Je me demande combien d'entre vous espèrent que l'*Imperator Alexander II* ne lève plus jamais l'ancre, que ce décor nouveau soit l'utopie que vous êtes partis chercher. Peut-être que tu y penses aussi, que l'idée te titille, surtout après ta rencontre avec le chasseur d'éléphants Eriksson, qui partage avec toi quelques histoires de chasse au pachyderme.

Peut-être veux-tu couper court à toute tentation puisque tu ordonnes bientôt à tes hommes de remplir fissa les réserves d'eau potable, de bois et de nourriture. Vous achetez quelques bœufs pour les faire abattre afin de compléter vos provisions de viande.

Tu es terriblement déçu de la lenteur du voyage jusque-là. À cause de votre séjour prolongé à Plymouth, puis des tempêtes et du vent contraire sur l'Atlantique, tu sais que vous n'arriverez pas à destination avant le mois d'août, ce qui signifie que vous raterez à coup sûr la première saison des récoltes. Dans ta lettre envoyée depuis Le Cap, tu annonces que vous naviguerez désormais directement vers Nakhodka, sans arrêt supplémentaire.

L'humeur des passagers est de nouveau au plus haut. Le 30 mai, alors que l'ancre est sur le point d'être levée, Tekla Nilsson s'aperçoit soudain qu'elle a perdu sa bague de fiançailles et son alliance. Elles ont glissé de son annulaire alors qu'elle lavait le linge dans les eaux froides d'une rivière descendant vers Hout Bay. L'ancre est donc descendue de nouveau et Tekla conduite en barque jusqu'au rivage. Elle fouille le fond de la rivière de ses mains et parvient à trouver une des bagues, mais pas l'autre.

Voilà l'ancre levée de nouveau. Le voyage vers l'océan Indien peut enfin démarrer. Il n'est qu'à quelques dizaines de milles nautiques de Hout Bay, juste après le cap des Aiguilles, la pointe la plus australe de l'Afrique.

35

Je rêve que je flotte entre deux eaux. Je ne marche pas, je ne nage pas, je ne vole pas, mais d'une façon ou d'autre, j'avance. Le silence est total.

Le matin, je m'aperçois que j'ai griffonné quelque chose dans le carnet que je garde toujours sur ma table de nuit, et que je l'ai ensuite glissé sous mon oreiller. Mes lettres sont grandes et nerveuses, elles penchent et courent sur toute la double page, sans s'arrêter au pli de la reliure. « Comment puis-je m'assurer que tout ceci n'est pas une sorte d'utopie, peut-être ne sommes-nous qu'un bout du rêve d'une bactérie, elle-même accrochée à la surface rugueuse d'une météorite, peut-être ne sommes-nous qu'un instant déjà disparu, le fantasme de quelqu'un d'autre qui bientôt s'éteindra ? »

Je m'apprête à te rejoindre dans notre coin bleu ciel qui contient des photos et des informations à ton sujet, mais toi, tu viens tout juste d'atteindre l'océan Indien, tu as du vent dans les voiles et tu n'as de temps à consacrer à rien d'autre.

J'ouvre *L'Utopie* de Thomas More. Je suis surprise de constater combien l'ouvrage est captivant, l'ironie glaçante que l'auteur y a habilement glissée. Il fait claquer son fouet sur les fonctionnaires de son époque, avec effronterie et une délicieuse insolence, en se camouflant sous le couvert de la fiction.

Puis tout d'un coup, j'ai l'impression que l'auteur se faufile depuis les interstices de ses pensées et de ses mots vieux de quatre cents ans jusqu'à ma cuisine, vêtu d'un long paletot sombre qui traîne par terre. Et il n'est pas pressé de s'en aller, a priori.

«Je suis venu voir ce que tu fabriques ici au nom de l'utopie, annonce-t-il en prenant une gorgée de café et en enfournant une poignée de noisettes.

– Super timing, je réponds. Je suis en train de la maudire. Elle s'est transformée en un concept répugnant, synonyme d'idées impossibles et futiles. Pour l'un, le rêve serait d'avoir une place à l'université, pour l'autre ce serait de se marier et pour un troisième, il s'agirait de guérir d'une maladie grave. C'est devenu un mot qu'on utilise pour rabaisser les rêves des autres ou leurs capacités à accomplir quelque chose dans leur vie. Quant aux colonies, on les traite d'utopies une fois qu'elles ont échoué.»

More se ressert des noisettes et se met à marmonner, la bouche pleine:

«Écoute-moi bien, gamine. Vous utilisez ce mot d'une manière bien trop négligente de vos jours. Enfin bon, je ne devrais pas m'en offusquer, je ne l'ai pas inventé non plus. Mon utopie à moi est liée à une communauté idéale imaginaire composée de citoyens égaux. Un latte, une pâtisserie à la crème ou une aventure en train ne sont pas des utopies, ce sont juste des rêves, des envies personnelles.

– Mais pour toi aussi l'utopie a quelque chose d'impossible, non?

– Je m'attaque dans mon histoire à l'injustice des conditions de vie du XVIe siècle, à la misère et à la criminalité qui en découle. Je voulais proposer une alternative, une vision de ce que le monde pourrait être. Réveiller les gens pour qu'ils se rendent compte des failles de la société dans laquelle ils vivent. Eh bien ça n'a fait plaisir ni à l'État, ni à l'Église ! » s'exclame-t-il en passant les doigts sur son cou, sur la cicatrice de sa décapitation. Puis il fait un geste de la main.

« Ceci dit, ils n'ont lu mon livre qu'après coup. C'est ma personne qui les irritait. Mais pour répondre à ta question, non, je ne pense pas que l'utopie soit une impossibilité. C'est un autre choix possible.

– Dis-moi, Thomas, pourquoi les utopies doivent-elles sembler inatteignables ? Et pourquoi si souvent sur une île ou au bord de la mer ? Est-ce que cela signifie que les utopies et les *nusquamas* ne supportent pas le quotidien ? Ou bien est-ce qu'elles sont comme les carottes et les rutabagas qu'il faut conserver au frais et dans l'obscurité parce qu'une fois à la lumière du jour, ils flétrissent ? Est-ce que ça veut dire que les utopies fonctionnent comme des fantasmes, mais ne peuvent jamais voir le jour ?

– L'utopie est une alternative puissante. Il y a dans la société tellement de pouvoirs et de contre-pouvoirs qui la malmènent. Les utopies sont à la base de la démocratie, elles défient la pensée unique. Leur concrétisation ne dépend que de la volonté des individus qui les pensent, tout comme la forme qu'elles prennent. Quelle meilleure alternative à la réalité dans laquelle on vit ? Le problème, c'est que "meilleur" ne signifie jamais la même chose pour tout le monde. »

Alors qu'il s'apprête à repartir au XVIe siècle, More se retourne une dernière fois vers moi.

« Ne dis-tu pas toi-même avoir été en Utopie ? » m'interroge-t-il.

Je lui demande de promettre qu'il ne se moquera pas. Je ne veux pas qu'il abîme mes souvenirs. Il le jure, point de moquerie.

« J'ai passé du temps dans un endroit sublime. Je pense que je peux dire que tout y était à peu près parfait. Ça s'est transformé en Utopie plus tard, une fois que tout avait disparu et que je ne pouvais plus y retourner. C'est horrible de penser que j'ai quitté les lieux sans même avoir compris que j'étais en Utopie. »

More penche la tête et croque encore quelques noisettes.

« Je suis désolé. La magie de l'utopie opère toujours mieux avant et après, parce que ce sont des moments où d'autres envies ne viennent pas la bousculer. »

Il boutonne son paletot.

« Attends, m'écrié-je. Tu te souviens des voyages de l'explorateur Amerigo Vespucci, n'est-ce pas ? Il a vécu à la même époque que toi.

– Bien sûr.

– Vespucci a fait plusieurs voyages. Au quatrième, il a vécu un naufrage et a fini sur la côte brésilienne. Il y a laissé deux douzaines d'hommes pour veiller sur la fortification. Il a été dit que ce serait ce naufrage de Vespucci qui t'aurait inspiré pour ton livre.

– Tout a une incidence sur tout, répond More.

– Et puis ton Utopie à toi est située dans l'Atlantique Sud, sur une île au large du Brésil. »

Il hoche la tête.

« Je me demande, je poursuis. Tu sais, Fridolf Höök et son équipage sont allés sur l'île de Trinidad et ils y ont trouvé des vestiges de ce qui aurait pu être une habitation et des champs. Alors je me demande, n'ont-ils pas vu les ruines d'une autre Utopie ? »

More se frotte le nez du bout du doigt.

« Je l'ai déjà dit : l'utopie représente une alternative. Habiter sur une île lointaine, n'est-ce pas exactement cela ? »

Puis il me lance un clin d'œil et disparaît.

36

Nous naviguons depuis dix-huit mois – ou peut-être plus ? Nous sommes partis de Bornéo pour rejoindre Singapour, puis nous avons longé la côte ouest de la Malaisie jusqu'en Thaïlande, et nous voilà au Sri Lanka, après une navigation d'une semaine bien agréable.

Cher Fridolf, je t'invite à nous rejoindre ici, au port de Galle, sur la côte sud du Sri Lanka, au milieu d'une bonne dizaine d'autres voiliers. Nos passeports ont été tamponnés, nous avons enlevé le petit drapeau jaune et celui de la Malaisie peint par mes soins, qui étaient accrochés au filin à tribord. Une guerre civile fait rage, opposant le gouvernement et les Tigres tamouls, et les plongeurs du port ont vérifié que nous ne transportions pas de bombe sous notre bateau, en vue de quelque action terroriste.

Malgré les troubles et les attentats-suicides, nous nous plaisons ici. Nick surfe, et je continue d'écrire des articles pour les journaux. Je pars en reportage dans les terres pour quatre jours, avec mon sac à dos et mon appareil photo. Une centaine de kilomètres seulement sépare Galle de la capitale Colombo, mais se déplacer prend du temps à cause des barrages qui coupent la route. J'en croiserai six sur ce trajet-là, et à chaque fois, tout le monde descend du bus qui est ensuite inspecté à l'intérieur et à l'extérieur.

Je voyage seule et j'aime ça. Je m'imagine exploratrice ou envoyée spéciale. Je grimpe sur le pic d'Adam au milieu d'une procession de centaines de pèlerins bouddhistes, hindous, chrétiens et musulmans. Au sommet, à 2 243 mètres d'altitude, dans la nuit noire du petit matin, l'air léger se remplit soudain d'odeurs lourdes d'encens et de tintements de clochettes. Les pèlerins marmonnent des prières et se mettent parfois à genoux. Je fais la queue, le soleil se lève. Quand c'est mon tour, un moine bouddhiste me fait signe d'avancer. Il soulève un bout de tissu élimé pour me laisser voir le Sri Pada, l'empreinte d'un pas, un vestige sacré. Pour les bouddhistes, c'est l'empreinte de Bouddha, pour les hindous, celle de Hanumān ou de Shiva, pour les musulmans et les chrétiens, c'est celle d'Adam. Pour moi, c'est une expérience, un début d'histoire à raconter.

Même si nous nous plaisons au Sri Lanka, nous n'y restons finalement que trois semaines. Il nous faut rejoindre le Sud avant le début des moussons estivales. Nous pourrions nous diriger vers les Seychelles ou les Maldives, mais les îles bondées de touristes ne nous attirent pas. Nous posons alors une règle sur la carte, et elle nous désigne l'archipel des Chagos.

Officiellement, il est appelé « Territoire britannique de l'océan Indien ». Il s'agit d'un ensemble d'atolls coralliens totalement déserts, à l'exception de la base militaire Diego Garcia, louée par les États-Unis. Tu connais cet archipel, n'est-ce pas Fridolf ? À ton époque, on y cultive des palmiers et certaines des îles sont habitées.

Nous projetons de passer un mois sur ces îles sans vie, peut-être même deux, puis de poursuivre la navigation vers le sud de l'océan Indien, vers l'île Maurice, puis vers Madagascar et le continent africain.

Le soir, nous préparons notre périple, assis côte à côte sur le banc étroit. Devant nous, sur la table à cartes, celle dépliée de l'océan Indien, et posés dessus, une bouteille de vin et un unique gobelet que nous partageons. Nous listons les lieux que nous voulons visiter, ceux qu'il vaut mieux éviter, ainsi que les choses à emporter. Notre prochaine étape sur une terre peuplée sera l'Afrique du Sud, où nous devrions arriver, au rythme idéal que nous envisageons, dans plus ou moins six mois.

Plusieurs autres bateaux amarrés dans le port s'apprêtent eux aussi à prendre le large avant les moussons, dans des directions différentes. Certains partent vers le sud, comme nous, d'autres sont arrivés d'Afrique du Sud et comptent poursuivre vers la Thaïlande, à l'opposé. Deux voiliers européens terminent leur tour du monde et s'apprêtent à rejoindre la Méditerranée par la voie la plus rapide, le canal de Suez. Les pirates qui sévissent sur les côtes du Yémen ainsi qu'en mer Rouge les inquiètent, et ils se sont munis d'armes en conséquence.

Nous échangeons des informations sur les ports où il fait bon s'amarrer, sur les lieux propices au mouillage, sur les boutiques où se fournir en colle mastic Sikaflex et en filtres à huile. Les cartes marines usées et les romans écornés changent de mains. On fête un départ tous les soirs ou presque.

Nous vérifions les dates de péremption de nos fusées de détresse et nous testons le fonctionnement de la balise, qui ressemble à une lampe-tempête. En cas de souci, une fois activée, elle enverrait immédiatement par signal satellite notre localisation au centre de coordination et de sauvetage le plus proche. Si le bateau se retrouvait sous l'eau sans que nous ayons pu appuyer sur le bouton nous-mêmes, la balise s'activerait automatiquement.

Nous remplissons nos réserves d'eau potable dans les douches du port, en faisant des allers-retours avec notre Zodiac rempli de bidons. Nous achetons un stock de piles pour notre petite radio et notre GPS. Se ravitailler est simple: il n'y a que des produits frais dans les boutiques de Galle. Nous achetons des œufs, des fruits et des légumes, une quantité astronomique de farine et de levure, de l'huile, du thé, du chutney de mangue et de citron vert, du yaourt conservé dans une jarre en argile aux parois épaisses, et des épices de tous les tons de jaune et d'orange.

Depuis que j'ai quitté le Proche-Orient, je n'ai pas revu de boite à œufs avant d'arriver à Singapour. J'y ai acheté deux boîtes en plastique mais elles ont un défaut majeur: elles sont calibrées pour les œufs locaux, bien plus petits que ceux du Sri Lanka. J'enveloppe donc ces derniers un par un dans du papier journal.

Un mois plus tôt, nous avons quitté la Thaïlande où nous avons fait le plein de denrées longue conservation: des pâtes, du riz, du café, du lait concentré, du thon en boîte, de la purée de tomates, ainsi que du fromage à tartiner et du beurre en conserve. Nous projetons de compléter nos provisions en pêchant.

Comme toujours, au moment de faire des plans pour la suite, tout a quelque chose de clair et de merveilleux. Les chiffres sur la carte indiquant la profondeur de l'eau ou les écueils, les îles volcaniques en forme d'œuf au plat, tout cela n'est pour l'instant qu'une projection mentale, une idée. Dans mes pensées, ces images remplissent déjà des pages de mon journal et des pellicules entières. Il est alors tellement simple d'aimer l'utopie et tout ce qu'elle renferme.

37

Les dépressions qui se suivent sans relâche et la mer agitée, harassante, vous jouent certainement des tours quand l'*Imperator Alexander II* rejoint les mers australes. L'octant est sorti, les miroirs font descendre le soleil et les étoiles sur la ligne d'horizon. Vous calculez que le navire est situé au 41e parallèle sud. Nous sommes en juin, au cœur de l'hiver austral, et le froid est glacial. Ceux qui tiennent leur quart doivent plisser les yeux pour mieux distinguer les formes à peine perceptibles à l'horizon : ce monticule d'un bleu transparent, est-ce une vague en train se briser ou la pointe d'un iceberg caché sous la surface de l'eau ?

Quand vous apercevez Saint-Paul, une île appartenant à la France, située à mi-chemin entre l'Afrique du Sud et l'Australie, vous mettez le cap vers le nord. Vous tournez le dos à la banquise et vous vous dirigez vers des eaux plus chaudes, portés par le courant froid ouest-australien.

Il devient de plus en plus difficile de trouver des informations au sujet de votre navigation sur l'océan Indien. Je sais seulement qu'au niveau de cette île déserte, vous déviez de votre trajectoire qui jusque-là vous menait vers l'est, pour vous diriger vers le nord. Je sais aussi que vous remplissez vos réserves de nourriture en chassant des albatros dodus aux grandes ailes, faciles à capturer en plein vol.

Où est passé votre enthousiasme à écrire des lettres empreintes de bonne humeur que vous envoyiez ensuite aux journaux de votre pays ? Comment se porte le bébé aux yeux bleus ? N'avez-vous même pas une histoire de pêche à partager ? Les étendues que vous traversez se situent aujourd'hui encore sur la route migratoire des baleines, et on pourrait penser que l'une des bêtes se trouve sur votre chemin, coincée quelque part entre les eaux froides et chaudes. Il n'en est rien. Peut-être la mer est-elle trop agitée pour une partie de chasse, ou peut-être estimez-vous ne pas en avoir le temps.

L'apathie est-elle en train de vous gagner ? Il n'est plus question de soirées arrosées de rhum, ponctuées de chansons guillerettes à la lueur des lampes à huile du salon commun. Toi, Fridolf, tu connais votre destination, mais qu'en est-il des autres ? Sont-ils tout juste en train de réaliser combien ils seront loin de leur pays d'origine ? Peut-être certains regrettent-ils l'insouciance de l'Afrique du Sud.

Même si tu as décidé de foncer directement sur Nakhodka, vous faites finalement un arrêt. La proue du voilier fend les flots depuis un mois quand, à la mi-juillet, vous faites escale dans le détroit de la Sonde, entre les îles de Java et de Sumatra.

Vous mouillez devant l'île de New Island, au nord de Java. Je ne parviens pas à la retrouver sur les cartes contemporaines. Dans certaines lettres publiées dans les journaux, l'île est intitulée Mew, mais je me demande si ce n'est pas simplement une erreur de transcription du mot « *new* ». Après votre traversée faite de paysages marins monotones et déserts, l'île verdoyante aux plages bordées de mangrove doit vous paraître paradisiaque, une perle merveilleuse sentant les fleurs, un lieu dont l'horizon ne penche pas et où il est possible de se tenir debout sans soudain valser, entouré d'objets valdinguant eux aussi.

À cette époque, l'Indonésie est une colonie néerlandaise, comme Le Cap. Mais contrairement à l'Afrique du Sud, l'île de Java paraît très exotique aux passagers du voilier. Les hommes de la Compagnie se rendent en forêt, font des stocks d'acajou, de jacaranda et de noyer.

Les chasseurs, eux, se lancent à l'assaut de la jungle, pétoire à la main. La gâchette leur brûle tellement les doigts qu'ils ne prennent pas le temps d'observer ce qu'ils sont en train de viser. Quand un bruit d'animal se fait entendre, les voilà qui tirent en sa direction, et avec un peu de chance, un singe tombe de l'arbre. Le cadavre est alors fourré dans un sac à dos pour être ensuite présenté au reste de l'expédition. Mais ces primates sans vie, si semblables aux humains, suscitent une telle tristesse chez les passagers que plus personne ne voudra les tuer.

Les roussettes, les paons, les perroquets multicolores et les noix de coco qui s'écrasent au pied des palmiers déclenchent chez certains, surtout chez les jeunes hommes, l'envie farouche de créer leur bulle d'utopie ici, à Java: n'est-ce pas un lieu parfait pour établir une colonie?

Eh non! Après quelques jours de vacances au paradis, le cabestan grince de nouveau.

Le voilier avance lentement dans le détroit de la Sonde. Les habitants des îles s'approchent du bateau en canoë pour proposer leurs produits aux passagers. Grâce au troc, une nouvelle mascotte s'installe à leurs côtés: un singe, vivant cette fois-ci. Que propose l'équipage en contrepartie? Les tissus brillants aux motifs fleuris qu'il s'est procurés à Plymouth? Les Finlandais s'émerveillent devant les canoës taillés dans des troncs, s'étonnent des chants des rameurs, mélodieux et exotiques aux oreilles de certains tandis que d'autres se tiennent la tête dès que retentissent les premières notes. De vieux vêtements et de la monnaie sont échangés contre des ignames, des poulets, des patates douces, des ananas, des bananes, du riz et diverses confitures. Est-ce la première fois que certains d'entre vous goûtent ces fruits exotiques ? Leur goût vous plaît-il ?

Tout au long du voyage, une vraie ménagerie s'est constituée sur le bateau. Les tortues sont passées à la casserole depuis longtemps, mais il reste des cochons, et il y a désormais aussi un singe, des chiens, des chats, des poules et d'autres volatiles.

« Une vraie arche de Noé », écrit Fridolf dans l'une de ses lettres aux journaux.

À quoi servent tous ces animaux ? Les voyez-vous comme une sorte de réserve de nourriture en cas d'extrême urgence, transformable en viande hachée susceptible d'agrémenter la bouillie de biscuits de mer trempés dans de l'eau et revenue dans du beurre ? Ou sont-ils là pour vous amuser, pour tromper l'extrême ennui qui prend le dessus quand le voyage s'éternise ?

J'aime penser aux enfants qui à terre se sont peut-être émerveillés devant un chaton ou un chiot et ont supplié leurs parents de les autoriser à l'embarquer sur le bateau. Peut-être que les animaux ont un nom auquel ils savent répondre, qu'on leur a même appris à s'asseoir et à donner la patte.

Le trafic sur la mer de Java est intense, mais une fois que les navires à destination de Singapour ont changé de cap, il ne reste plus sur l'eau que l'*Imperator* ainsi que des jonques chinoises aux couleurs vives et aux voiles plissées comme des feuilles de plantain, qui suscitent votre étonnement.

La chaleur tropicale vous malmène. Il fait 36 ° à l'ombre et le vent ne rafraîchit rien. La mer est d'huile, l'air immobile, lourd et moite. Vous tenez le bon bout de votre voyage mais pour l'instant, tout vous semble pénible et poussif. Vous avez soif, mais l'eau a une odeur nauséabonde. Vous la mélangez de nouveau avec du vinaigre. En plus, vous souffrez du même fléau que nous à Singapour : l'*Imperator Alexander II* est infesté de rats. Votre situation est bien pire que la nôtre. Quand vous vous installez à table, vous êtes obligés de lever les jambes pour que les rongeurs ne grimpent pas sur vos genoux. Dès que le cagnard vous le permet, vous les chassez. Les meilleurs jours, vous en tuez 35.

Vous vous dirigez ensuite vers le détroit de Gaspar. C'est là que nos chemins se croisent. Nous venions de quitter le fleuve trouble de Kuching à Bornéo pour nous diriger vers Singapour. Je lisais l'ouvrage acheté au musée, celui qui parlait de l'histoire de l'île et de ses peuples autochtones. Je buvais du café et j'étarquais un cordage sans me douter pour le moins du monde que quelques semaines plus tard, je travaillerais pour l'armée américaine. Ni qu'à Singapour, notre bulle serait sur le point d'exploser.

Les époques se superposent dans ma tête. J'entends le bruissement de l'eau, le clapotis contre les flancs de notre voilier, et j'aperçois votre bateau au loin. Je vous regarde affaler les voiles qui descendent. Le vent vous pousse le long de Bornéo vers la mer de Chine, aussi appelée mer Jaune.

Mi-août, vous entrez dans le détroit de Taïwan. Ce sont des eaux où rôdent des pirates chinois et malaisiens – mais vous n'avez aucune boîte noire imprimant des messages sur du papier POS pour vous en prévenir. Vous ne quittez plus vos armes, et vous vous exercez sur des cibles. Ce n'est qu'ici que je découvre que vous transportez aussi un canon, voire plusieurs. Un petit canon de proue est installé à sa place et rempli de ferraille. Certains se mettent à manier l'épée, et la plupart portent désormais un couteau à la ceinture. Schoultz estime que le plus probable en cas d'attaque serait l'invasion du bateau des pirates par les Finlandais armés jusqu'aux dents, plutôt que l'inverse.

◆

Le vent souffle de plus en plus fort, et vous laissez les jonques chinoises derrière vous. Vous savez qu'il ne vous reste désormais que peu de milles à parcourir, et cela vous remplit de joie. Fridolf, qui s'est déjà rendu dans ces contrées, ainsi que d'autres personnes disposant d'une culture générale plus étendue que la majeure partie de l'équipage, dispensent des sortes de cours de géographie culturelle où ils expliquent les coutumes asiatiques. On fait de la place sur le pont pour organiser un bal, et des chansons retentissent de nouveau dans le salon.

La première pluie est accueillie par des passagers en liesse. Elle nettoie l'air immobile et putride. Toutes les ouvertures latérales du pont sont obturées pour empêcher l'eau de s'écouler, et créer ainsi une piscine d'eau douce. Les peaux qui macèrent depuis des jours et des jours sous une épaisse couche de crasse et de transpiration sont récurées, les habits sont lavés puis rincés. Les enfants doivent bien s'amuser, je les vois d'ici barboter et s'éclabousser au milieu des cochons, des chiens et du singe javanais.

38

« L'île d'Utopie, en sa partie moyenne, et c'est là qu'elle est le plus large, s'étend sur deux cent milles, puis se rétrécit progressivement et symétriquement pour finir en pointe aux deux bouts. Ceux-ci, qui ont l'air tracé au compas sur une longueur de cinq cents milles, donnent à toute l'île l'aspect d'un croissant de lune*. »

C'est ainsi que Thomas More décrit l'île d'Utopie dans son ouvrage. Il y a longtemps, j'avais moi aussi ce genre d'îlot devant moi : une terre à peine émergée, en forme de croissant de lune, vestige en péril de l'éruption d'un volcan désormais éteint. Les pointes du croissant renfermaient un bassin d'eau turquoise, bleu myrtille et vert velours, parfaitement calme. De toute ma vie, je ne verrais jamais rien de plus beau et de plus paradisiaque.

Nous sommes arrivés à Chagos, l'archipel d'atolls déserts situé au milieu de l'océan Indien. Sur notre route depuis le Sri Lanka vers cet éden, nous avons franchi pour la première fois l'équateur, cette ligne imaginaire dessinée par les humains. En traversant ce ruban censé ceindre la Terre, Nick a versé sur ma tête un seau d'eau de mer chaude. J'ai fait pareil avec lui. Puis nous nous sommes marrés. Quelle drôle de tradition quand même !

* Thomas More, *L'Utopie*, traduction de Marie Delcourt. Flammarion, 1996 (p. 137 édition poche)

À l'arrivée, nous mouillons dans la baie en croissant de lune. Tout autour, la mer s'agite et ondoie, mais dans la crique, tout est tranquille.

Nous sommes seuls, il n'y a personne d'autre.

Nous pêchons des thons, des seiches, des mérous et des homards. Nous ramassons des noix de coco sur la plage tout en longueur, et Nick les ouvre avec un couteau de boucher chinois qui fait peur. Avec nous, sur la plage, il n'y a que des oiseaux et des crabes qui s'abritent sous de petites cocos et des coquillages laissés là par la mer. L'un d'entre eux se réfugie sous un pot en plastique rouge. Notre vie est plaisante et insouciante, on dirait celle de Robinson Crusoé et de Vendredi, sauf que nous n'avons aucune envie d'être sauvés.

Nous pique-niquons sur la plage et nous nous réjouissons de pouvoir faire plus de cinq pas avant de buter sur quelque chose et de devoir faire demi-tour. Je décore la couverture de mon journal avec des lambeaux d'écorces de cocotiers qui me font penser à de la toile de jute. J'y colle un coquillage et des débris de coraux trouvés sur le sable.

Que nous manque-t-il ? Rien.

En général, nous parcourons les 100 mètres qui nous séparent de la plage à la rame sur notre Zodiac. Mais un jour, nous décidons d'y aller à la nage, avec un tuba. Nous sommes presque arrivés quand nous apercevons en dessous de nous une, puis deux silhouettes sombres. Ce sont des requins blancs d'environ deux mètres de long. J'accélère le plus possible pour rejoindre la terre ferme, Nick me suit beaucoup plus lentement. Une fois sur le sable, il m'engueule : « Ce genre de mouvements brusques ne fait qu'exciter les prédateurs ! »

Assis face à la mer, nous nous demandons ce que nous pouvons bien faire. Les requins sont de plus en plus nombreux et ils restent là, entre la plage et notre bateau. Est-ce qu'il faudrait que l'un d'entre nous tente de le rejoindre à la nage, pour ensuite revenir chercher l'autre en Zodiac ?

La lumière du jour est en train de décliner, le paysage se teinte d'un dégradé de jaune. Bientôt, le soleil se couchera dans les vagues et il fera nuit. Nous décidons alors d'y aller ensemble. Nick réussit à me convaincre qu'il y a tellement de thons et de poissons récifaux dans le lagon que les requins ne doivent pas être affamés. Nous chaussons nos palmes, installons nos masques et nos tubas, puis nous entrons dans l'eau. Nick me fait jurer d'y aller lentement, sans éclaboussures.

Nous nageons main dans la main. Je ne mets pas ma tête sous l'eau, je garde mon regard fixé sur le bateau. Je n'ai jamais nagé en faisant aussi peu de mouvements, tout en avançant malgré tout. Les requins font des allers-retours sous la surface, de toute évidence ils nous ont remarqués, mais aucun ne s'approche.

Peu après cet épisode, nous nous installons près d'un autre atoll. Des décennies plus tôt, une communauté de lépreux vivait là, amenée ici de l'île Maurice pour être mise en quarantaine. De l'histoire de ces parias mis au ban de la société, il reste sur l'île seulement un puits et quelques ruines.

Cet atoll ressemble lui aussi à une publicité pour des vacances de rêve. De jolis cocotiers penchent au-dessus d'une eau cristalline, scintillant de tous les tons de bleu, de vert et de turquoise. Dans le ciel azur virevoltent des gygis aussi immaculées que des flocons de neige. Le fond du lagon est couleur pastel, composé de coraux blancs, roses, violets, tirant sur le vert ou le jaune. Les plus grands forment des bouquets de plusieurs mètres de diamètre, comme des cerveaux gigantesques posés au fond de l'eau. Entre les coraux nichent plusieurs sortes de requins, y compris des plus grands que ceux que nous avons vus un peu plus tôt, des balistes et des discus anguleux dignes d'un tableau de Picasso, des poissons-clowns aux rayures orange et blanches, des rascasses volantes aux longues piques. Au coucher du soleil, des raies dansent autour du bateau. Nous ressemblons à un accessoire décoratif dans un immense aquarium.

Parfois, quand le jour décline, nous prenons nos masques, nos tubas, et nous plongeons avec les raies. Je ne me préoccupe plus des requins qui nagent tranquillement en dessous de nous, comme s'ils se faufilaient dans l'eau.

L'atoll est désert, mais quelques navires sont amarrés à proximité depuis plusieurs années. Leurs occupants se nourrissent de poissons et de salades faites avec les rosettes tendres des jeunes palmiers. La plupart ont passé plusieurs années à planifier le voyage et ont fait des économies pour partir. Il y a là quelqu'un qui vit avec l'argent de sa retraite, et un couple qui vogue confortablement depuis des lustres grâce aux recettes d'un livre à succès sur la navigation, écrit par le mari. Son épouse fait pousser des tomates, de la laitue et des herbes aromatiques dans de petites boîtes en plastique posées sur le pont.

Ceux qui se sont installés sur l'île paradisiaque à plus long terme naviguent une ou deux fois par an vers la Thaïlande pour faire des provisions : des sacs de riz et de farine, ou de l'alcool, c'est selon. Vu les prix en Asie, on peut facilement vivre un an avec 200 dollars, quand on s'y prend comme ça.

N'empêche, nous ne sommes pas totalement coupés du monde. Les Américains qui vivent sur la base militaire de l'atoll Diego Garcia patrouillent autour de l'archipel une fois par mois. Sur leur vedette, on peut acheter des timbres et leur confier du courrier.

Sur la plage de sable, ceux qui sont là depuis plus longtemps se sont aménagé leur petit coin, délimité avec du bois flotté et des noix de coco. Ils y ont placé des chaises pliantes, ont décoré l'espace avec des coquillages et des carillons à vent fabriqués avec des bouts de corail, ont confectionné des tapis et des abris avec des branches de cocotiers, et ont installé des bouteilles en guise de bougeoirs. Tous les vendredis, l'un des navigateurs invite les autres « chez lui », pour une soirée autour d'un feu de camp. Il y a là aussi une famille, installée sur l'atoll depuis deux ans, et dont les deux enfants suivent des cours sur le bateau. Dans leur utopie, ils ont même trouvé de la place pour un berger allemand.

Depuis notre séjour, tout a changé. Pour visiter l'archipel de Chagos, il faut désormais demander une autorisation et on ne peut y rester que quelques semaines – pour de bonnes raisons. Le nombre de voiliers n'a fait qu'augmenter depuis notre passage, et les ancres jetées dans la mer ont abîmé le corail.

Combien de temps restons-nous là-bas ? Je ne me souviens pas. Je sais que nous naviguerons ensuite vers un troisième atoll, où cette fois nous serons seuls. Les pointes du croissant ne renfermeront pas une baie parfaite, l'île sera très allongée, comme formant une parenthèse. Les vagues auront charrié sur le sable des végétaux visqueux, des sandales en plastique, des bidons, du polystyrène, des pelotes de corde en nylon. La plage sera infestée de crabes, tout aussi agressifs et envahissants que ceux que vous avez trouvés à Trinidad. Le ciel sera en permanence couvert et il ne fera que pleuvoir. Ou est-ce simplement mon imagination qui convoque toutes ces images ?

L'utopie désigne à la fois un fantasme et la vérité vraie, écrit Marja Itkonen-Kaila, la traductrice finlandaise de Thomas More. Quand je pense à ton voyage, Fridolf, puis au mien, je me dis qu'en fonction du lieu, les proportions de ces deux composantes varient. À certains endroits, il y a plus de fantasme que de vérité vraie. À certains endroits, le soleil brille plus qu'ailleurs.

◆

Entre deux de nos utopies de sable et de corail, nous naviguons dans un paysage en mutation constante, dont nous ne pourrons jamais faire l'expérience deux fois exactement de la même façon. Si l'on y dépose une plume, on ne la retrouvera jamais au même endroit le lendemain.

Je peins ce paysage disparu, j'étale avec la spatule du bleu du turquoise, le vert tendre d'une pousse de blé, du bleu myrtille et le bleu glacé et brumeux d'une vague sur le point de se briser. J'ajoute du noir, du gris et du blanc, je jette de l'or puis de l'argent pour le soleil couchant et la pleine lune qui se lève.

Dans ce lieu-ci, personne ne peut dresser de clôtures, ni s'attribuer un fragment de plage en y plantant une chaise pliante, ou marquer son passage en y traçant son nom. On peut s'en faire un aperçu au préalable, mais il n'existe aucune certitude qu'il sera tel quel quand on y arrivera.

La mer peut se transformer subitement, étendue étale et sans fin devenant soudain furie sans nom, comme prise d'une rage inexpliquée. Elle traite tout le monde de la même façon, à ses yeux les hommes sont tous des laboureurs d'utopie, tous égaux. Tous insignifiants. Mais même quand tout brinquebale, même quand tout grince et s'entrechoque et vacille, tout est clair, simple et facile en mer. L'écorce qui protège l'utopie y est épaisse.

◆

Tôt ou tard, le regard se porte vers l'horizon où soudain surgit le monde qui n'existait jusque-là que dans notre imagination ou sur la carte. Il apparaît d'abord en pointillés, comme si les vagues ne dansaient pas au même rythme.

Je plisse des yeux pour m'assurer que je ne rêve pas. Les pointillés se transforment en paysage, d'abord simple instantané en noir et blanc, photographie prise de loin qui s'anime quand on s'en approche assez. C'est toujours le vert qu'on distingue en premier, puis le blanc, et seulement ensuite arrivent les autres couleurs. Des arbres dont les branches bougent dans le vent, de la fumée qui monte d'une cheminée, un camion qui freine ou qui accélère, des bâtiments dont la porte s'ouvre brusquement.

C'est ainsi que nous apparaît Rodrigues, quand nous arrivons de Chagos. Puis nous voyons surgir des flots l'île Maurice, Saint-Brandon et Madagascar.

J'écris des chroniques sur du papier quadrillé et je les envoie à mes parents.

Nous passons deux semaines sur la côte ouest de Madagascar. Nous y rencontrons des Français qui tiennent une auberge et nous vivons un miracle : pour la première fois, je rédige mon article sur un ordinateur. Ils m'autorisent même à l'envoyer à mon père par e-mail. Le message met six heures à partir.

Nous naviguons le long de la côte où sont disséminées des petites huttes dont les habitants sont légèrement vêtus et édentés. Ils nous sourient et nous parlent dans un français étrange. En échange de quelques pièces, l'un d'entre eux nous emmène visiter des plantations de poivre et de vanille, et un cimetière situé sur une colline recouverte d'herbe. Nous écrasons les taons qui nous assaillent, et notre guide nous raconte qu'une partie du rite funéraire consiste à consommer un morceau de chair du défunt, pour qu'ainsi, une partie de lui soit toujours présente en vous. Il n'y a dans ces lieux ni boutique, ni école, ni dispensaire, et point d'électricité. Nous offrons des cordes, des sacs plastique et des boîtes de conserve vides de pâtée pour chat, acceptés comme des trésors. Nous recevons en échange des mangues, des papayes, des poissons et des fruits acides dont le cœur est rempli d'une pâte claire et crémeuse. Ils les appellent des pommes.

En quittant Madagascar, nous mettons le cap vers Durban, une mégalopole située sur la côte est de l'Afrique du Sud. Nous affrontons les pires tempêtes de notre voyage, avec des vents contraires qui soufflent à 50 ou 60 nœuds pendant vingt-quatre heures, parfois plus. Le pont est parsemé de poissons volants et de petites seiches, comme si un présage funeste de Nostradamus était en train de se réaliser. Le chat est ravi de toute cette nourriture qui descend du ciel. Quant à moi, j'apprends à aimer la tempête.

J'apprécie le moment suspendu où j'attends de savoir ce que provoquera la prochaine vague haute comme un mur qui s'abattra sur nous, où j'attends de savoir ce que je peux faire pour ne pas lutter contre elle mais pour simplement épouser son rythme avec le voilier, pour que le bateau batte au même pouls que la mer. Dès que le vent et la houle se lèvent, nous affalons les voiles et nous nous contentons de flotter.

La nuit, quand je suis seule pour mon quart et que je sens le vent enfler, la mer tout autour se déchaîner, je m'attache au pont avec le harnais de sécurité et je me positionne près du mât. Le voilier grimpe d'abord sur la crête de la vague, bascule, puis chute soudainement alors que la vague se retire. Dans mon ventre, je sens se former le même creux que quand j'étais enfant, assise sur le siège arrière d'une voiture descendant une côte bien raide. La tempête laisse derrière elle une mer agitée. Quelques heures de répit, puis le fracas explose de nouveau.

Non loin naviguent deux autres voiliers qui ont quitté Madagascar en même temps que nous. Nous communiquons par radio. Alors que les voiles sont affalées, que la tempête gronde et que les bateaux sont ballottés par le tumulte ambiant, nos voisins regardent des films d'Austin Powers sur des cassettes VHS. Sur le troisième voilier, le moteur et le pilote automatique sont mis en route pour garder le cap, une bonne bouteille de rouge a été sortie de la cave pendant que cuisent au four des filets de poulet marinés au miel et au soja. Quant à nous, nous faisons ce que font les jeunes couples amoureux. Nous profitons de la vie.

39

Après l'île de Formose, l'actuelle Taïwan, l'*Imperator Alexander II* passe si près des îles Pescadores, situées entre la Chine et Taïwan, que les passagers peuvent apercevoir depuis le pont les promeneurs qui longent la plage, se protégeant du soleil avec une ombrelle. Le beau temps vous accompagne jusqu'au 26 août, jusqu'à l'embouchure du détroit de Corée où le vent se lève, puis se transforme en tempête. Devant vous surgissent alors des statues d'eau créées par des phénomènes naturels semblables à de petits typhons. La pluie, le brouillard et les forts courants maritimes rendent la localisation impossible, que ce soit avec l'octant ou à l'œil. Le fil à plomb est régulièrement jeté à l'eau pour vérifier que les courants ne vous ont pas poussés trop près des côtes ou des bancs de sable.

Enfin, le ciel s'éclaircit et le vent gonfle de nouveau les voiles.

Vous entamez la dernière ligne droite de votre voyage. Un jour, le cri tant attendu résonne : « Terre ! Terre en vue ! »

Tu es certainement déjà sur le pont. Je t'y vois, vêtu d'une ample chemise blanche, l'air pensif. Tu es soulagé, tout en redoutant que le vent se lève de nouveau et entraîne le voilier trop près des côtes. Tu as examiné la carte de cette région tant de fois qu'elle s'est imprimée dans ta mémoire comme une photographie, de même que chaque baie et chaque colline le long de la plage. Peut-être as-tu déjà navigué par là.

Le voilier se faufile par le golfe de Pierre-le-Grand, qui marque la frontière entre la Corée du Nord et la Russie. D'abord, la côte n'est qu'un ruban sombre aux bords dentelés, difficile à différencier des vagues. Puis les yeux commencent à distinguer des formes et des couleurs : le pays de vos rêves. « Plus nous approchons de la Russie, plus la terre nous semble belle », écrit Schoultz dans ses mémoires.

Les femmes, les enfants, les hommes de la Compagnie, les filles de l'hospice et les apprentis marins, les chats, les chiens et le singe, tous sont sur le pont. J'imagine un moment d'exaltation, une bousculade joyeuse. Personne ne veut rien rater. Une larme roule sur une joue, sans qu'on sache si c'est de joie ou de chagrin, ou juste une goutte d'eau salée déposée par le vent. Les enfants crient et rient, personne ne se préoccupe de les calmer.

On pointe du doigt les formes aperçues à l'horizon, les premières impressions sont marquantes. Ce qui semble familier et ce qui est étrange. Les cheveux de Tekla ont poussé, elle les glisse derrière l'oreille, et son mari, l'ingénieur Nilsson, l'enlace peut-être, glisse son bras autour de sa taille, la serre contre lui et lui chuchote un mot doux.

Les narines se remplissent d'un air où pointe déjà le parfum de l'automne qui arrive.

Le 7 septembre 1869, près de dix mois après votre départ de Bremerhaven, l'*Imperator Alexander II* jette l'ancre au port de Nakhodka, au fond de la baie protégée du même nom.

Bienvenue en Utopie !

PARTIE 2

Celui qui n'a pas été en Amour
ne sait pas ce qu'est le malheur.

Proverbe russe

1

Mince alors, Fridolf, j'aurais voulu être à tes côtés à Bremerhaven quand tu terminais les préparatifs du voyage, mais si je pouvais choisir encore deux moments à partager avec toi, celui-ci serait le deuxième. J'aimerais être là en septembre quand votre brick entre dans la baie de Nakhodka. Debout sur la plage, j'agiterais un foulard de soie blanc, et tu me reconnaîtrais. Je retiendrais ma respiration pour écouter le brouhaha provenant du pont qui se réverbérerait sur l'eau, je sortirais un enregistreur de mon sac à dos et j'appuierais sur « REC » au moment où vous foulez pour la première fois la terre de votre nouveau pays.

Je devais vous rejoindre en septembre. J'avais repéré le train Tolstoï qui relie Helsinki à Moscou, j'avais vérifié les horaires du Transsibérien, commencé à remplir ma demande de visa et fait une liste de choses à emporter. Puis un mur s'est dressé entre nous, un sale virus qui a mis la planète entière à genoux. Les fondations de mon plan se sont fissurées et mes envies se sont recouvertes de moisissure puant fort l'échec. J'aurais dû partir bien plus tôt, après les premières quarante-huit heures d'amour.

Bordel de merde ! Depuis quand un « si » s'est glissé dans ma vie, depuis quand a-t-il pris toute la place alors que, avant, j'attrapais juste mon sac à dos et je partais, remettant la réflexion à plus tard ? Les premiers signes de l'échec de l'utopie sont les « et si », les hésitations et les atermoiements.

Quand tout s'est gâté, j'ai éteint mon ordinateur et pendant une semaine, je n'ai pas remis les pieds dans notre petit coin bleu ciel.

Je me suis dit que c'était fini.

Mais tu ne m'as pas laissée t'oublier. J'ai essayé de m'intéresser à tout autre chose, mais tu es sans cesse venu te rappeler à mon bon souvenir. En rédigeant, pour le groupe de musique classique Terwa Trio, un livret de concert sur la frégate *Toivo* qui a navigué au XIXe siècle, je suis tombée sur des noms de bateaux et de lieux que tu connais aussi : *Grefve Berg*, Plymouth, Brême. J'ai lu de longs récits de navigation, des histoires d'alizés et de capitaines sadiques, des anecdotes liées à des sacs de farine et de graines infestés de vermine et de larves. Soudain, en pleine promenade, je pouvais sentir l'odeur d'un coquillage ou de ce qu'exhalent les poissons quand ils s'échouent sur la plage. Je revenais donc sans cesse vers toi, et je me suis mise à chercher, dans des journaux vieux de 150 ans, des informations sur votre arrivée.

Je ne sais pas comment se passe votre tout premier contact avec cette terre promise. Vous êtes peut-être silencieux, chacun rassemblant ses pensées dans son coin. Est-ce vrai, comme quelqu'un l'a écrit, que cette longue navigation vous a laissés en excellente forme physique, les joues rougies par le grand air ? Ce qui est sûr, c'est que je n'ai vu aucune mention de scorbut ou de gencives rendues sanguinolentes par un manque en vitamines. Tu as bien pris soin de tes troupes.

Il vous faut certainement un peu de temps pour vous habituer à ne plus marcher les jambes écartées afin de ne pas tomber, pour vous acclimater à un environnement où les objets ne bougent plus tout seuls. C'est ce qui se passe après de longues semaines ou de longs mois en mer : rien n'a changé, seulement celui qui retrouve la terre ferme.

Debout sur la plage, je ne jetterais qu'un simple coup d'œil aux autres passagers, et je laisserais mon regard s'arrêter sur toi un long moment. Tu te tiendrais là, devant moi. Voici comment je te vois alors: tu laisses le brick glisser doucement vers la côte en surveillant la surface de l'eau, afin de repérer les récifs et les bancs de sable. Tu es debout, une pipe dans une main, l'autre enfoncée dans la poche de ta veste. Ton regard scanne l'environnement comme le ferait un radar. Tu tires sur ta pipe et tu évalues les différences d'altitude dans le paysage vallonné, grâce aux différents tons de vert, plus ou moins foncés. Y a-t-il quelque part des ravines ou des gorges par lesquelles le vent provenant du continent pourrait s'engouffrer pour ensuite surgir en rafales intempestives à l'approche des côtes ? Le voilier est-il bien ancré ?

Je te dévisagerais pour savoir ce que la fin du voyage te fait. Tu n'es plus responsable de la vie et de la mort de 50 personnes. Désormais prévaudra un autre principe, celui sur lequel vous vous êtes mis d'accord un an plus tôt en Finlande : un pour tous, et tous pour un.

Es-tu soulagé ? Peut-être te retires-tu un instant dans ta cabine sur le pont, peut-être te verses-tu deux doigts de rhum pour trinquer avec ton reflet dans le hublot : *bra jobbat, gubbe**.

* « Bon boulot, mon gars », en suédois dans le texte.

J'aimerais être là, avec toi, pour te suivre partout jusqu'à ce que j'obtienne des réponses à mes questions : qui es-tu, qu'est-ce qui va briser votre utopie et de qui vas-tu tomber amoureux ?

J'aimerais être là quand ton cœur se met à battre plus fort. J'aimerais pouvoir observer ce que l'amour provoque chez toi. Es-tu plus joyeux, deviens-tu plus prévenant ? Respires-tu plus fort, la regardes-tu dans les yeux ou es-tu au contraire tout timide ? Ta voix change-t-elle ? Comment la touches-tu quand vous êtes juste tous les deux dans le noir ? Es-tu distrait et renfermé sur toi-même, et quand elle te parle, est-ce que cela provoque une tempête dans ta tête ? Est-ce que tu veux alors qu'elle se taise, un instant au moins ? Peut-être qu'au bout d'un moment tu n'en as plus rien à faire, elle ne t'intéresse plus. Tu regardes son visage, et tu penses juste à ta prochaine destination. Puis tu te lèves, tu attrapes ton ciré dont l'odeur de baleine la dégoûte. À ton retour, elle te fait la gueule et ne t'adresse plus la parole pendant quelques jours.

Non, je ne te laisserais pas tranquille même si tu me l'ordonnais. Je regarderais les *honghuzi* torturer ta femme. Je guetterais les Chinois avec toi, assise sur les rochers de la plage à tes côtés. Je t'accompagnerais au studio photo de Carl Schoultz et je disciplinerais ta mèche avec ma main. Je nagerais jusqu'à Osaka s'il le faut, je m'installerais à ta droite sur la photo, et plus jamais tu ne regarderais derrière moi.

2

Des falaises claires, de longues plages de sable et des buissons rebondis. Des histogrammes faits de métal et de verre. Des différences de hauteur, des surfaces, des angles et des couleurs qui ne peuvent être que le produit d'une civilisation humaine. La tempête gronde en mer, derrière nous, mais le ciel de Durban est bleu.

Nous amarrons notre bateau dans le port prévu pour les voiliers.

Depuis combien de temps sommes-nous ensemble ? Deux ans, au moins.

Pendant le voyage, nous avons relevé des fuites au niveau des boulons qui traversent le pont. Nos habits et nos livres sont humides, ainsi que les bords du matelas sur notre lit triangulaire. Avec des burins, nous arrachons le vieux pont en teck, fragilisé par les années, nous enlevons les joints qui s'effritent, et nous en installons un nouveau en fibre de verre. Nous mélangeons des produits, nous étalons de la résine avec une spatule, nous ponçons et nous plâtrons. Le soir, j'écris des articles, et le week-end, je travaille au noir comme masseuse. Le bateau est couvert d'une fine poussière de verre qui nous démange. Après plusieurs semaines à passer de mauvaises nuits, nous partons camper pendant quelques jours dans une réserve naturelle à l'intérieur des terres.

L'Afrique du Sud a quelque chose d'exceptionnel. Jusque-là, être à terre ne nous a jamais vraiment réussi. Nous avions, tous les deux, envie de reprendre la route le plus rapidement possible. Mais à Durban, notre séjour, qui ne devait pas excéder deux mois, se prolonge pour en durer sept. Nous nous faisons de nouveaux amis chez qui nous allons dîner et nous doucher. Tous les week-ends, un *braai*, un barbecue collectif, est organisé au port, et même notre chat singapourien est invité. Il se frotte aux jambes des convives pour quémander des morceaux de poulet et de saucisses. Dès le mercredi, nous nous mettons à attendre la soirée du vendredi qui marquera une pause dans notre semaine de travail recouverte de fibre de verre. Nous faisons des excursions, nous allons au cinéma, au club de jazz Jabula Inn et au festival de musique Womad près de Pretoria.

Quand le pont est terminé, Nick annonce qu'il en a marre du vieux gouvernail. Il veut remplacer la barre à roue par une barre franche d'un mètre de long et aussi épaisse qu'un poignet. Je n'aime pas son idée. Je me suis habituée à notre gouvernail et l'idée de barrer sans pouvoir calquer le maniement du volant d'une voiture ne me plaît pas du tout. Tu vois, Fridolf, je ne suis pas aussi héroïque que Nick et toi.

Mais il ne renonce pas à son idée. La barre à roue est plus encline aux avaries mécaniques, surtout par mauvais temps, et les mouvements du bateau sont plus faciles à sentir avec la barre franche, assure-t-il. Il se saisit de la clé anglaise et dévisse le gouvernail. Puis il part acheter de très fines planches de teck, les colle, les passe à la vapeur dans une étuve pour pouvoir leur donner une jolie courbe, ajoute une autre couche de bois avec de la colle, repasse à la vapeur et recourbe, ponce et gratte, puis il huile le résultat final. Pendant qu'il fait tout ça, je me promène dans Durban et je cherche de nouveaux sujets d'articles. Parfois, je m'assieds près de lui et je le regarde caresser tendrement l'objet qu'il est en train de façonner.

Même si nous passons sept mois à Durban, je n'ai aucun souvenir de la façon dont nous évoquons l'avenir. Nous devons estimer que nous en avons un puisque Nick veut rendre notre maison encore plus autonome. Il veut que nous puissions passer de longs mois en mer et dans des lieux sans commodités.

S'organise-t-il pour pouvoir naviguer seul si besoin ? Est-ce que je ne suis pas en train d'embellir mes souvenirs ?

Après le changement de gouvernail, Nick décide de se débarrasser du pilote automatique électronique, ce qui me rend encore plus nerveuse. À la place, il installe un mécanisme bien plus simple, composé de plusieurs cordes et d'une pagaie accrochée à la poupe du bateau, qui fonctionne avec le vent et qui n'a pas besoin d'électricité. Pour charger les batteries du voilier, il achète un générateur éolien. Désormais, nous n'aurons besoin d'électricité que pour les radios et les feux de navigation qui permettent aux autres bateaux de nous repérer en mer. Avec toutes ces nouveautés, une panne de moteur n'affecterait aucunement notre vie.

Une fois tout en place, nous décidons de poursuivre le voyage. Et Nick avait raison : la barre franche et la nouvelle lame fonctionnent à merveille. Nous longeons la côte vers l'ouest et nous choisissons de passer l'hiver dans une petite ville du nom de Mossel Bay.

Ce matin-là, je sors d'un entretien que j'ai passé dans un refuge pour animaux sauvages où l'on soigne des manchots souillés par des marées noires. L'air est frais, et les sommets des montagnes que j'aperçois au loin sont couverts de neige. Je viens de donner à développer mon rouleau de film et nous sommes assis à une terrasse de café avec nos gros pulls en laine, quand Nick se met à parler de mariage pour la deuxième fois. Je trouve l'idée géniale. « Allons-y », dis-je.

Nous nous faisons plein de nouveaux amis à Mossel Bay. Nous leur rendons visite dans leur maison et nous nous y plaisons. Ce sont des endroits agréables et chaleureux, pleins de vie, d'animaux de compagnie, de grands saladiers en ébène, de jolis verres artisanaux qui ne se renversent pas sur la table.

Pour une raison étrange, j'ai encore en tête ces lourds bols à salade aux bords épais. Chaque femme en a alors un tout spécialement dédié à la salade César. À l'usage, une couche huileuse et aillée se forme sur la surface intérieure du bol, et elles la comparent en reniflant celle des unes et des autres. Dans un bon saladier, cette couche ne devient pas rance mais forme comme un vernis. Je me disais que j'aurais aimé moi aussi avoir ce genre d'objet qui avec les années se recouvre d'une patine de soirées joyeuses.

Pour les placards étroits du voilier, le bol est beaucoup trop volumineux.

Peut-être est-ce notre sédentarité prolongée et ce qu'a de magique une vie dans une maison, une vie qui ne penche jamais, qui me conduit à faire ce genre d'observations. Au lieu de naviguer, nous pourrions rester sur place. Ce serait une alternative. En y pensant maintenant, je suis contrariée parce que je ne sais pas, je ne me souviens plus, pourquoi nous laissons tomber cette idée.

Quand le printemps arrive, nous levons l'ancre et nous poursuivons notre voyage vers l'ouest.

3

Cher Fridolf, n'aurais-tu pas pu attendre encore un moment avant de laisser filer la chaîne de l'ancre dans la baie de Nakhodka ?

Bien sûr que non. Tu ne pouvais plus attendre. Sur le pont, vous fêtez l'arrivée avec un shot de gnole, et tu donnes l'ordre de jeter l'ancre. Toutes les voiles ne sont pas encore affalées, la légère brise pousse le bateau juste ce qu'il faut pour que tu sois certain que l'ancre a bien mordu. Quand elle s'enfonce profondément dans le fond de la baie, tu sais que tu as accompli ta mission de capitaine. Tu as conduit tes protégés à destination, en sécurité.

J'apprends dans vos lettres que votre premier matin en Utopie est doux et ensoleillé. J'imagine la brume nocturne qui s'évapore doucement sur les collines et l'odeur épaisse de l'humus de l'Amour qui se faufile jusqu'à vos narines, sur le voilier. Le soleil chasse la rosée qui s'est formée sur le pont du brick dans la nuit.

Les collines qui encerclent la baie vous font penser aux paysages finlandais, avec ses forêts et ses lacs, même si la végétation n'est pas la même. On trouve ici des noyers, des chênes-lièges, des érables à sucre, des pommiers et des figuiers sauvages, ainsi que des pieds de vigne portant de lourdes grappes foncées. Au milieu de tout ça, reflétant la lumière pâle du matin, vous apercevez les troncs blancs des bouleaux que vous mentionnez dans vos lettres. Ils doivent vous renvoyer une impression familière, vous rappeler la maison et le sauna. Est-ce une sensation douloureuse ou réconfortante ?

Je sais, de par les missives publiées dans les journaux, que tu es profondément contrarié par votre arrivée automnale. Vous n'aurez guère le temps de labourer les champs ni de récolter de quoi passer l'hiver. Mais pour l'instant, tout cela vous semble secondaire, chaque chose en son temps, après tout, vous êtes arrivés sains et saufs !

Que font donc les passagers quand ils descendent pour la première fois sur cette terre rêvée ? Restent-ils, un instant, collés les uns aux autres sur la plage, comme s'ils étaient toujours dans l'espace limité du pont, emprisonnés par les plats-bords qu'ils ne pouvaient franchir ? Peut-être ont-ils déjà leurs affinités, depuis tout ce temps, et peut-être se rassemblent-ils en conséquence, formant de petits groupes de personnes qui s'apprécient et se sentent en sécurité ensemble.

Sur la plage se dressent quelques maisons de couleur claire, dont plusieurs sont occupées par des fonctionnaires de l'État, dont l'administrateur Harald Furuhjelm. Il n'est pas le seul Finlandais. « Comme une colonie en Amérique », écrit Alexander Stierncreutz, livrant ses premières impressions au sujet de Nakhodka.

La dernière fois que vous avez croisé Furuhjelm, c'était lors de la visite de Fridolf à Saint-Pétersbourg, pour discuter du prêt impérial. Je suis certaine qu'il vous attendait, qu'il a espéré et prié pour que le voilier d'une valeur de 30 000 roubles ne disparaisse pas dans les flots.

La nouvelle de votre arrivée a été envoyée à Furuhjelm, il devrait donc arriver d'une minute à une autre.

Les marins astiquent le brick et les femmes le décorent avec des guirlandes et des fleurs fraîchement coupées.

L'habillage du voilier est complet, drapeaux et grand pavois sont sortis, et quand le petit bateau à vapeur de Furuhjelm est aperçu à l'embouchure du fleuve Soutchan, un coup de canon est tiré.

Le soir, les hommes de la Compagnie se réunissent pour une fête de bienvenue à la résidence de Furuhjelm. Je regarde la photo de l'administrateur barbu, l'air sévère dans son manteau de laine bouillie et son ample pantalon de couleur sombre, appuyé sur sa canne. Sa tête paraît un tout petit peu trop grosse par rapport au reste de son corps. Il a l'air de quelqu'un qui rechigne à se salir les mains ou à s'éreinter, mais qui doit être exactement l'homme qu'il faut pour organiser et orchestrer les choses, faire en sorte qu'arrivent d'autres personnes capables de retourner la terre et de déplacer des sacs de farine.

Votre arrivée doit lui faire ressentir un sacré poids sur les épaules. Après tout, le tsar lui a confié la lourde tâche d'attirer dans ces contrées abandonnées de Dieu lui-même des personnes qui s'y sentiraient suffisamment bien pour avoir envie d'y rester et de les défendre de toutes leurs forces.

À la fête de Furuhjelm, il y a du thé et du grog, un plancher qui ne tangue pas et une table qui tient droit. Avez-vous eu le temps de vous laver, ou vous sentez-vous un peu pouilleux à côté de tous ces fonctionnaires, les odeurs de crasse d'un voyage de dix mois collant encore à votre peau ? Vous regardez en salivant toutes les friandises servies. Mais tout d'abord, il faut trinquer à la gloire d'Alexandre II, puis à celle de la mère patrie finlandaise, ce qui vous semble tout de suite plus naturel et plus sincère. Vous chantez *Maamme*, l'hymne national finlandais, et après le dernier couplet, vous entonnez celui composé pendant le voyage par Ernst Wetterhoff, que vous chantez alors pour la première fois dans votre nouveau pays :

Hell dig du land vid Stilla haf
vi hälsa dig med fröjd.
Är detta land oss ödet gaf
till vagga och till graf.

Les paroles de la chanson ont été traduites en finnois dans l'ouvrage de Toivo Koivisto ainsi :

Salut, pays du bord du Pacifique,
nous te saluons avec joie.
Est-ce cette terre que le destin nous a donnée
pour berceau et pour tombe.

Puis les verres s'entrechoquent de nouveau, et c'est très bien ainsi. Réjouissez-vous et profitez-en tant que c'est encore possible.

4

Nous sommes sur le voilier, Nick, le chat et moi. Kisu vient de se réveiller. Il se promène sur le pont et plisse les paupières à cause de la lumière de l'aube, couleur d'ambre de la Baltique. Il miaule, réclame qu'un poisson morde de nouveau à l'hameçon que tire le bateau.

Nous avons passé le cap des Aiguilles à la pointe méridionale de l'Afrique du Sud, quittant l'océan Indien pour rejoindre l'Atlantique. Et tu sais quoi, Fridolf? Nous sommes nous aussi à Hout Bay, dans le creux formé par la montagne de la Table et Constantiaberg. Quand nous partons en excursion dans les terres, nous achetons nous aussi du vin du Cap. Chaque fois qu'une bouteille se vide, nous la rinçons, puis nous rédigeons quelques phrases expliquant qui nous sommes, où nous nous situons et pourquoi nous sommes là. Nous ajoutons notre adresse mail à notre mot, même s'il n'est pas si fréquent que nous tombions sur un cybercafé pour la consulter.

Plus personne n'ouvre cette boîte mail désormais. Je ne me souviens même plus du mot de passe.

Nous glissons le bout de papier dans la bouteille que nous rebouchons et lançons à la mer. Quatre messages partent ainsi d'Afrique du Sud. Plus d'un an plus tard, nous recevrons deux réponses. Un pêcheur aura trouvé l'une de nos bouteilles sur une côte brésilienne. L'autre aura dérivé avec les courants jusqu'à une plage sur une île du sud de la Nouvelle-Zélande, où elle sera ramassée par un *backpacker* tchèque.

Si j'avais su pour l'alliance de Tekla, je serais partie à la recherche de l'endroit où vous laviez votre linge à Hout Bay, et j'aurais fouillé le lit de la rivière.

Je n'ai aucun souvenir de la durée de notre séjour aux alentours du Cap. Depuis Hout Bay, nous poursuivons ensuite vers le nord et nous nous arrêtons quelques jours à Saldanha Bay. Je n'ai alors aucune idée qu'au XIXe siècle, une petite fille finlandaise née sur un voilier transportant des colons vers l'Amour a été nommée en son honneur.

En Afrique du Sud, j'ai commencé à visiter des sites archéologiques. Lorsque nous arrivons en Namibie, nous nous rendons sur un site de peintures rupestres vieilles de milliers d'années. Des bonshommes, des antilopes et des girafes couleur ocre et charbon ont été dessinés sur des murs de pierre jaune. J'achète un cahier dont les pages ont été fabriquées avec des déjections d'éléphant. Où est-il passé aujourd'hui ? Je fais des photos et j'écris d'autres articles, encore et encore.

Depuis la Namibie, nous naviguons vers Sainte-Hélène, puis vers les îles d'Annobón et de São Tomé.

Si votre voilier avait laissé un tracé sur l'eau, je l'aurais suivi et rattrapé déjà à plusieurs reprises. Mais de votre passage, il ne reste rien.

Puis nous quittons le continent africain pour nous diriger vers les Caraïbes. À mi-chemin, nous changeons d'avis. La vie y serait trop chère, il y aurait beaucoup trop de bateaux et de touristes. Est-ce la première fois que nous utilisons le conditionnel, que nous disons « si » ? Est-ce la première fois que nous nous mettons à raisonner ?

Rejoindre les Caraïbes signifierait alors poursuivre notre vie comme jusque-là. Nous passerions le canal de Panama ou contournerions l'Amérique du Sud, par le cap Horn ou par le détroit de Magellan, pour rejoindre le Pacifique où nous laisserions passer les années, exactement comme nous l'avons fait auparavant.

Nous sommes au milieu de l'océan et nous nous installons à la table à cartes. La carte de l'Atlantique n'a rien à voir avec celle de l'océan Indien. Le premier est bordé de longues côtes formées par les continents et abrite très peu d'îles. Toutes sont habitées. Alors que nous franchissons l'équateur pour la seconde fois, nous prenons la décision de border les voiles et de mettre le cap vers le nord, vers les Açores.

À partir de là, nous pensons poursuivre vers l'Europe. Il serait raisonnable de travailler de nouveau, quelque temps au moins, de renflouer les caisses pour de nouveaux rêves. Rester sédentaires pendant un an, voire deux. S'installer en Angleterre ou en Finlande, marcher sans trébucher, s'essayer au moins un peu à une vie ordinaire, ou à quelque chose qui y ressemblerait. Peut-être même y aurait-il, dans la cuisine, un saladier en bois imprégné d'ail.

Cela fait quatre ans que nous naviguons. Le vent est de dix nœuds, la mer est clémente et nous glissons à sa surface. Nous avons rangé la carte des Caraïbes dans le coffre sous la table à cartes et nous l'avons remplacée par celle des Açores où nous avons repéré la petite île de Faial. Nous bordons les voiles autant que nous le pouvons en naviguant au près. Les bourrasques les lissent et les tendent. Nous réussissons à augmenter la vitesse du bateau, comme si nous étions pressés d'arriver quelque part.

5

Peu après votre arrivée, vous rendez visite aux gens de Turku qui sont là depuis le mois de mai déjà. Ils se sont installés à quelques kilomètres de Nakhodka, vers l'intérieur des terres, sur les berges du fleuve Soutchan, à l'endroit qui leur a été désigné par Harald Furuhjelm. Le sol est fertile et leurs cultures prospèrent. Vous notez avec satisfaction que les variétés de plantes ramenées de Finlande s'épanouissent sur les rives de l'Amour et portent des fruits. Cependant, le travail des champs a exigé tellement de temps et d'énergie que la construction des habitations en a pâti. La colonie de Turku vit toujours dans des tentes ou dans de pauvres trous creusés dans la terre.

Dans certaines lettres envoyées par les colons de Fridolf, les gens de Turku sont décrits comme satisfaits de leur situation, bien que souffrant d'un terrible manque du pays. Dans d'autres missives, ils seraient en train de dépérir. Leurs conditions de vie seraient misérables, et de plus, ils seraient paresseux. Leur dette envers la Couronne n'aurait fait que gonfler tout l'été. De ce grand rêve si joyeux, de cette belle récolte partagée, il ne resterait plus rien, tout se serait transformé en déboires et en redevance exponentielle.

Certains hommes de la Compagnie de Fridolf, surtout les agriculteurs et les artisans, voudraient s'installer à Nakhodka, un peu à l'intérieur des terres, comme la colonie de Turku.

L'idée ne te plaît pas, c'est trop loin des côtes, trop loin de la chasse à la baleine. Et puis il y a beaucoup trop de monde autour de Nakhodka, tous ces fonctionnaires et ces colons de Turku, en plus d'une bande de Chinois qui vivent là.

En réalité, il ne s'agit que de quelques dizaines d'âmes, mais tu préfères trouver un lieu sans personne à plusieurs kilomètres à la ronde. Ton monde, à toi, est intérieur, et c'est ainsi que je l'aime, moi aussi.

Voilà donc l'ancre du brick levée. Les Finlandais naviguent vers Vladivostok, à l'ouest. Tu es de nouveau debout sur le pont à scruter la profondeur de l'eau pour protéger la quille de ton bateau des rochers immergés et des écueils. Je t'imagine, pensif, le regard fixé sur les langues de terre qui s'avancent dans la mer. Quand le voilier entre dans la baie de Strelok, en forme de U, ton intérêt est piqué au vif.

Je cherche des images sur Google Street View. Sous un ciel gris repose un paysage gras et touffu, lourd de la chlorophylle et du sucre emmagasinés dans les feuilles des plantes. Elles forment comme une couverture en laine feutrée teinte dans divers tons de vert, dont les plis cacheraient trois vallées fluviales, trois traits sombres dévalant vers la mer. Les Finlandais leur attribueront les noms de vallée d'Åberg, vallée du Maître et vallée du Tigre. Pourquoi mettre à l'honneur précisément ces deux passagers-là, l'agriculteur et le maître d'école ? Les tirez-vous au sort ? Écrivez-vous tous vos noms sur des bouts de papier pour les mélanger ensuite dans un sac en toile ciré avant qu'une main innocente en extraie deux ? Ou peut-être qu'Åberg et Victor Federley sont les premiers à apercevoir les vallées, et ils en seront ainsi récompensés.

La baie de Strelok est protégée par deux îles : celle de Putyatin et celle d'Askold. Le voilier y passera donc l'hiver en sécurité. Elles sont riches en gibier, et sur la seconde, il y aurait même de l'or, dit la rumeur.

À cet instant, tu saisis certainement ta longue-vue pour observer les côtes. Personne en vue. Quelques baraques construites par les Chinois, à présent abandonnées.

Parfait !

Les barques sont descendues à l'eau et les hommes partent explorer cette nouvelle contrée, fusil chargé à la main. L'amateur de baisers Schoultz est le premier à tirer et à abattre un chevreuil qu'il aperçoit depuis la berge. Et voilà la viande grésillant déjà sur le feu de bois allumé sur la plage et qui rassemble tout le monde, femmes et enfants compris.

Plus personne ne ressent la fatigue du voyage. Tu te mets immédiatement à cartographier la baie et à sonder sa profondeur, tu esquisses sur la carte les limites d'un possible port. Les autres vont chercher les pelles restées sur le brick. Ils se mettent à creuser des trous ici et là pour vérifier la qualité du sol, savoir où construire une maison et où labourer un champ. Les filets de pêche sont posés dans l'embouchure du fleuve. Le soir venu, certains se sentent déjà tellement chez eux qu'ils préfèrent dormir sur le sable, à la belle étoile, plutôt que de revenir sur le bateau. Au petit matin, ils se réveillent au son de drôles de feulements et de râles : c'est la saison des amours des tigres.

Une fois de plus, j'aimerais bien savoir ce qu'en disent les enfants. Je les vois explorant avec curiosité les baraques chinoises, ramasser des galets polis par les vagues et écrire leur nom dans le sable avec une branche de chêne-liège. Comment réagissent-ils quand ils entendent pour la première fois le rugissement du tigre ? L'un d'entre eux se met-il à hurler, ou leurs pupilles s'élargissent-elles soudain d'émerveillement, leurs petits corps tendus retenant leur respiration ?

6

Aux Açores, dans le port de Faial, nous peignons nos noms sur le bitume du boulevard qui longe la plage – une tradition respectée par des centaines de navigateurs avant nous. En plus des nôtres, nous inscrivons aussi « Kisu » et « *Zest of Hong Kong* ». À côté de la liste, j'esquisse un verre à pied rempli d'une moitié de planisphère sur lequel vogue notre bateau, toutes voiles dehors. Le verre est tellement rempli qu'une cascade coule sur le côté.

Peu après, nous partons en excursion sur l'île toute proche de Pico. Nous nous baladons le long de routes étroites et tortueuses qui nous font passer devant de petites maisons de pierre et de chaux. Elles paraissent très anciennes, comme sorties d'un conte de fées. Dans les jardins poussent d'énormes hortensias aux couleurs pastel, et de la vigne grimpe le long des clôtures en pierre de lave poreuse et chauffée par le soleil.

C'est là que ça nous arrive de nouveau, pour la troisième fois.

Nous évoquons l'idée de vendre le bateau et d'acheter à la place une petite maison spartiate aux murs épais. Nous parlons de nous marier et de nous installer ici. Nous nous disons que nous pourrions regarder la vigne pousser le long de la façade en basalte, que cette île portugaise pourrait devenir notre chez-nous, cette île qui, autrefois, était le refuge de chasseurs de baleines et de navigateurs venant de partout dans le monde.

Ce n'est évidemment pas nouveau. Il est déjà arrivé qu'un lieu tout juste découvert enchante nos sens et nous fasse envisager l'avenir autrement. Des alternatives se faufilent alors dans nos pensées. À chaque fois que nous arrivons quelque part et que nous ramons vers la terre pour la première fois, je suis enthousiaste et pleine d'énergie. Un nouveau lieu a toujours sa part d'exotisme, c'est toujours un endroit parfait. Les mangues vendues sur un étal le long d'une route poussiéreuse menant on ne sait où ont goût de caramel, les grivoiseries de vendeurs insolents sur un marché composent une langue mystérieuse, et puis les paysages... je ne m'en lasserai jamais ! J'en remplis des rouleaux et des rouleaux de film, pour éviter de les oublier. À mes pieds se promènent des scarabées aux reflets métalliques, et partout autour les couleurs explosent. Les feuilles des plantes ont une forme et une taille fantastiques. Les soirs de grosse chaleur, elles se mettent à bruire et à bourdonner, et le son monte au fur et à mesure qu'avance la nuit.

Dans presque tous les endroits où nous nous rendons, des Philippines jusqu'en Namibie, de l'île Rodrigues aux Açores, je me dis toujours, les premiers jours, que ce lieu serait parfait, que nous pourrions y rester et y vivre heureux jusqu'à la fin de notre vie. Puis les couleurs se fanent, les goûts nouveaux deviennent familiers. Il s'avère qu'il y a, dans cette utopie aussi, des horaires d'ouverture, des sirènes d'ambulance et des fonctionnaires corrompus qui demandent des sommes astronomiques pour un tampon sur un passeport – tous ces petits détails du quotidien qui finissent par piétiner la beauté des images.

Votre utopie à vous était-elle, comme la mienne, bien plus puissante tant qu'elle voguait sur l'eau, tant que vous étiez encore seuls, abandonnés à votre sort, sans fonctionnaires vous servant du thé et des grogs ? Quand il n'y avait pas encore sous vos pieds une terre ferme où enfoncer des piquets de clôture pour désigner ce qui est à soi, et ce qui appartient aux autres ?

◆

L'image féérique des petites maisons et des murs en pierre de lave de Pico se met, elle aussi, à se faner. Nous y pensons tout de même sérieusement pendant quelque temps. Nick fixe même le prix de vente du bateau, et je me rends dans un hôpital du coin pour savoir s'ils auraient du travail pour une kinésithérapeute.

Je me souviens de ces paysages, du fromage des Açores et du goût du ragoût de viande qui cuit dans un trou creusé dans le sol volcanique. Je me souviens des visages de gens merveilleux avec qui nous passons alors des soirées, je me souviens du petit marché couvert et des ruelles pavées du centre-ville. Mais ce dont je ne me souviens absolument pas, c'est de la raison pour laquelle nous arrêtons d'en parler. N'y a-t-il aucune raison précise, ou est-ce que je n'ose simplement pas me le rappeler ? Ai-je, sans m'en douter, peint la vérité sur le bitume du boulevard, dans le port de Faial : notre coupe est-elle alors si pleine qu'elle déborde ?

Nous séjournons un bon moment aux Açores. Nous faisons le tour des îles : Faial, Pico, Terceira, São Miguel, São Jorge, Santa Maria, Graciosa. J'écris des articles à un rythme effréné. Nous partons randonner pendant deux mois, sans avoir aucune idée de notre prochaine destination.

Le soir, nous nous installons devant la table à cartes. Le froid s'engouffre dans le bateau. Nous buvons des infusions au gingembre et nous passons en revue toutes nos cartes.

Nature ou société ? Société. Proche ou lointain ? Proche. Pause longue ou courte ? Longue.

Nous décidons de partir vers l'Angleterre, puis nous changeons d'avis et optons pour la Finlande, puis de nouveau pour l'Angleterre. Finalement, nous larguons les amarres et mettons le cap vers Cadix en Espagne.

7

Lors de la première assemblée générale de la Compagnie en terre d'Amour, il est décidé que la colonie s'installera entre la vallée d'Åberg et celle du Maître, sur une grande étendue de sable.

Mon cher Fridolf, est-ce que tout se terminerait mieux si tu acceptais de renoncer à ton idée de port idéal pour la chasse à la baleine et que tu installais ta troupe dans un lieu plus protégé, à l'intérieur des terres ?

Les bicoques de tourbe abandonnées par les Chinois, bien qu'en mauvais état, semblent aux Finlandais être un bon début : ils n'ont pas besoin de tout reprendre à zéro. Ils s'attaquent avec entrain à la rénovation des huttes, en s'efforçant de suivre les pratiques et les traditions dont ils décèlent des traces sur les constructions. Les murs et le toit sont rafistolés avec une sorte d'enduit mélangé à de l'eau, de la boue et de l'herbe. Un étage est construit pour installer les couchages inspirés des techniques locales, percé de cavités tout en longueur où la chaleur du poêle s'engouffre avant de s'échapper par la fenêtre. Ainsi, l'étage dispose d'une sorte de chauffage au sol qui rend les nuits glaciales d'hiver bien plus agréables.

« Les portes et les fenêtres sont installées, le four est réparé et maçonné », relate un émigré anonyme dans sa lettre qui explique en détail les travaux en cours.

Tout cela me semble si familier. Écoute Fridolf, comment Thomas More décrit les premières habitations en Utopie : « Les maisons étaient petites, semblables à des baraques et à des huttes, construites vaille que vaille avec n'importe quel bois, les murs enduits d'argile, les toits pointus recouverts de chaume*. »

Dans votre Compagnie tout comme dans *L'Utopie* de More, de nouveaux représentants sont choisis chaque année pour prendre les décisions.

* Thomas More, *L'Utopie*, *op. cit.* (p. 144)

◆

Le temps des travaux, femmes et enfants vivent sur le brick. Quand tu mets le cap vers Nakhodka avec les marins et quelques hommes de la Compagnie pour acheter des vaches, les femmes voyagent avec vous. La navigation dure plusieurs jours, et l'un des hommes restés à Strelok se plaint dans sa lettre de cette absence prolongée des épouses. Comme je connais bien cette sensation, quand on a pris l'habitude de partager un espace réduit pendant si longtemps et que subitement l'autre n'est plus là ! Soudain, ce qu'il voit et expérimente ne ressemble en rien à ce qui vous arrive et à ce que vous observez, vous. Quand arrive cette séparation, la ligne d'horizon et les flots, limites communes jusque-là, disparaissent.

L'absence des épouses est l'unique émotion forte transcrite dans vos premières missives. Les correspondants s'efforcent surtout de rendre compte des travaux de construction et de l'attribution des couchages dans les bicoques. La première servira d'habitation pour 35 hommes célibataires tandis que la seconde sera attribuée aux couples mariés et aux filles de l'hospice. Dans ce bâtiment seront aussi situées «la cuisine et la boulangerie». Il est entendu que les femmes s'occuperont du ravitaillement, chacune son tour, avec une organisation hebdomadaire. La troisième baraque sera commune à deux familles. Quant à la quatrième, identifiée de par son aménagement comme une sorte d'église, elle deviendra une grange. Un «coffre d'images saintes» qui y a été abandonné sera transformé en banc. Et évidemment, il vous faut construire un sauna.

De ces lettres rédigées pendant ces premières semaines transpirent à la fois un réalisme aride et une foi coriace. La terre est fertile, écrivez-vous, mais dure et difficile à labourer. Tout autour poussent de hautes herbes, de la taille d'un homme, et il faut se rendre loin pour trouver du bois pour les constructions.

Selon les auteurs, quelqu'un arrivé là seul n'aurait aucune chance de survie, contrairement à vous qui portez un projet commun. Votre avenir sera plus radieux, écrivez-vous, ensemble tout devient possible. Certes, tout est très cher en Amour, poursuivez-vous, mais heureusement, il y a Fridolf et le brick, d'ailleurs, tout bientôt, le capitaine partira pour le Japon pour chercher des provisions à moindres frais, ainsi que des outils et du bétail. Puis ce sera déjà la saison de la chasse à la baleine. Tout se passera bien. Nous ne mourrons pas de faim, affirmez-vous, la forêt est remplie de gibier. Tout va bien se passer, et nous nous en sortirons, même si les débuts nous semblent difficiles.

Toivo Koivisto est lui aussi arrivé à Strelok. En éternel optimiste, il nous en donne une image toujours aussi édulcorée et plaisante. Il s'attarde sur toi, Fridolf, et te décrit comme quelqu'un d'hyperactif: tu viens de ramener de Nakhodka vingt vaches et un cheval pour labourer les champs, et te voilà déjà reparti au Japon pour en rapporter du riz, du matériel de pêche et bien d'autres choses utiles. Au retour de Nakhodka, tu es même passé par Vladivostok pour embarquer quinze ouvriers coréens, censés vous aider à la besogne.

Je sais, grâce aux lettres des hommes de la Compagnie, que la navigation vers Nakhodka et vers le Japon, ainsi que l'arrivée des Coréens, ont bel et bien eu lieu.

◆

Une fois arrivé en Amour, Janne Söderhjelm, le camarade de Carl Schoultz dans ses aventures à Plymouth, celui qui concoctait des gâteaux sur l'Atlantique avec Alexander Stierncreutz, se met à écrire lettre sur lettre. Dans l'une des premières, il raconte que tu as attrapé la variole lors de ton voyage au Japon, mais que cela ne te freine pas, a priori.

« Il va déjà beaucoup mieux. Ce serait un miracle qu'il ne contamine pas les autres, vu que nous habitons tous sous le même toit », écrit Janne.

La rénovation des cahutes s'achève tout juste quand arrivent les premières gelées. Le froid qui est là si tôt, dès la fin octobre, début novembre, surprend l'expédition.

« Les conditions climatiques ne correspondent en rien à nos attentes », écrit un anonyme dans *Hufvudstadsbladet*. Je soupçonne le grincheux Janne Söderhjelm d'être à l'origine de ces mots. Sa fièvre d'Amour a perdu de son intensité. Dans une missive adressée à sa mère et à ses sœurs, il raconte que l'eau gèle à l'intérieur des habitations. Voilà à quoi ressemble la vie ici, dans cette région dont Furuhjelm nous disait que le climat était proche de celui de l'Italie ! se plaint Janne.

Est-ce que la rancœur et la déception liées au temps sont dues à la longue distance parcourue par les Finlandais pour trouver une destination se révélant pire que leur point de départ ? L'année précédant leur départ a été catastrophique en Finlande : début juin, la neige n'avait pas encore fondu, puis ça a été la canicule, et la pluie est tombée pendant tout le mois de juillet, et en août, on se serait cru de nouveau à l'ère glaciaire. Toutes les récoltes de cette année-là ont été ruinées. Et voilà que ça recommence. Vous avez voyagé à grand-peine jusqu'à l'autre bout de la Terre, simplement pour vous coltiner de nouveau le froid et le vent glacial, comme s'ils vous avaient suivis jusque-là.

À quel point as-tu conscience des états d'âme de tes hommes, Fridolf? Ils sont là à bricoler leur bicoque à Strelok, mais toi tu es sur ton brick et tu ne sembles avoir aucune intention de les rejoindre à terre.

Quand tu pars en mer, tu emmènes avec toi des marins et souvent le tonnelier Mickelson, papa d'une petite fille qui a maintenant 6 mois. C'est le seul, à part toi, qui ait déjà chassé la baleine. Parfois, quelqu'un d'autre vous rejoint pour donner un coup de main, ce qui agace fortement Janne. Il y aurait bien assez de travail pour tout le monde à Strelok, mais comme ceux qui participent à la pêche reçoivent des dividendes un peu plus élevés que les autres sur le bénéfice de la Compagnie, le harpon en attire plus d'un. Ceci dit, personne ne reçoit quoi que ce soit, puisque aucune baleine n'est capturée.

Selon les lettres de Janne Söderhjelm, les choses tournent au vinaigre dès novembre, deux mois après votre arrivée. Il écrit sans cesse à sa mère et à ses sœurs, et toutes ses missives sont remplies d'aigreur et de rancune. Son père est décédé. Sa relation avec son frère resté au pays paraît compliquée et tendue, et même avec sa mère il y a quelque chose qui grince, quelque chose de presque enfantin. Janne déteste les autres Finlandais, et les petits qu'on a traînés jusqu'ici lui tapent sur les nerfs.

Avant Noël, la colonie fait cuire ses dernières miches de pain. Les sacs de farine sont désormais vides. Une des raisons de cette disette subite serait la présence des Coréens qui se tourneraient les pouces mais qui mangeraient comme quatre. Leur venue était-elle ton idée, Fridolf, ou celle de Harald Furuhjelm ?

Aïe. Comme tout ceci me semble familier ! En mer, tout se passe bien, mais quand le tangage du bateau sur les vagues et ses grincements s'arrêtent, voilà que la fébrilité gagne et rien ne va plus. Certes, l'Utopie de More ne tanguait pas, mais il gardait son peuple en mouvement sur l'île en croissant de lune, en les faisant déménager régulièrement d'une maison à une autre. On pourrait donc argumenter que la bulle utopique reste ronde et élastique grâce à l'énergie cinétique.

◆

Selon Toivo Koivisto, vous passez votre premier Noël dans ce nouveau pays dans une ambiance joyeuse et festive. Des bougies sont allumées, il y a même un sapin décoré avec des pommes et des oranges arrivées tout droit du Japon. Et le Père Noël est parvenu jusqu'à vous, en Amour !

Oh là là Toivo, je crains que tu ne sois en train de tout enjoliver, encore une fois. En effet, Janne Söderhjelm écrit qu'il part à pied jusqu'à Nakhodka pour les fêtes, accompagné de quelques camarades tout aussi affamés que lui, dont Alexander Stierncreutz. Non, la colonie ne célèbre pas du tout son premier Noël dans la joie et l'allégresse, en grande famille réunie autour d'un sapin décoré de fruits.

Les émigrés semblent s'être invités chez Harald Furuhjelm en personne. Janne le déteste, bien sûr, et il affirme ne pas être le seul : Furuhjelm est un type louche, dit-il, un racoleur obséquieux et tyrannique, écrit Janne. Peu importe ce qu'on demande à l'administrateur, il répond qu'il va s'en occuper. Mais dès que quelqu'un veut entreprendre quelque chose, il lui met des bâtons dans les roues. Janne rêve de rencontrer à la place un entrepreneur dynamique avec qui il pourrait se procurer un petit bateau pour importer depuis l'Europe de l'eau-de-vie, de la bière, du tabac, du savon et des bougies, avant de revendre le tout avec une marge de 600 %.

Mais malgré leur avis désastreux sur cet homme, les voilà qui pataugent dans la neige, sur plusieurs dizaines de kilomètres, pour s'incruster chez le magouilleur en chef Furuhjelm. Ils sont accueillis à bras ouverts, ce qui selon Janne signifie que « *därunder ligger en hund begravet* »*, qu'il y a anguille sous roche. « Furuhjelm s'est dit désolé que nous n'habitions pas plus près », écrit-il. « Je crois qu'il voudrait que je joue les espions et que je lui raconte tout ce qui se passe au sein de la Compagnie. »

D'ailleurs, pendant les deux semaines que dure leur visite, Janne fait à Furuhjelm un rapport complet de l'état d'esprit des Finlandais – ou en tout cas du sien. Déjà, c'est quoi cette météo ? Selon Janne, les Finlandais ont à ce moment-là tellement honte de leur entreprise commune qu'ils en parlent uniquement quand ils sont saouls et que tout leur semble plus beau. Sobres, ils ne font que se disputer et se battre.

Peut-être que les diatribes de Janne ont été utiles puisque suite à sa visite, Furuhjelm autorise la colonie à se procurer des denrées à moindre coût à la base militaire proche de Strelok.

Quant à toi, Fridolf, tu échappes aux querelles des colons. Tu es parti en mer, et tu ne rentres ni pour Noël, ni pour le Nouvel An. En lisant les complaintes de Janne, je suis certaine que tu dois être sacrément soulagé d'avoir pu décharger tout ce petit monde sur la plage de Strelok, lever l'ancre et t'en aller, ta peau te démangeant encore suite aux boutons de variole, naviguer vers Vladivostok, ou le Japon, ou toute autre destination qui serait la tienne.

* En suédois dans le texte. Littéralement « un chien est enterré quelque part ».

Écrire à sa mère et à ses sœurs ne suffit pas à calmer la colère de Janne. Ses missives sont aussi publiées dans les journaux de l'époque.

« Là-bas en Finlande, vous pensez certainement que nous, au moins, nous avons assez à manger. Je peux vous dire que pendant cet automne et cet hiver, je n'ai pas vu une seule goutte de lait, point de beurre ni de toute autre graisse, pas de légumes ni de fruits, pas de poisson si ce n'est en saumure. À midi, c'est bouillie de petit pois, de haricots ou de farine de seigle, le soir c'est pain noir, poisson en saumure et thé. Aucune vraie nourriture. De mon côté, j'ai pu déguster des steaks de faisan plus souvent que les autres, parce que j'en ai tué 75, dont 50 sont allés à la Compagnie. »

Tous pour un, et un pour tous. C'était ça, la promesse. Mais, déjà, une brèche s'est creusée dans la propriété commune, et certains se régalent de steaks de faisan plus souvent que les autres.

8

L'idée, c'était de rejoindre la Méditerranée, puis de trouver du travail. En chemin, nous faisons escale à l'embouchure du détroit de Gibraltar, du côté espagnol, à Cadix. Et nous ne poursuivrons jamais la route jusqu'en Méditerranée.

Que se passe-t-il à Cadix ?

Le voilier est gentiment amarré au port, il suffit d'un petit saut pour rejoindre le quai. Nous nous promenons quelque part près du vieux centre, probablement à El Pópulo. Toi aussi, Fridolf, tu as foulé cette terre, au moins une fois. Tu étais alors marin sur l'*Åbo*, et vous étiez venus chercher une cargaison de sel. Peu de temps après, la guerre de Crimée a éclaté et tu es resté en Finlande pour tes études.

Dans les parties les plus anciennes de Cadix, il y a certainement des lieux qui n'ont pas changé depuis ton passage : des maisons peintes à la chaux, de vieux et colossaux bâtiments administratifs en pierre grise, des églises dont la nef est plongée dans une pénombre fraîche, des fenêtres aux traverses peintes en vert.

Pour nous, tout n'est brusquement que cacophonie. Nous n'avons pas séjourné depuis très longtemps dans un pays occidental, ni dans une ville aussi densément peuplée. Il y a des murs et des ombres partout.

C'est jour de fête, une *fiesta* traditionnelle en l'honneur d'un saint. Accrochés à de grands arbres feuillus, des guirlandes de lampions traversent les rues comme des cordes à linge, et il y a tellement de monde sur la chaussée que les voitures ne s'y aventurent pas – des artisans, des vendeurs de bibelots, mais aussi des échoppes de nourriture et même une paella andalouse parfumée au safran dans un plat en fonte grand comme un boulet de lancer. Une musique espagnole rythmée carillonne partout et une foule compacte nous enserre et nous bouscule.

Tout d'un coup, je ne te vois plus. Tu as disparu quelque part entre les corps qui se massent, entre les échoppes et les bâtiments de pierre. Sur le bateau, ce genre de chose n'arrivait jamais, nous étions toujours à deux pas l'un de l'autre, nous respirions l'air qui, l'instant d'avant, avait circulé dans les poumons de l'autre.

Je ne t'ai jamais perdu en mer, mais là, dans cette ville stupide, tu disparais alors que quelques secondes plus tôt tu étais à côté de moi. Je m'arrête, je monte sur le trottoir pour mieux voir et je t'aperçois à l'autre bout de la rue. Tu me cherches du regard. Je te repère en premier.

Est-ce là que tout commence ? Est-ce cette ville qui nous épuise, qui nous fait penser que nous n'avons plus le courage de nous confronter à de nouveaux ports, à de nouveaux douaniers et à de nouveaux formulaires, plus le courage de changer de l'argent pour une nouvelle monnaie, de se promener dans de nouvelles ruelles étroites ?

Nous devions traverser le détroit de Gibraltar et poursuivre jusqu'en Méditerranée, mais à Cadix nous recommençons à douter et à raisonner. Finlande ? Angleterre ?

Finalement, nous décidons de nous diriger vers les îles Canaries, où j'ai travaillé comme kinésithérapeute six ans plus tôt.

À Tenerife, nous vivons pendant deux mois en cale sèche. Nick bricole sur le bateau, je fais plusieurs petits boulots – femme de ménage dans un hôtel, guide pendant des excursions en voilier pour aller voir les baleines. Encore des histoires de baleines, cher Fridolf. Sans aucun doute, tu aurais été bien plus compétent que moi.

Le soir, nous déplions nos cartes sur la table à cartes, mais je n'achète plus de guides *Lonely Planet*. Je ne réfléchis plus à la gastronomie des différents pays, ni aux curiosités qui feraient de bons sujets de reportage. Je suis fatiguée de tout ça. Tout ce que nous voulons, c'est la mer.

Il paraît que le voyage compte plus que la destination. À Tenerife, avoir une destination ne nous semble même plus nécessaire, l'étendue d'eau nous suffit.

Cher Thomas More, tu m'as embobinée l'autre jour en prétendant que les plaisirs et les désirs ne font pas partie du fantasme. Te souviens-tu, tu as toi-même écrit ceci, à propos des habitants de l'Utopie : « Ils désignent comme plaisir tout mouvement et tout repos du corps que la nature nous fait trouver agréable. » Et tu as même ajouté : « Ce qui est agréable en soi, qu'on atteint sans rien faire d'injuste, [...] ce ne sont pas seulement les sens qui s'y portent, mais la droite raison*. »

* Thomas More, *L'Utopie*, *op. cit.* (p. 176)

Ce qui, pour nous, est naturellement plaisant – et je pense que c'est pareil pour toi, Fridolf –, c'est de vaciller et de trébucher, d'avoir froid et de transpirer, d'être sans cesse trempés, la peau constamment moite, de boire notre café tiède, de craindre un récif sournois ou une collision avec un cargo. De tanguer au soleil, assis sur le pont. De voir, seuls au monde, une étoile filante traverser la nuit. Espérer. Avoir peur de tomber ou de couler, avoir peur de mourir.

Pour nous comme pour les habitants de l'Utopie de More, le plaisir est un état de mouvement du corps et de l'âme dans lequel l'être humain se plaît naturellement. Cet état, pour nous, c'est de danser sur les vagues.

◆

Pendant un temps, nous réfléchissons sérieusement au rêve de tout navigateur : contourner le cap Horn pour rejoindre le Pacifique. Nous pourrions aussi faire le tour du continent américain, passer l'hiver au nord dans les glaces comme Nordenskiöld avec son *Vega*. Puis nous mettrions le cap vers le sud jusqu'au Pôle. Nous nous procurons même des cartes et lisons des livres sur ce genre d'expéditions.

Nous allons jusqu'à nous demander si nous pouvons approcher les eaux arctiques avec un bateau en fibre de verre, ou s'il vaudrait mieux de l'acier ou du béton. Nous aurions aussi besoin d'installer un poêle pour ne pas mourir d'hypothermie. Nous possédons déjà une combinaison adaptée pour ces latitudes, offerte par l'équipage d'un autre voilier. Il nous en faudrait une autre. Nous buvons du vin rouge et nous nous interrogeons : ne devrions-nous pas construire ce nouveau bateau en Finlande ?

◆

Pourquoi ne partons-nous pas ?

Les murs de l'utopie sont-ils déjà si fragiles, devenus si perméables, si poreux qu'il nous est impossible d'écoper le monde extérieur qui s'infiltre et de le balancer par-dessus bord ?

Je prends ta photo entre mes mains, Fridolf. J'ai besoin de toi.

Nous finissons par décider que c'est la fin. Nous ne construirons pas de bateau et nous ne naviguerons pas en Arctique. Nous ferons encore un unique voyage, nous laisserons la bulle exploser et ensuite, chacun de nous deux suivra son propre courant marin.

Tu sais quoi, Fridolf ? Tu sais ce qui est le pire dans tout ça ?

C'est que je ne me souviens pas pourquoi nous choisissons cette option-là.

Peut-être est-ce une terrible erreur.

9

Que s'est-il passé ? Vous êtes arrivés au pays des merveilles en septembre, et dès novembre, tout a déraillé. Pendant dix mois, vous avez formé une grande famille unie, partageant un espace réduit, toujours en train de tanguer, de mélanger du vinaigre dans l'eau pour en atténuer le goût nauséabond, de vous battre contre les rats et de regarder les mêmes visages d'un mille nautique à un autre. Mais dès que vous avez posé vos pieds sur la terre ferme, tout s'est gâté. Désormais, quand vous débouchez le tonneau de rhum, ce n'est plus pour chanter et vous amuser ensemble, mais pour vous battre.

Je peins ton portrait. J'étale des couleurs avec ma spatule, j'essaie de sentir ta peau et d'amincir la couche d'années qui nous sépare, dure comme de la neige glacée sur un lac gelé. Je n'arrive à produire qu'une flaque grisâtre et violette.

J'ai poursuivi mes études de russe pour me rapprocher de toi. J'ai appris que мужчина signifie homme, женщина, femme et яблоко, pomme. Je saurais donc répondre en russe si on me demandait de quoi était composé le paradis biblique avant qu'une faute n'y soit commise.

Je sais demander si quelqu'un veut du bortsch et si le moteur de Tomi est là-bas.

Je suis en train de fouiller fébrilement sur mon bureau pour retrouver une note quand j'attrape l'ouvrage que j'ai égaré pour la seconde fois : *Det förlovade Amurlandet*, d'Erik Appel.

Dans le livre, il donne la parole à Felix Nilsson, le mari de Tekla, à Carl Schoultz, à Janne Söderhjelm et à Alexander Stierncreutz.

Selon Appel, le bachelier, contrairement à ce que sa fonction spécifiée sur la liste des passagers pourrait indiquer, n'est pas du tout un jeune de 20 ans comme ses camarades Carl Schoultz et Alexander Stierncreutz. Non, selon Appel, Janne a une trentaine d'années, le même âge que Fridolf et que d'autres hommes de la Compagnie, dont la plupart ont un métier et une épouse.

Appel laisse entendre que Janne, ainsi qu'Alexander, son camarade d'études d'anglais, sont tous les deux étudiants, le premier en droit et le second, âgé de 24 ans au début du voyage, en médecine. Pourquoi personne n'en a parlé jusque-là ? Pourquoi personne ne mentionne dans les lettres que les connaissances en médecine de Stierncreutz pourraient servir pendant le voyage ? Même sur l'île de Sal, c'était Walldén qui soignait les habitants, et pas lui.

Avec Erik Appel, je retourne sur l'Atlantique, en compagnie de Janne. La rancune et l'insatisfaction étaient déjà là. Dans ses lettres écrites pendant la traversée, il traitait les jeunes Anglaises de filles faciles et collantes. Il n'a pas apprécié le bal de l'île de Sal, ni les danses au son de l'accordéon sur le pont, et quant aux dames du bateau, il n'était pas certain qu'elles soient dignes d'être traitées en tant que telles. Janne se plaignait des cochons qui galopaient au milieu des passagers et des cinq chiens de chasse que Fridolf s'était procurés en Angleterre, « dont il fallait nettoyer sans cesse les déjections, en plus de tout le reste ». Déjà avant l'arrivée à Trinidad, il jurait que si Fridolf pouvait bien frimer tant que le brick était en mer et qu'il en était le capitaine, une fois arrivé sur la terre ferme, ce serait un autre son de cloche.

Appel se demande même pourquoi Janne a décidé de rejoindre l'expédition, alors qu'il est si négatif et pessimiste à propos de tout. Stierncreutz semble être le seul avec qui il s'entend à peu près. Les lettres ne nous disent pas s'ils se connaissaient déjà avant le voyage.

Quel peut bien être le trait de caractère chez Fridolf qui suscite cette haine si profonde chez Janne, alors même que les autres passagers encensent et admirent le capitaine? Une réponse possible figure dans une missive qu'il écrit en chemin vers Le Cap: « Ce Höök est un tyran autoritaire. »

Après l'arrivée en Amour, Fridolf passe le plus clair de son temps ailleurs qu'à terre, mais même ainsi, il arrive à agacer l'étudiant. Une scène que ce dernier décrit nous éclaire un peu plus sur son état d'esprit. Alors que dans l'Atlantique Sud, Fridolf a félicité Janne pour ses nouvelles compétences de marin et lui a dit qu'il se débrouillait bien, celui-ci a explosé et lui a rétorqué: « Marin de mon cul, je préférerais vider des chiottes, et je ne voudrais certainement pas être un pauvre chasseur de baleines! » Peut-être que ce qui contrarie déjà Janne sur le brick, c'est de recevoir des ordres de la part d'un homme de son âge alors qu'il est étudiant en droit.

◆

Peut-être qu'effectivement une partie des Finlandais laisse les querelles de côté le temps de célébrer Noël ensemble, comme le suggère Toivo Koivisto. Mais je suis plus encline à penser qu'ils doivent être nombreux comme Janne, si ce n'est à regretter leur décision, au moins à constater avec amertume que le rêve ne ressemble en rien à ce qu'ils imaginaient.

Pourtant, l'un d'entre vous poursuit ce qu'il est venu faire: Fridolf vit sa passion. Il scrute les éclaboussures provoquées par les baleines, cherche des provisions à bon prix au Japon, navigue et mesure la longueur et la profondeur de son rêve.

Dans son livre, Toivo Koivisto ne laisse aucune place à la mélancolie ni aux complaintes. Il met les colons au travail, les fait bricoler, bêcher et s'agiter joyeusement comme les sept nains de Blanche-Neige. Dans son récit, les émigrés vont chasser sur l'île de Putyatin et, grâce à un travail d'équipe, abattent onze chevreuils et trois gros élans. Puis M. et Mme Nilsson rament jusqu'à l'île pour y cueillir du raisin et en faire des confitures.

Alors que dans ses lettres, Janne met les Finlandais en garde contre les mensonges de l'utopie, Fridolf envoie au début de l'année 1870 une liste de conseils à ceux qui songeraient à les rejoindre. Ce mot, cher Fridolf, reflète tellement bien ta façon d'agir et de penser. Je suis séduite par ta manière d'aborder les problèmes. Tu te concentres sur l'essentiel, sans oublier les alternatives.

Tu ne geins ni sur la faim, ni sur le climat, non, tu donnes des indications pratiques : à qui cette région pourrait convenir, quelle route prendre pour y arriver, et quel genre de poissons on y trouve, puisque la pêche est bonne si on sait s'y prendre. Les culs-terreux feraient mieux de rester chez eux – en Amour, il faut surtout connaître la mer et la pêche, et ce n'est qu'ensuite qu'on peut envisager l'agriculture. Il faut de la passion, et Fridolf en profite pour glisser une remarque contre les colons de Turku : ces fermiers marins d'eau douce sont négligents et ne montrent aucun engouement. Peut-être que ce qui leur importait le plus, c'était simplement le voyage en mer, qui d'ailleurs s'apparentait plus à une croisière de plaisir qu'à une vraie expédition. Selon Fridolf, ils n'avaient chargé à bord rien qui leur ait été utile à l'arrivée, préférant remplir les stocks de tabac et d'alcool.

Il expose en détail le coût du voyage par passager (36 marks par mois) et la quantité d'eau consommée par jour et par personne (un gallon). Il suggère d'entamer le voyage avant la fin de l'été (début septembre) et décrit la route à prendre (ça dépend de la saison).

Il déconseille vivement toute escale à Trinidad. Toutefois, il joint à sa missive une carte de l'île avec quelques conseils.

Les contours sont tracés d'une main déterminée et les annotations écrites en beaux caractères d'imprimerie. Sont indiqués les lieux où trouver de l'eau ou des tortues, ainsi que l'emplacement de la forêt. Les ruines du haut plateau y figurent également. Sur le côté sud de l'île, un *A* majuscule signale l'endroit où Fridolf a planté les deux bouts de gingembre qu'il avait dans sa poche au moment du naufrage. «Je doute qu'ils poussent dans un sol aussi aride», avertit-il pourtant. Son habitude de semer des graines ou de mettre en terre quelques pousses sur des îles désertes est commune à cette époque. Parfois, ce sont des animaux qui y sont laissés dans le but de garantir à d'autres navigateurs de quoi se nourrir, en cas d'urgence. Les conséquences peuvent alors être désastreuses quand les nouveaux arrivants détruisent faune et flore locales.

Sur la carte, Fridolf a aussi esquissé les différences d'altitude, au moyen de courbes qui, vues d'en haut, ressemblent à des pétales de rose. Entre chaque pétale, plusieurs traits plus petits, comme des brins qui poussent sur chacun d'entre eux. Quand je compare cette écriture à celle qui est présente sur la demande de brevet, je trouve qu'elles se ressemblent, et soudain je fonds. Je te vois, assis à ta table à cartes, avec ton encrier et ta plume, à vérifier les mesures sur la boussole et à transformer la réalité que tu observes en un dessin aux bonnes proportions. Tu ajoutes un *A* majuscule à l'endroit du gingembre et un petit rire t'échappe: quelle aventure quand même!

Tu poursuis en affirmant qu'opter pour la route passant par le sud de l'Amérique pourrait aussi s'avérer un bon choix pour arriver en Amour. Tu fais la liste des lieux où s'approvisionner en eau fraîche et en charbon en Amérique latine ou sur le Pacifique. Enfin, avant de vous mettre en route, encore une chose : « *Emigranterna böra framför allt vara gifta fore afresan fran hemlandet samt vara försedda med tält...* »* (Avant de partir, les émigrés devraient se procurer au pays une femme et une tente.) Sur ce point, l'expédition de Turku a été plus prévoyante : elle dispose de tentes et regorge de couples mariés expressément pour le voyage.

Cher Fridolf, qu'est-ce qui te fait penser qu'il vaut mieux se marier avant de partir ? Est-ce à cause des écarts commis par les célibataires en Angleterre et sur l'île de Sal ? La population en Amour est-elle tellement masculine qu'il n'y a personne à épouser, ou sont-ce les demoiselles du coin qui ne te plaisent pas ? Johannes Granö, un pasteur finlandais qui officie en Russie au XIXe siècle écrit que « pour toute femme en recherche de mariage, la Sibérie est une terre promise ».

J'attends le moment où quelqu'un écrira que ce Höök, le *gubben*, vaillant capitaine, est en train de tomber amoureux. Le voilà qui s'agenouille et demande la main de la belle. Et elle dit oui.

Mais visiblement le moment n'est pas encore venu.

* En suédois dans le texte.

10

Quand tu te trouvais à Bremerhaven en 1868, en train de préparer le départ de l'*Imperator Alexander II* vers l'utopie, tu avais 31 ans. L'année où je fête mes 31 ans, je m'apprête à quitter mon utopie à moi. Petit à petit, avec Nick, nous nous sommes mis à préparer notre dernier voyage commun : une navigation sans escale de Las Palmas à Melbourne.

La décision a été prise. À notre arrivée en Australie, notre histoire serait terminée.

Pour l'heure, nous sommes à Las Palmas et nous observons la carte sur laquelle figurent plusieurs flèches. Elles s'y trouvent depuis l'époque où Fridolf a mené sa troupe en Amour. Ce sont des voies de navigation anciennes utilisées par les voiliers. La route liquide qui mène d'Europe en Australie passe loin des continents. Nous faisons des additions : 12 000 milles nautiques séparent Gran Canaria de Melbourne, soit un peu plus de 22 000 kilomètres. Puisque le trajet comportera des vents contraires et qu'il faudra donc louvoyer, autant ajouter un quart de mille.

Par vent léger et régulier de dix à quinze nœuds et sans grosse houle, le voilier parcourt un peu plus de 100 milles nautiques par jour. Cela signifie que la traversée durerait environ cent trente jours. Elle pourrait être plus rapide, mais elle pourrait tout aussi bien s'avérer beaucoup plus longue, deux cents ou trois cents jours, si nous rencontrons des problèmes. Tout dépendra des vents, des courants et de notre chance.

Si pendant le voyage nous subissions une avarie nous empêchant de poursuivre – un mât cassé, un gouvernail irréparable, une fissure de la coque impossible à colmater –, il n'y aurait dans les mers du Sud que quelques îles, désertes et nues, où nous pourrions tenter de nous réfugier. Tu les connais, Fridolf, elles sont mornes et froides. Elles n'ont même pas de mince couche de terre aride où planter du gingembre. Personne ne viendrait nous y chercher de sitôt, puisqu'elles sont situées hors des routes maritimes des embarcations à moteur.

Nous avons un radeau de survie sur le voilier. Il a passé un contrôle technique à Singapour et nous avons alors pu nous asseoir un instant à l'intérieur. Il ressemble à un tipi à six pans, avec un plafond conique. Dans de petites poches sont placés des objets de survie : du fil de pêche et un hameçon, des cachets contre le mal de mer, un bout de tissu orange et un petit miroir en plastique grâce auquel attirer l'attention. Il y a aussi d'autres choses, probablement de quoi écoper l'eau. Des fusées de détresse, sans doute. Je me suis promis que si un jour nous devions l'utiliser, j'attraperais également dans le bateau une bouteille d'eau, mon appareil photo, mon journal et un stylo. Si j'en avais encore le temps.

◆

J'ai reçu de Finlande un livre que j'ai l'intention d'apprendre par cœur pendant notre longue traversée. Si j'y arrive, je pourrai peut-être réussir l'examen d'entrée à l'université, pour étudier l'archéologie. C'est mon sésame pour ma vie après l'utopie.

Aide-moi, Fridolf. C'est encore un de ces moments que je voudrais oublier aujourd'hui, à défaut de pouvoir revenir en arrière pour m'attraper par l'épaule, me forcer à m'asseoir et me dire à moi-même : réfléchis deux secondes. Compte jusqu'à dix et réfléchis. J'ai peur d'atterrir en plein milieu d'une grosse dispute, où nous sommes en train de nous insulter pendant que le chat se planque dans un coin, j'ai peur de constater que tous les souvenirs que j'ai voulu chérir pour leur beauté ne soient pas fidèles à l'horrible réalité.

Je ne me rappelle plus dans quel ordre les choses se passent. Est-ce moi qui décide que je ne veux plus de cette vie, que j'en ai assez du bateau, du chat, de la mer, du voyage et de Nick, et que je veux devenir archéologue ? Ou est-ce Nick qui dit que ça suffit comme ça, que je suis insupportable et capricieuse ? Peut-être que c'est ce que nous nous disons, l'un et l'autre.

Je ne saurais expliquer pourquoi l'archéologie. Quand je vivais au Moyen-Orient, je me suis rendue en Égypte où j'ai fait ce que font les touristes : découvrir les pyramides, faire une excursion sur le Nil. En Afrique et aux îles Canaries, j'ai visité des sites archéologiques. Peut-être est-ce à cause de tout ça. Mais encore ? Nick aime la Finlande. Nous aurions pu choisir de naviguer jusque-là, et j'aurais pu avoir les deux : l'archéologie et Nick. Ou alors on aurait pu décider de nouveau de se marier, puis partir vivre en Australie, où j'aurais commencé des études. Où je me serais procuré mon propre saladier spécial César, lourd et fleurant bon l'ail.

Peut-être avons-nous d'abord décidé de nous séparer, et que c'est seulement ensuite que j'ai été prise par mes projets moyenâgeux.

Avant que nous partions des Canaries, nous sommes assez proches de la Finlande. Pourtant, depuis le début, il est évident que j'accompagnerai Nick et le voilier en Australie.

Notre séparation ne peut pas être le résultat d'un trop-plein de navigation. Après tout, nous nous apprêtons à entamer notre plus long voyage. Nous voulons faire une traversée sans escale, inoubliable. Dis-moi, Fridolf, on n'entreprend quand même pas ce genre de voyage avec quelqu'un qu'on déteste ?

◆

J'ai gardé la liste de courses préparée à Las Palmas pour notre dernier voyage :

40 kg de bananes en deux grands régimes (un mûr et l'autre moins)
40 kg d'oranges
20 kg de pommes
10 kg de citrons
10 kg d'oignons
20 kg de carottes
40 kg de pommes de terre
20 paquets d'expresso
30 boîtes de lait concentré
40 sachets de pâtes
20 sachets de riz
60 œufs
30 boîtes de thon
10 kg de farine
10 kg de flocons d'avoine

Et ainsi de suite.

Pendant trois jours, nous faisons des allers-retours avec nos courses. Nous nous demandons sans arrêt si nous n'avons pas oublié quelque chose. Un soir, nous passons en revue toutes les maladies et tous les accidents susceptibles de nous tomber dessus lors de ce dernier voyage. Nous pourrions nous retrouver avec un bras ou une jambe écrasée, avec des plaies ouvertes où viendraient se nicher des bactéries qui nous grignoteraient la peau, les muscles et la moelle osseuse. Souffrir d'une commotion cérébrale, de fractures, d'anémie. D'une angine ou d'une gastro-entérite fulgurante. Et qu'est-ce qu'on ferait en cas d'appendicite alors que l'hôpital le plus proche serait à quatre ou cinq semaines de navigation ? Nous nous demandons même si nous ne devrions pas nous faire enlever l'appendice par précaution, mais nous n'en faisons rien – d'ailleurs je ne suis même pas sûre que cela aurait été possible.

Une amie qui travaille à l'hôpital nous fournit de l'anesthésique, des poches de perfusion et des cathéters, des ordonnances pour des antibiotiques à large spectre et des analgésiques puissants, un scalpel de chirurgien et un sac plastique rempli de pansements de toutes sortes.

« Avec ça, on pourrait presque amputer une jambe », rions-nous dans un bar à tapas à Puerto Mogan, munis de nos immenses trousses de premiers secours.

Sur le voilier, les régimes de bananes pendent du plafond et les placards sont remplis à ras bord de conserves et de denrées non périssables. Notre lit triangulaire à la proue est intégralement couvert de cagettes de fruits, de boîtes de flocons d'avoine, de paquets de riz et de pâtes, de nourriture pour chat et de sacs d'oignons. Les bouteilles de gaz sont pleines, ainsi que les réserves d'eau situées sous les bancs du salon. En plus, nous avons rempli d'eau potable tous les bidons et toutes les bouteilles que nous possédons.

Lors de notre fête de départ au port, nous recevons en cadeau du rhum, des cacahuètes salées, deux sacs de farine multi-céréales allemande et je ne sais combien de livres écornés au dos fripé à force d'avoir été ouverts, des livres qui ont passé tellement de temps en mer que leur périple est certainement plus intéressant que l'histoire qu'ils contiennent.

Nous avons aussi rendu visite au vétérinaire et nous avons payé plus de 1 000 euros de formalités et de vaccins pour pouvoir amener Kisu avec nous en Australie. Il est convenu qu'une fois là-bas, le chat restera avec Nick. Puis, deux jours avant le départ, son cou se met à enfler. Le vétérinaire l'anesthésie pour des examens. Nous attendons le verdict, accrochés au téléphone chez une connaissance. Il est sans appel : Kisu a une maladie incurable.

Il ne se réveillera plus.

11

Et si Janne avait raison ? Et si Harald Furuhjelm était un redoutable manipulateur et qu'il vous avait éhontément menti ? Et si toi, Fridolf, tu étais effectivement un capitaine insupportable ? Après tout, Appel raconte que juste avant votre départ d'Afrique du Sud, il y a eu une grosse dispute, et que tu as dû t'excuser de ton comportement auprès des hommes de la Compagnie. Le récit ne nous dit pas qui exigeait ces excuses, ni pour quelle raison. Qu'étais-tu donc allé faire ?

Cette information me met mal à l'aise, elle entre tellement en contradiction avec tout ce que les autres disent sur toi.

Pour Noël, Furuhjelm vous a donné l'autorisation de vous approvisionner dans les réserves de l'armée, à un prix plus modique que celui du marché. Grâce à cette faveur et à la chasse, vous survivez à votre premier hiver en Amour. Au milieu de toute cette misère, vous arrivez à pêcher un peu de poisson au printemps 1870. Il sera mis en saumure et vendu à Vladivostok. Tu essaies comme tu peux de transformer des marins d'eau douce en chasseurs de baleines. Axel Walldén parvient même à en harponner une.

Je ne sais pas s'il s'agit de l'imagination de Janne ou de la réalité, mais il semble penser que Stierncreutz et Walldén sont de son côté. Selon lui, le trio projette de faire construire une maison commune par des ouvriers russes – une maison sur laquelle régnerait ensuite Selma, l'épouse de Walldén. Janne trouve que Stierncreutz dédie beaucoup trop de temps à des excursions solitaires, et il se met à faire de même, en disparaissant régulièrement pendant de longues périodes pour chasser. Il aimerait tuer des tigres : leur fourrure vaut 50 roubles, et selon les calculs de Janne, cela correspondait à 50 bouteilles de bière.

Au printemps, il se met à envoyer en Finlande des lettres au ton sentimental, écrites depuis Tshi-Mu-Ha. Il s'y est rendu pour s'occuper du bétail acheté par les hommes de la Compagnie, parmi lesquels le commerçant Ernst Kellgren. Il semble davantage se plaire parmi les habitants du coin, dont il ne parle pas la langue, que parmi les Finlandais. Plus tard, Fridolf achètera aussi des chevaux qu'il confiera aux soins de Janne. Ce dernier recevra en guise de salaire 25 roubles par mois.

Il écrit qu'il a accroché des photos de sa mère et de ses sœurs aux murs de sa chambre. Il attend avec impatience les lettres qui arrivent de Finlande. Elles mettent six mois à parcourir tout le continent asiatique, beaucoup trop pour lui. « Je parie que bientôt plus personne ne se souviendra de moi au pays », gémit-il.

Ernst Kellgren, le commerçant de Kuopio, ainsi que Hjalmar Höök, le petit frère de Fridolf, qui font partie de l'expédition sans être membres de la Compagnie, sont, selon Janne, en train de monter leur propre affaire. Ils ont acheté des terrains autours de Vladivostok – ville qu'il a envie de découvrir, lui aussi. Pour l'occasion, il emprunte des habits à Kellgren « pour ne pas ressembler à un clochard polonais », mais Vladivostok le déçoit. Ce n'est qu'un pauvre village aux rues cabossées et jonchées de bouteilles d'alcool. Quant aux femmes de là-bas, la vision qu'en a Janne n'est pas très flatteuse : selon lui, elles boivent comme des trous, égales aux hommes.

Dans une photo prise à Vladivostok dans les années 1870, on distingue la baie, les plages, des collines en arrière-plan. Le paysage pourrait être celui d'une ville minière : la terre noir charbon est nue, les bâtiments ressemblent à de simples boîtes blanches. Dans son livre *Suureen itään*, Max Engman explique que la population de la ville n'augmente quasiment pas dans les années 1860, alors que pendant la décennie suivante, 5 000 colons la rejoignent. Au printemps 1870, le centre du Primorié et de toutes ces terres impériales est encore Nakhodka, pas Vladivostok.

Pendant sa virée en ville, Janne prend des nouvelles de la colonie de Strelok. « La Mickelson », l'épouse du tonnelier, serait partie. Il ne précise pas si elle a emmené le bébé du brick, ni si le couple est officiellement séparé. Janne nous indique cependant que les femmes mariées arrivées avec l'expédition ont la possibilité d'acheter leur liberté pour 200 roubles. L'épouse Mickelson a été embauchée comme gouvernante chez Kellgren, qui a versé le prix de sa liberté à la Compagnie.

Les épouses ne sont pas membres de la Compagnie. Par conséquent, elles ne sont pas non plus responsables de ses dettes. J'aimerais en savoir plus : est-ce Mme Mickelson qui a elle-même demandé à aller travailler chez le commerçant Kellgren, ou est-ce que son mari l'a, pour ainsi dire, vendue ? Selon les comptes de Janne, le prix de son transfert aurait donc été de 200 bouteilles de bière. Je n'arrive pas à savoir si, du point de vue de la Compagnie, c'est une bonne affaire ou pas. En tout cas, on est très loin de 30 000 roubles.

Cher Janne, n'aurais-tu pas d'autres commérages à partager ? Une anecdote sur Fridolf ? Ne pourrais-tu pas nous dire que son cœur bat la chamade et que son regard fixe le vide ? Tu pourrais te moquer un peu, dire qu'il a jeté son dévolu sur une drôle de mémère, que le bonhomme Höök a bien perdu de sa superbe, le voilà sous la botte d'une bonne femme, et pas n'importe laquelle, celle-ci porte des chaussons de soie coréenne de taille 34.

Mais non. Rien du tout. Pas un seul mot sur Fridolf et sur ses aventures féminines.

◆

En mars, la colonie est sur le point d'exploser. À part du thé et du pain, vous n'avez plus rien à manger. Pour cuisiner et agrémenter les miches, vous utilisez de la graisse d'élan, dont le goût vous est devenu familier. Vous vous consolez avec l'arrivée du printemps : bientôt, ce sera le moment de semer une première récolte. Vous vous réveillez à 5 heures du matin pour vous mettre au travail. Si la situation alimentaire est aussi catastrophique que vous semblez le dire, il est étonnant que personne ne soit mort ni tombé gravement malade pendant ces dix premiers mois en Amour.

Le rêve est toujours tenace, puisque, lors de l'assemblée générale du printemps, la décision est prise de construire cinq nouvelles maisons vers la vallée du Tigre, un peu plus loin de la concession actuelle. Les hommes célibataires seraient alors répartis en foyers de quatre personnes, et une fille de l'hospice serait désignée pour s'occuper de chaque foyer. Les couples mariés disposeraient de leur propre maison. Janne se demande avec qui il va vivre. Peu importe, dit-il, il a l'intention de se rendre chez les Walldén pour les repas. Pour les dédommager, il compte leur fournir du gibier.

Parfois, les colons se bastonnent sévèrement. Est-ce possible que les hommes qui maintenant se disputent et se battent ainsi soient les mêmes que ceux qui posaient sur la photo prise à Bremerhaven par Schoultz, le dos droit, les cheveux bien peignés et les manteaux boutonnés ? Dans la région, ils ne sont pas les seuls. On craint une guerre entre Coréens et Russes.

Au printemps 1870, encouragés par Furuhjelm, Fridolf, Stierncreutz, Janne et quelques autres partent en expédition sur l'île d'Askold. C'est une drôle de troupe. Fridolf tente-t-il de réchauffer ses liens avec Janne et Stierncreutz ? Ou alors êtes-vous plus nombreux que ça, même si les sources ne mentionnent que vous trois ? Sur l'île, le trio trouve de la poussière d'or qu'il serait possible de tamiser, mais s'organiser s'avère trop compliqué et coûteux, alors qu'il faut déjà cultiver les terres et chasser la baleine.

Dans son livre, Appel reproduit une photo non datée des Finlandais sur l'île d'Askold. Il y a là quatorze hommes, deux femmes et un chien de taille moyenne, probablement un bâtard, debout sur une pierre devant un homme chauve. Le cliché a été pris sur la plage, près de grands rochers. La barque a été tirée, une personne y est assise. Elle a l'air plus petite que les autres – un enfant peut-être ?

Il est difficile de distinguer les visages mais je suis presque certaine que tu es assis vers le milieu, avec un chapeau de capitaine. Je prends une photo de la photo pour pouvoir l'agrandir, et je remarque qu'il y a un autre chien, couché à tes pieds. Tu portes des bottes hautes comme je les imaginais, des bottes de chasseur de baleines. Tes bottines ajustées de Bremerhaven sont-elles rangées dans ta malle de marin, bien cirées, en attendant la prochaine réception de Furuhjelm ?

Une des femmes, habillée d'une lourde robe épaisse et sombre, se tient debout à côté d'un homme barbu, vêtu d'une tenue bien plus claire que celles des autres. Est-ce l'un d'entre vous ou peut-être Harald Furuhjelm ? J'ai d'abord imaginé que la femme pourrait être son épouse mais il n'en est fait mention nulle part. L'autre personne, debout vers la droite de la photo et que je pense être une femme, est presque totalement cachée derrière un homme corpulent.

À la position de vos mains, j'imagine que, pour la plupart, vous tenez un verre. Deux d'entre vous portent un chapeau qui fait penser à une casquette de bachelier*: seraient-ce Alexander Stierncreutz et Schoultz, ou bien Schoultz se tient-il cette fois-ci derrière l'appareil ? Je scrute l'image pour voir si quelqu'un a l'air d'avoir déclenché le retardateur pour ensuite se ruer vers les rochers et s'installer de justesse, mais cela ne semble pas être le cas. Comme vous êtes aussi nombreux, je suppose que le cliché date du printemps 1870, alors que vous êtes encore tous ensemble. Peut-être est-ce le 1er mai, vu vos casquettes de bachelier.

Ce printemps-là, la colonie est déjà bien mal en point. Même Toivo Koivisto échoue à nous en transmettre une image joyeuse. Il omet presque complètement cette saison dans son récit, se contentant de mentionner que la pêche au filet rapporte quelques roubles et que les baleines aperçues dans la baie prennent la fuite dès l'instant où une barque est mise à l'eau.

Heureusement que vos lettres fournissent quelques informations complémentaires. En mai, les saumons remontent le fleuve, ce qui soulage la disette. Mais un nouveau coup dur arrive quand le bateau à vapeur *Nahodka* s'échoue sur un récif et sombre dans les eaux coréennes. Il revenait du Japon avec un chargement de sucre et de riz destiné aux deux colonies.

Et puis il y a d'autres malentendus. Les Finlandais ont compris qu'ils pouvaient commercer avec les Chinois et loger chez eux lors de la chasse, mais souvent des problèmes se posent. En mai, Janne écrit qu'un des colons de Turku arrivés avec le capitaine Brolin a assassiné un Chinois. « Le pire, c'est que les Chinetoques vont probablement tuer des Finlandais maintenant, ils ne sont pas du genre à pardonner. »

* Les bacheliers reçoivent en Finlande une casquette blanche, avec une petite visière noire, traditionnellement sortie ensuite pour la fête du 1er mai.

Peut-être que les Finlandais échappent à leur vengeance – en tout cas, aucun fait de violence n'est rapporté cette fois-ci. Mais les disputes et les bagarres entre les deux peuples reviennent dans plusieurs des mémoires des Amouriens.

Quand le dégel arrive enfin et que la terre peut être labourée, les colons sèment du seigle, du maïs, du blé, de l'avoine, du foin, des pommes de terre et des légumes-racines. Les céréales ne sont pas prioritaires, parce que la Compagnie ne dispose pas de son propre moulin où moudre la farine.

◆

Au printemps 1870, Fridolf et quelques-uns de ses hommes se préparent pour une chasse à la baleine, ce qui agace fortement Janne. En plus de Höök et de son second, neuf autres colons embarqueront sur le voilier. Même ceux qui sont mariés semblent pressés de partir. Le mari de Selma est lui aussi sur le départ. Janne se demande d'où leur vient cet enthousiasme soudain à abandonner leur épouse en pleurs sur le quai.

La traque commence mal : les hommes inexpérimentés sont tellement désorganisés qu'une seule baleine est capturée dans les eaux de Nakhodka. Dix-sept tonneaux d'huile en seront extraits, qui rapporteront chacun 30 roubles à la Compagnie.

En juin 1870, une partie des utopistes se met, selon Janne, à chercher un autre lieu, plus propice à l'agriculture. Au début de l'été, vers la Pentecôte, les Finlandais chassent le cerf. Les bêtes viennent de perdre leurs bois, et les nouveaux sont encore tout tendres. Les colons les scient et les vendent aux Chinois qui les utilisent comme remède. Puis on fête les Charlota et les Sofia.

Mais Janne n'en a rien à rien faire des fêtes. Il profère ses propres prophéties : si la chasse à la baleine ne réussit pas, la Compagnie sera liquidée à l'automne. Une maison a déjà été achetée à Tsi-Mu-Ha, et un déménagement aura lieu à la fin de l'été, afin de commencer les labours avec les bœufs. Janne se dit que si par miracle la compagnie survit, les autres pourraient bien le suivre. À part lui, les colons ne disent rien de ce genre de projet dans leurs lettres.

En l'absence de Fridolf et de ses hommes, Janne assure l'intérim pour la gestion du stock, habituellement confiée à Victor Federley. Il décide des denrées et des quantités distribuées aux humains comme aux bêtes.

« Aujourd'hui, j'ai donné l'ordre de préparer des tartelettes au riz. J'ai distribué en conséquence de la farine de blé, du riz et des œufs. Il y aura aussi des brioches – les réussir sans levure sera le problème des femmes », écrit-il.

L'été, alors qu'une partie des hommes chasse la baleine, l'administrateur Furuhjelm rend visite à la colonie à Strelok. Les Finlandais se plaignent du manque de nourriture, d'argent et de vêtements convenables pour l'hiver à venir. Il leur accorde en urgence un prêt supplémentaire de 6 000 roubles, et les console en assurant que l'été suivant sera sans aucun doute plus chaud et la récolte meilleure. Sur la route, Furuhjelm s'est procuré des œufs et de la viande dont il fait cadeau à la colonie, à qui il apporte aussi un sac entier rempli de douceurs, du vin de Constance sud-africain et même du cognac. Il reste dîner, et après un bon repas, Janne se résout à écrire que Furuhjelm est malgré tout un honnête homme.

Sa visite a peut-être donné du courage à la colonie. À la fin de l'été, deux des maisons de la vallée du Tigre sont prêtes, et les trois autres sont en bonne voie.

◆

Pendant que les Finlandais de Strelok profitent du vin et de la Compagnie de l'administrateur, les chasseurs de baleines menés par Fridolf naviguent vers le nord. Pour la Saint-Jean, ils mouillent devant une île déserte qui abrite des oiseaux marins, ce qui s'avère parfait pour subtiliser quelques œufs et trinquer à l'été avec du lait de poule. Quelques volatiles sont capturés à mains nues.

L'été avançant, le voilier s'enfonce de plus en plus vers le nord, là où des bouts de banquise viennent frotter contre le flanc du bateau même à la belle saison. La chasse pâtit toujours autant de l'inexpérience de l'équipage, qui ne survit que grâce au troc avec les autochtones : contre un biscuit de mer anglais, ils obtiennent un beau gros saumon.

Ils sont nombreux à vouloir déjà rentrer à Strelok, mais Fridolf n'est pas prêt à renoncer : « Écoutez les gars, là-bas dans les eaux de la mer d'Okhotsk et du détroit de Béring vivent des vaches de mer, m'a-t-on dit. Elles broutent au fond de l'eau comme des ruminants et quand elles font surface, elles sont si maladroites qu'on les attrape en moins de deux. Et elles sont grasses bien comme il faut ! En veux-tu de l'huile, en voilà ! »

Le voilier repart donc vers le nord. Il est déjà au niveau des îles Aléoutiennes, entre l'Alaska et la Russie, à la limite du Pacifique et de la mer Arctique, à près de 3 000 milles nautiques de Strelok.

Fridolf scrute les îlots rocheux tout autour. Ah, en voilà une qui se prélasse au soleil !

La barque est mise à l'eau. L'équipage armé d'une massue se dirige lentement vers l'animal en plein bain de soleil. Une fois à proximité, un grand coup est asséné sur le crâne de la bête qui, courroucée, attaque la barque en poussant des cris terribles, manquant de la renverser. Coups de hache, d'aviron et de harpon pleuvent sur la prétendue vache de mer, qui finit par succomber. L'équipage est exsangue et désenchanté. Il ignore alors qu'il ne s'agit pas d'une vache de mer, espèce disparue plus d'un siècle auparavant, mais d'un lion de mer. Chasser de tels monstres, c'est risquer sa vie, ça ne vaut franchement pas la peine.

Déçus, les hommes prennent le chemin du retour vers Strelok. Pour ne pas rentrer avec pour seul butin une vache de mer en triste état, ils s'arrêtent en route pour abattre quelques mélèzes qui serviront de bois de chauffage. Ils font même escale sur l'île de Sakhaline pour cueillir des baies arctiques. Comme j'aurais aimé vous voir, vous les chasseurs de baleines, de jolis petits paniers ou des bols à la main ! Vous remémorez-vous la cueillette dans les marécages finlandais tout en ramassant ces baies ?

Cette île est alors habitée par les Aïnous. Cher Fridolf, est-ce à ce moment-là que tu choisis les premiers objets de ta collection, dont tu feras ensuite don au musée Arseniev et qui, de ce que j'ai compris, y est toujours, exposée dans une vitrine ? Tu proposes des biscuits de mer et tu reçois en échange… quoi ? À quoi ressemblent les artefacts que tu collectionnes ? Es-tu intéressé par certains objets plutôt que par d'autres, ou prends-tu simplement ce qu'on te propose ?
Tu sais, Fridolf, si votre chasse à la baleine est un échec, je ne peux pas dire que j'ai tellement plus de chance. Le message que j'ai reçu d'Ivan Pisarev de l'université de Vladivostok date maintenant de plusieurs mois, et le directeur du musée Arseniev ne donne pas signe de vie alors qu'il a promis de m'envoyer des informations complémentaires. Pisarev fait le mort lui aussi depuis que je lui ai annoncé devoir renoncer à mes projets de voyage.
Mais on ne va pas abandonner aussi facilement, n'est-ce pas Fridolf ?

◆

Vous réussissez malgré tout à pêcher quelques cabillauds, de quoi ne pas rentrer les mains vides à la maison. Vous écrivez que plus vous vous approchez de Strelok, plus la honte de revenir bredouilles vous envahit. Pensez-vous à la proposition de Janne, vous dites-vous qu'il a peut-être raison quand il vous suggère de déménager vers l'intérieur des terres et de miser sur l'agriculture ?

« Une grande déception envahit Strelok quand le brick arrive au port, chargé de bois, de cabillauds et de baies, en lieu et place d'huile de baleine, écrit Toivo Koivisto. L'ambiance est morose. Le pot commun est désormais vide – que faire maintenant ? »

◆

Dans une de ses lettres écrites au printemps 1870, le mari de Tekla, l'ingénieur mécanicien Fredrik Nilsson, mentionne une « vache de mer » naturalisée que Furuhjelm aurait envoyée en Finlande, au Musée d'histoire naturelle d'Helsinki. Ma curiosité est piquée. L'administrateur a-t-il vraiment fait expédier un mammifère marin jusqu'en Finlande ? Serait-il, lui aussi, un De Vinci ?

Je pose la question au Musée, et le conservateur Janne Granroth me répond rapidement. Effectivement, un spécimen naturalisé a fait partie des collections du Musée. Selon les archives, il s'agirait d'un don du capitaine H. Furuhjelm, datant de 1863, et l'animal en question serait un lion de mer, *Eumetopias jubatus*, une espèce d'otarie pouvant peser plus d'une tonne pour les individus mâles. Le sexe de celui envoyé par Furuhjelm n'est pas connu. En mauvais état, il a été soustrait aux collections au début des années 2000.

Nous continuons d'échanger quelque temps avec le conservateur. Je veux savoir si Fridolf Höök a, lui aussi, envoyé des spécimens au Musée, mais il n'y a rien à son nom dans les archives. Par contre, plusieurs autres voyageurs d'Extrême-Orient ont considérablement enrichi les collections.

Ainsi, en plus des dons attribués à Furuhjelm, elles comportent des animaux envoyés depuis la Russie et l'Alaska par un certain M. Etholén, gouverneur.

Après vérification, il s'avère qu'il y a en fait trois donateurs nommés Furuhjelm, dont aucun ne porte comme prénom Harald et n'a été administrateur à Nakhodka. Les spécimens ont été expédiés par ses frères : Carl Herman Felix Furuhjelm a envoyé des oiseaux, des papillons et d'autres insectes, Hjalmar Furuhjelm, des coquillages, et Johan Hampus Furuhjelm, des oiseaux, des mammifères et des fossiles. À vrai dire, je ne suis pas surprise. Harald m'a l'air d'un homme qui n'aime pas se salir les mains.

Toute cette période russe est propice aux explorations menées par les Finlandais grâce à la liberté de circulation dont ils jouissent dans l'Empire. Les collections zoologiques et botaniques s'enrichissent de dons de chercheurs mais aussi de voyageurs tels que les frères Furuhjelm en Extrême-Orient ou le gouverneur Etholén en Alaska. Quand un professeur à Turku ou à Saint-Pétersbourg sait qu'un compatriote s'en va voir le monde, il lui fait parvenir ses requêtes. Après tout, il est alors plus simple pour les scientifiques de demander au voyageur d'attraper, en passant, un rare papillon de nuit, plutôt que de partir le chercher soi-même à des milliers de kilomètres de là.

Les mammifères expédiés sont souvent des produits dérivés de la chasse. Certains voyageurs envoient des spécimens de leur propre initiative, d'autres partent avec une commande précise : tel ou tel insecte encore manquant dans les collections, tel lichen, tel espèce de sedum. Certains dons sont destinés à des collections privées. La bourgeoisie européenne s'enthousiasme pour les curiosités et l'exotisme depuis le XVIe siècle. Au XXe, explorateurs, missionnaires et chasseurs rapportent toujours des objets étonnants de leurs périples. Ainsi, l'artiste Akseli Gallen-Kallela revient d'Afrique avec des queues d'éléphants, des peaux et des crânes de crocodiles.

Je me souviens d'une visite qui a eu lieu dans mon école dans les années 1970 : une missionnaire ayant officié dans l'Ovamboland en Namibie était venue nous parler de son séjour. Elle avait étalé sur le sol une oreille d'éléphant en guise de tapis et s'était assise sur un tabouret fait avec une patte du pachyderme.

Quelle quantité de travail représentent la préparation et la naturalisation de tous ces spécimens au XIXe siècle ? Sont-ils conservés dans du sel ou du formol pendant la longue traversée en mer ? J'imagine l'excitation des conservateurs à l'annonce de l'arrivée d'un bateau depuis l'Extrême-Orient. Que vont-ils y trouver cette fois-ci : des papillons légers comme une plume, ou une sirène d'une tonne, à l'odeur déjà bien prononcée ?

12

Nous attendons le vétérinaire devant l'entrée du port de Las Palmas, à Gran Canaria. Il arrive en voiture et nous tend un petit récipient en terre cuite, avec un couvercle pointu comme la lampe d'Aladin dans les dessins des livres de contes. Il nous serre dans ses bras à tour de rôle et nous demande quand est-ce que nous partons. « À l'instant, maintenant que notre équipage est au complet. »

Nous emballons l'urne dans du papier bulle et nous la rangeons dans le placard de tribord, avec le sextant, la radio de la taille d'un paquet de cigarettes, le chocolat et les piles.

Nous ne pouvions pas partir sans Kisu. Non seulement nous l'avons aimé, et j'ai beaucoup pleuré de l'avoir perdu, mais en plus, nous n'aurions pas osé défier le sort en l'abandonnant derrière nous. Tout comme les femmes rousses à bord et les signes de main adressés à un navire sur le départ, laisser à quai un chat porte malheur. Nous n'avons alors aucune envie de vérifier le bien-fondé de cette superstition.

Le ciel de Las Palmas est couvert, il fait frais. Le vent de sud-ouest est de quinze nœuds. Nous annonçons notre départ à la radio : « *Le voilier* Zest of Hong Kong *quitte Las Palmas. Destination : Melbourne, Australie. Adios and Over.* »

Nous n'annonçons pas que c'est notre dernier voyage à deux. Je crois que je n'y pense pas à ce moment-là, quand je largue les amarres, que je pousse le bateau et saute à bord pour la dernière fois. Je ne me dis pas que plus jamais nous n'échangerons le sourire soulagé du moment du départ, quand le bateau s'éloigne du quai, du port, de la terre, et que le voyage peut commencer.

C'est un moment parmi d'autres, tout en étant très particulier : nous entamons notre plus long périple.

Une fois passée la jetée, les secousses des vagues provoquent à bord un boucan de boîtes de conserve, de vaisselle et de livres qui cherchent leur place. La gazinière tangue sur ses suspensions, et quand le voilier penche à bâbord, de l'eau de mer remplit l'évier. Une fois de plus, nous avons oublié de serrer la bonde d'évacuation. Nick reste sur le pont, je descends faire du café. Il se met à pleuvoir, une petite bruine toute fine, des gouttelettes suspendues dans l'air, à la limite de la brume épaisse.

Nous entreprenons un périple de 22 000 kilomètres. Nous naviguons ensemble depuis cinq ans. Aujourd'hui, je me dis que 22 000 kilomètres, c'est une distance bien trop courte pour conclure notre histoire.

Nous n'avons aucune idée de la durée du voyage. Nous devons tout rationner, qu'il s'agisse de la nourriture, du gaz, de l'eau – et même nos nerfs doivent être ménagés, au cas où il nous arriverait malheur en route, que ce soit un des accidents que nous avons imaginés ou un autre, inimaginable. Nous avons calculé que si nous restons quatre mois en mer, nous pouvons consommer quatre litres d'eau par jour. Notre route nous mène loin des terres. Si nous décidions de faire escale au Brésil ou en Afrique du Sud pour remplir nos réserves, nous nous détournerions pendant plusieurs semaines de notre unique envie : être en mer.

Nous naviguons à six, sept nœuds contre les vagues, ce qui correspond à une vitesse de onze à treize kilomètres par heure, celle d'un coureur en forme ou d'un cycliste du dimanche. Nous mesurons le cap, et nous nous servons un expresso au lait concentré. Je ne me souviens plus du tout de quoi nous parlons. Peut-être de notre chat mort, de la nourriture, de la météo. Nous remettons de l'ordre dans les placards. Les vagues tapent contre les flancs du bateau et l'un d'entre nous devrait dormir pour que nous puissions ensuite tenir toute la nuit, à tour de rôle, mais en début de voyage, il est toujours difficile de se plier au rythme du voilier. Au rythme de l'utopie.

13

Dans le livre de F. H. B. Lagus, *Amurinmaan retki* (*L'Expédition en Amour*), arrivé dans ma boîte aux lettres en même temps que l'ouvrage d'Appel, il y a une photo légendée ainsi : « Une habitation dans la vallée du Tigre ». Lagus n'en dit pas plus sur cette image jaunie. Pourrait-elle dater de l'époque où des Finlandais sont encore établis à Strelok et où les maisons de la vallée du Tigre viennent d'être achevées, ce qui nous amène à la fin de l'été 1870, voire au printemps de l'année suivante ? Il est probable que Schoultz en soit l'auteur.

Je peux enfin voir à quoi ressemble votre pays du bonheur et admirer ce que vous avez réussi à y accomplir de vos mains.

Sur le cliché de mauvaise qualité se dresse une maison à toit pentu, le genre qu'on pourrait voir surgir en bord de route à peu près n'importe où en Finlande. Après la rénovation express des bicoques chinoises, vous avez donc souhaité construire des habitations qui vous feraient penser à votre pays.

La bâtisse est assez imposante, avec cinq grandes fenêtres le long de la façade. À droite du bâtiment principal, il y a une sorte de dépendance, avec un auvent – peut-être une étable. En arrière-plan, deux collines arrondies aux pentes douces, et quelques feuillus. L'herbe qui couvre le sol semble drue, mais les sommets de quelques arbres ont perdu leurs feuilles.

Peut-être la photo est-elle été prise en automne, et non au printemps ?

Entre la maison et l'appareil, on distingue une clôture fabriquée avec des branchages. Le temps des os de baleine et des coquillages n'est pas encore venu, et d'ailleurs cette clôture-là ne sera pas construite à Strelok mais à Sidemi, là où se produiront toutes les horreurs qui vous attendent encore.

J'essaie de distinguer les animaux dans l'enclos. Ils sont de la taille de gros chiens – plus gros que ceux du cliché pris sur l'île d'Askold. Des moutons, des chèvres, ou peut-être les porcs amenés par bateau, ou leur descendance ? Je me demande où est passé le singe embarqué à Java. Plus personne n'en parle dans les lettres depuis l'arrivée en Russie. J'ai l'impression de percevoir le reflet d'un visage dans l'une des fenêtres. Et plus loin, escaladant la barrière, un enfant peut-être ?

Devant, face à l'appareil, trois personnes : deux hommes et une femme.

Je prends une photo de la photo et je l'agrandis. Chacun des hommes tient à la main une sorte de pieu. Celui de gauche est vêtu de couleurs claires, celui de droite porte un costume sombre et une casquette. Je me demande si le premier a aussi un chapeau ou si la masse sur sa tête correspond simplement à une chevelure bouclée. Tu ne figures pas sur le cliché, Fridolf.

Ils fixent l'objectif. Le regard de la femme, quant à lui, vagabonde vers la gauche de l'image, quelque part au loin. Est-ce ton épouse, cher Fridolf ? Elle porte une longue tenue claire, une cape dans les mêmes tons posée sur les épaules l'enveloppant jusqu'à la taille. Elle aussi a déposé un chapeau sur ses cheveux longs et bruns tirés en arrière. Dans ses mains, un objet qui ressemble à un panier.

J'agrandis l'image tant que je peux avant qu'elle ne se transforme en pluie de pixels. Je ne saurais dire pourquoi, mais je pense que cette femme n'a aucun lien avec toi. Elle doit être l'épouse de l'un des deux hommes.

À l'automne 1870, le maître Federley s'installe dans l'une des maisons de la vallée du Tigre, rejoint plus tard par son frère, l'agriculteur Alfred Federley, ainsi que par Carl Schoultz. Les dimanches, l'odeur des crêpes que ce dernier fait cuire dans de la graisse d'élan flotte dans la vallée. La maison mitoyenne accueille deux ménages : le charpentier Östman et son épouse, ainsi que l'ingénieur Nilsson avec sa tendre Tekla. L'un des deux couples pourrait-il être celui de la photo ? Peut-être que ce que je pensais être des cheveux longs rassemblés en chignon sont en réalité les cheveux courts de Tekla. Et peut-être que l'homme de gauche est le photographe, Carl Schoultz lui-même.

J'observe de nouveau les habits des trois personnes. Leurs vêtements n'ont rien de misérable. J'agrandis le passé autant que je peux. Certes, les mines sont graves mais la posture des corps exprime de la fierté. La longue robe claire de la femme, assortie d'un chapeau, laisse penser qu'il s'agit peut-être d'une occasion spéciale. Tekla Nilsson a-t-elle confectionné sa tenue elle-même ? Elle est, paraît-il, très douée pour la couture, que ce soit pour des vêtements féminins ou masculins.

◆

La récolte du premier été en Amour donne des pommes de terre et d'autres légumes en quantité convenable, mais rien d'exceptionnel. L'échec de la chasse à la baleine pèse sur le moral. À l'automne, la Compagnie se réunit en assemblée générale pour se pencher sur un sujet solennel : faut-il continuer l'aventure ou capituler ? Toi, Fridolf, tu essaies encore de souffler sur les braises. Tu proposes de retenter votre chance, de faire un nouvel emprunt, « allez, encore un peu d'efforts et on y arrivera, faut pas baisser les bras maintenant, on vient tout juste d'arriver ! » Certains te soutiennent. La majorité non.

À quel point le moral des colons est-il alors affecté par la situation qu'ils ont laissée derrière eux en Finlande ? Ils ont péniblement parcouru ces milliers de kilomètres, depuis un pays anéanti par la faim et les mauvaises récoltes, juste pour se retrouver à retourner la terre ailleurs, sans résultats plus probants. Du côté des baleines, point de succès non plus. C'est comme si les mots qu'Agathon Meurman, politique, journaliste et auteur fennomane, écrits en juin 1868 étaient un présage pour les Amouriens : « Déplacez donc ces misérables vers les plus belles vallées de la Terre, dans quelque temps ces nouveaux colons s'y tueront à la tâche. Envoyez-leur d'abondantes provisions. Vous, vous voyez leur abondance ; en réalité elles ne serviront qu'à prolonger la torture. »

Les « provisions abondantes » du texte pourraient faire référence aux nouveaux emprunts négociés par la colonie de Höök et par celle partie de Turku.

Qu'est-ce qui a déraillé ? Avez-vous manqué de courage ?

Les lettres et les mémoires suggèrent que les soucis de la Compagnie sont dus à la paresse des colons et aux conflits internes. Certains travaillent comme des forçats, d'autres font moins de zèle, et pourtant tous bénéficient du même salaire. Les couples mariés et les familles trouvent la situation très injuste. Les épouses sont censées s'occuper de toutes les tâches domestiques et ménagères de la colonie, ce qui demande tellement de temps qu'elles ne voient plus leurs conjoints. Les familles ont rapidement envie de posséder quelque chose qui ne soit qu'à elles, ce qui souvent se concrétise par un petit carré potager où la femme fait pousser des légumes pour son propre foyer. Cela agace certains : la terre ne devait-elle pas appartenir à tous ?

« Chacun cherche son propre salut, écrit Nilsson à propos des problèmes de la Compagnie. Après tout, considérant les circonstances, chaque individu forme comme un monde miniature. »

C'est donc ainsi que ces mondes miniatures qui existent au sein de la colonie se sont renforcés, attirent dans leur orbite de nouvelles personnes. Les familles veulent leur propre terrain, tandis que d'autres partent à la chasse et gardent le faisan pour eux au lieu de le partager.

Selon Oscar Wilde, le travail acharné est le refuge de ceux qui n'ont rien de mieux à faire. En Amour, le temps est venu où, pour beaucoup, des alternatives au travail monotone de la terre sont en train d'émerger : monter sa propre affaire, s'enrichir grâce à sa propre intelligence. Peut-être que toute utopie, que ce soit celle de l'Amour ou d'ailleurs, ne devrait être érigée qu'avec des personnes simples, se consacrant bêtement au travail. Ce n'est pas le cas de l'expédition, constituée d'une variété d'individus entreprenants et capables de penser par eux-mêmes, représentant divers corps de métiers.

En novembre 1870, tout est fini. Les membres se réunissent une dernière fois et prennent la décision de liquider la Compagnie. Ainsi s'achève le récit de cette communauté finlandaise, écrit Toivo Koivisto.

◆

Toutes les colonies idéales ont-elles succombé à la même erreur ? Qu'est-ce qui a eu raison d'elles ? Les utopies sont toujours transportées dans un ailleurs, loin de ceux qui les rêvent, loin du brouhaha du quotidien. Une utopie suppose toujours un déplacement, un changement de paysage, un

long voyage. Est-ce pour éviter de vivre la honte de l'échec devant ceux qui nous connaissent ? Je retourne à l'ouvrage de Teuvo Peltoniemi qui liste toutes les utopies finlandaises. La colonie de la Nouvelle Jérusalem se disloque à la mort d'un des fondateurs. Celle prenant la suite de la Compagnie d'Amour, imaginée en 1899 par Konni Zilliacus, excédé par le règne du tsar, est une colonie de gentlemen, qualifiée par Peltoniemi d'« utopie bourgeoise et libertaire ». Les fondateurs ont même trouvé une terre où s'installer au Canada, mais les difficultés économiques empêchent la réalisation du projet. Quand je cherche à en savoir plus sur ce Konni Zilliacus, je lui trouve un lien amusant avec la Compagnie d'Amour. Non seulement il est explorateur, mais c'est aussi le neveu de Janne Söderhjelm. Est-ce son oncle qui lui a transmis l'étincelle de l'utopie ?
Pour la prochaine, il faut attendre 1900. Cette année-là marque la création et la chute du camp de travail de Chillagoe, fondé en Australie par Matti Kurikka. La colonie est constituée principalement de jeunes hommes sans expérience qui perçoivent un salaire pour leur travail, mais dont les revenus s'avèrent si faibles qu'ils ne peuvent manger à leur faim. De plus, la jalousie cause rapidement des disputes : les hommes trouvent que les femmes de la colonie se plaisent beaucoup trop en compagnie de Kurikka, décrit comme un homme très charismatique. L'utopie explose en quelques mois.
L'année suivante, Kurikka fonde au Canada la colonie de Sointula, fondée autour du principe d'abstinence à l'alcool. Là aussi, les femmes posent problème. Selon certains, elles devraient être bannies, mais Kurikka est pour l'égalité des sexes et le mariage libre. Il estime qu'il est de son droit de séduire n'importe quelle femme. Après tout, tout doit être partagé. Selon Peltoniemi, Sointula est la plus idéaliste et la

plus radicale de toutes ces tentatives d'utopie. Les difficultés économiques en ont raison au bout de trois ans.

Kurikka ne lâche pas pour autant. Son utopie suivante, Sammon takojat*, toujours située au Canada, échoue elle aussi à cause de problèmes financiers. L'histoire se répète : la perspective de revenus confortables, d'une terre fertile et d'un climat clément séduit ceux qui partent, mais une fois sur place, le sol est aride et les récoltes catastrophiques, la vie se révèle pénible et les salaires bien inférieurs à ceux promis. Teuvo Peltoniemi fait remarquer que la plupart des utopies sont à majorité masculine et qu'elles misent sur l'agriculture, alors que ceux qui partent ne sont que très rarement des paysans.

Mais qu'en est-il d'Emmaüs, établi à Jokioinen ? Cette utopie-là ne s'est pas expatriée, et elle existe toujours. Les premières communautés Emmaüs ont été créées en France et sont aujourd'hui implantées partout dans le monde. Elles sont basées sur deux idées principales : l'argent ne fait pas le bonheur, et l'État ne peut pas tout pour l'individu. Peltoniemi qualifie cette idéologie d'environnementaliste. Pour ma part, je ne suis pas certaine que cette communauté puisse être qualifiée de colonie idéale. En effet, pour Max Engman, la colonie se construit grâce à l'immigration, par le fait qu'un individu vive au moins un an ailleurs que dans son pays d'origine, qu'il en tire ses revenus et les bases d'une nouvelle vie.

* Dans l'épopée finlandaise du Kalevala, le *sampo* est un objet magique fabriqué par le forgeron Ilmarinen, qui assure fortune et succès à son propriétaire. « *Sammon takojat* » signifie « ceux qui forgent le sampo ».

L'objectif principal de la communauté Emmaüs finlandaise est d'apporter une aide aux pays en voie de développement. À Jokioinen, les membres trient des fripes et tiennent une brocante. Dans les années 1980, au moment de la publication du livre de Peltoniemi, la communauté compte six membres permanents. En cherchant des chiffres actualisés, je vois qu'en 2011, ils sont sept. Et si le secret d'une utopie était un nombre d'individus restreint ? Comme, par exemple, deux adultes et un chat singapourien ?

◆

Pourquoi les utopies doivent-elles être transportées si loin ? Pourquoi ai-je pensé, moi aussi, que mes rêves se réaliseraient mieux dans des lieux inatteignables en vélo, ou même en avion ?

Je me pose ce genre de questions en écoutant à la radio une émission sur le sens des vacances. Dans sa thèse sur les séjours *all-inclusive* des Finlandais, l'anthropologue Tom Selänniemi s'interroge sur ce que signifie cette volonté de voyager au soleil. Non pas au bout du monde, en transportant dix tonneaux de viande en saumure ou 40 kilos d'oranges, mais dans des lieux plus familiers – Rhodes, Playa del Inglès ou Alanya –, à quelques heures d'avion. Pourquoi est-il nécessaire d'aller loin pour se sentir en vacances, pour se sentir en vie ?

C'est à cause du cerveau, indique Tom Selänniemi. Le voyage en avion sert de transition, comme un bain purificateur pendant lequel on se débarrasserait du quotidien. Quand il n'encombre plus l'esprit, il y a de la place pour les sens : pour la chaleur du sable, pour des goûts nouveaux, pour la caresse d'un compagnon ou d'une compagne. Et cette avalanche de sensations est addictive.

Je suppose que c'est ce bain qui nous conduit à exporter les utopies et les colonies idéales si loin. Quand les sens sont délivrés de tout ce qui leur est familier, ils ont de la place pour accueillir les rêves et le positif, de nouvelles normes de société et de nouvelles façons d'agir.

Je sors de l'étagère mes carnets noirs, je les feuillette et finis par retrouver les mots du poète et philosophe allemand Friedrich Hölderlin, que j'ai notés il y a quelques années. « L'impossible devient possible quand la réalité se disloque. »

◆

Les raisons de l'échec de la Compagnie d'Amour sont décortiquées dans les lettres, puis plus tard dans les mémoires des colons. De l'avis général, le fiasco est majoritairement dû à l'attitude de plusieurs membres qui se comportaient en chef et décidaient pour les autres. Fridolf écrit qu'un agriculteur peut se transformer en gentleman, mais que l'inverse n'est pas si fréquent. Peut-être auriez-vous dû faire équipe avec l'expédition de Turku, ou, dès le départ, ne recruter pour le voyage que des personnes travailleuses, au lieu de vouloir brasser aussi large ?

Toi, Fridolf, tu n'arrêtes pas de voyager et de découvrir de nouveaux paysages. Peut-être que tu restes alerte. Mais les autres... Ils ont, jour après jour, le même horizon devant les yeux : de l'herbe haute comme un homme, des hectares et des hectares de terre à retourner. Vos sens sont de plus en plus ankylosés, vous voyez s'amenuiser l'espace dont vous avez besoin pour rêver.

Quand je relis la liste des membres de votre expédition – un sommelier, un apothicaire, un ingénieur, un étudiant en droit –, je me demande à quel point vous étiez prêts à faire les efforts qu'exige une bonne récolte.

Doit-on déduire de tout ceci que les utopies ont, les unes après les autres, attiré des personnes totalement inadaptées au projet ? Partir à l'étranger n'est peut-être pas le genre de décision que prennent des travailleurs durs à la tâche. Peut-être que les utopies sont toujours fondées par des impulsifs avides de changement, incapables de se concentrer sur une chose à la fois, qui prennent leur décision sur un coup de tête. Leur enthousiasme reste intact tant que les vagues filent sous la coque ou que le paysage qui défile par la vitre du train purifie leurs sens. Mais attendez de voir ce qui se passe quand le voyage prendra fin et qu'il faudra travailler les terres nouvellement conquises, avec rigueur et méthode. Les voilà alors qui se mettent à réfléchir à tout ce qui pourrait rompre la monotonie du quotidien.

14

Tu me surveilles. Sur la photo prise à Vladivostok par Carl Schoultz, tu sembles grand, et ton binocle te donne un petit air de philosophe. Tu t'assois et tu attends.

« Et si on faisait encore un bout de chemin ensemble ? te proposé-je. On n'a qu'à laisser ce bureau en désordre derrière nous et prendre la mer. »

Tu gardes le silence. Je pose mon doigt sur une vieille carte marine, entre les Canaries et l'île de Sal, au Cap-Vert. C'est le point où nos routes se croisent quand le *Zest of Hong Kong* quitte Gran Canaria pour Melbourne. Es-tu passé par là toi aussi, cher Fridolf. La tempête du golfe de Gascogne était derrière vous. C'est par là que vous avez pêché un dauphin et que tu as écrit la lettre que tu as terminée d'une formule insolente : « Que Dieu protège les baleines ! » Vous pensiez alors que tout se passerait à merveille.

Sur le brick, vous fonctionniez par trois quarts. Nous n'en avons que deux.

Nous avons adopté le rythme de l'utopie et nous avançons bien, en moyenne 150 milles nautiques par jour. À cette vitesse, nous arriverons dans une centaine de jours. Nous aussi, nous voyons sans cesse des dauphins. Peut-être que ce sont les descendants des mammifères qui coursaient l'*Imperator Alexander II* ? Pour être tout à fait honnête, je suis heureuse que tu ne sois pas sur le voilier avec nous, brandissant ton harpon.

Tous les recoins du bateau sont remplis de nourriture. Si tu t'approchais avec ton brick, nous pourrions mettre nos canots à l'eau et faire du troc : voici des farfalles en échange de quelques biscuits de mer. J'aimerais bien essayer votre recette de biscuits trempés revenus dans du beurre.

Teniez-vous une liste de votre stock régulièrement mise à jour, comme nous le faisons sur le voilier ? Avant notre départ, j'ai tracé un tableau dans un carnet à petits carreaux, avec toutes nos provisions, un trait pour chaque unité à bord. Dès que nous utilisons une boîte de conserve, dès que nous entamons un paquet de pâtes ou de café, j'efface un des traits. Je m'y tiens parce qu'une fois, en plein milieu de l'océan Indien, nous avons cherché pendant plusieurs jours des pêches au sirop. Nous étions convaincus qu'il nous en restait, mais nous n'avons jamais rien trouvé.

Nous surveillons les fruits et les légumes, et nous consommons les plus mûrs. Tous les deux jours, nous retournons les œufs – cela empêche le jaune de se coller à la coquille et repousse leur date limite de consommation. J'essaie de me souvenir de ce que nous faisons d'autre, à part prendre soin de nos provisions. Je prépare alors ma vie future en étudiant le Moyen Âge finlandais, les motifs des poteries et la datation des têtes de hache en pierre.

Le livre est toujours dans ma bibliothèque : *Kivikauden Suomi* (*La Finlande au Moyen Âge*) de Matti Huurre. Au verso de la couverture, un cachet indigo indique le nom du bateau, son matricule et sa longueur : 11,52 m. Port d'attache : Melbourne. Je renifle les pages pour retrouver l'odeur de l'utopie et de la mer. Elle a disparu.

Sur le pont du voilier, au milieu de l'Atlantique, je découvre les pierres brûlées, la céramique de Pöljä et les plombs des filets de pêche fabriqués avec de l'écorce et retrouvés à Antrea. Ai-je besoin de m'enfuir à plusieurs milliers d'années de là pour ne pas penser à ce qui m'attend ?

Nick lit d'autres livres. Il n'a aucun plan pour ce qu'il fera en Australie. Il vendra peut-être le voilier. Ou alors il le gardera, pour aller naviguer le week-end. Des escapades d'un jour ou deux, pas plus.

En plus de l'horizon et des nuages, nous surveillons sans cesse notre bateau : un filin ou un cordage est-il sur le point de casser ? Est-ce que la coque fait un bruit inhabituel ?

Je ne crois pas que nous parlions de la séparation. Nous avons devant nous des jours, des semaines et trois océans pour le faire. La décision est prise mais tout continue comme avant. Seul le livre sur lequel je bûche me rappelle que nous voguons vers le changement.

Plus nous nous approchons de l'équateur, plus il fait chaud. Le seul endroit qui garde un peu de fraicheur sur le bateau est le fond de cale, sous le plancher, là où arrive toute l'eau de mer avant d'être pompée et rejetée dans les vagues. Nous y avons stocké quatre fromages manchego de un kilo chacun. Le sixième jour, nous entamons le premier. Dans la cale, il y a aussi quatre bouteilles de vin blanc. Nous en ouvrons une. Nick joue de la guitare. Nos instants musicaux sont certainement bien plus calmes que ne l'étaient vos chansons au goût de rhum.

Nous avons accroché un fil de pêche à l'arrière du voilier, avec un appât qui ressemble à une petite seiche, mais pour l'instant ça ne mord pas. Quand nous attrapons finalement un thon ou un mahi-mahi vert et jaune, la tristesse et la nostalgie nous envahissent : la pêche, c'était surtout l'affaire de Kisu qui, désormais, voyage dans une urne rangée dans le placard de tribord.

Nous sommes assis sur le pont, la mer brille comme un miroir, et c'est comme si nous étions les deux derniers survivants de l'humanité. L'idée ne nous déplaît pas. Au coucher du soleil, le vent se calme. Le foc claque. Nous pourrions redresser le cap, essayer de mieux attraper le vent, mais nous ne le faisons pas. Notre vitesse diminue et le bateau se met à flotter sur des vagues paresseuses.

À cet instant, l'un d'entre nous pourrait dire quelque chose, mais peut-être ne pensons-nous plus, ni l'un, ni l'autre, qu'il puisse y avoir d'autres options.

En journée, je tente de reconnaître avec un guide les oiseaux marins qui volent autour de nous. Les océanites frégates sont mes préférées. Elles sont de la taille des jaseurs boréals et volent si près des vagues que j'ai souvent peur pour elles. Je ne les vois jamais manger. Elles volent toujours seules. Qu'est-ce qui les amène si loin en haute mer ?

Les nuits où le ciel se dégage, je fixe les étoiles et je trace des lignes entre ces miettes brillantes, comme les enfants qui relient les points pour tracer un dessin. Je trouve la Grande Ourse, les Pléiades, Cassiopée, Orion, les Gémeaux. Les nuits où le ciel est couvert, je bois mon café lentement et je fredonne *La Isla Bonita* de Madonna, *Syksyn sävel* de Juice Leskinen* ou des chansons pour enfants dont les paroles me reviennent par bribes.

* Chanteur finlandais né en 1950 et décédé en 2006.

Je m'entraîne à utiliser le sextant. J'attrape le soleil avec les miroirs et je le déplace sur l'horizon, je vérifie l'angle, et si je sais quelle heure il est, je peux calculer notre position approximative grâce à l'ouvrage *Nautical Almanac*. Pour une navigation plus précise, il faut se repérer avec plusieurs astres. Nick est un as à ce jeu avec les étoiles. Quant à moi, je n'y arrive que si le bateau ne tangue pas trop.

Avant notre départ de Las Palmas, nous avons imprimé sur Navtex les derniers bulletins météo, ainsi que les autres informations émises à destination des navigateurs. Le temps promettait d'être clément et couvert, avec un vent de quinze à vingt nœuds. Un avertissement concernait les eaux du Cap-Vert. Un porte-conteneurs y avait repéré deux voiliers sans équipage, sans pour autant pouvoir les remorquer, ni les sortir de l'eau. Ils voguaient donc au petit bonheur la chance – et constituaient une menace de collision, surtout la nuit.

Tu te rends compte Fridolf, les pirates existent depuis aussi longtemps que les humains naviguent. Au début des années 2000, ils sont toujours là et attaquent des voiliers dans les eaux cap-verdiennes. Avec un peu de chance, l'équipage s'en sort en vie, ce qui ne semble pas avoir été le cas pour ces deux embarcations. Les pirates se moquent du bateau, ce qui les intéresse, c'est l'argent et l'équipement technique qu'ils peuvent trouver à bord. Or les navigateurs comme nous vivent souvent simplement, sans téléphone satellite, ni portable ou ordinateur, sans douche ni réfrigérateur. Le butin est alors bien modeste : quelques chèques de voyage, un petit appareil photo, des jumelles.

Quand nous nous approchons de la zone où les deux voiliers ont été aperçus, je scrute l'horizon, au cas où surgirait une vedette remplie de pirates venus nous attaquer. Ils pointeraient leurs armes sur nous et exigeraient de voir ce qu'il y a à bord. Puis ils resteraient bouche bée devant nos réserves de nourriture.

Si je devais rencontrer les brigands cap-verdiens aujourd'hui, je leur demanderais si leurs ancêtres ont participé au bal organisé par l'équipage de l'*Imperator Alexander II* en 1869. Est-ce que l'un d'entre eux pourrait être l'arrière-petit-fils de Mery de Luz, la dulcinée de Carl Schoultz, la seule à posséder des chaussures ? Je planterais mes yeux dans les leurs et je passerais mes doigts dans leurs cheveux pour vérifier qu'il n'y a pas là quelque trace de gènes finlandais. Leurs iris seraient-ils anormalement bleus ?

◆

Comme nous ne voulons pas faire escale, nous contournons le Cap-Vert par l'ouest sans même voir l'archipel. De toute façon, nous n'avons pas de place pour des sacs de sel sur le voilier.

Juste avant l'équateur, vers les latitudes des chevaux, nous flottons sur une mer d'huile pendant plusieurs jours. N'est-ce pas ici que vous êtes restés encalminés vous aussi ? Vous avez sorti la baignoire et les femmes confectionnaient des tartes.

Nous utilisons à bon escient ces moments de calme où le bateau ne tangue pas et où les portes des placards peuvent être ouvertes sans danger. Nous faisons le ménage, nous étalons sur le pont les matelas, les vêtements et parfois même les livres pour les faire sécher et les aérer. Je fais du pain et des brioches. Nous nettoyons les winches et nous réparons les cordages effilochés.

C'est aussi le moment de sortir du bateau. Une piscine parfaite s'offre à nous : de l'eau cristalline couleur outremer, à perte de vue, et des milliers de mètres de profondeur sous nos pieds. Nous nettoyons la coque en enlevant les coquillages et les algues qui ralentissent le voilier, nous vérifions l'état de l'hélice et de ses joints sous la surface.

Parfois, en me baignant, j'observe la poupe avec un peu de recul et je pense à l'histoire du navigateur solitaire qui a décidé de piquer une tête par un calme plat comme celui-ci. Mais le malheureux a oublié une toute petite voile en haut du mât. Alors qu'il nageait à quelques mètres du bateau, le vent s'est levé, a gonflé la voile et l'embarcation a filé, soudain inatteignable. Je ne sais pas si cette histoire est vraie ou s'il s'agit d'une légende, mais je peux vous assurer que chez nous, les voiles ne restent jamais sorties au moment des baignades.

J'essaie de ne pas penser à tout ce qui se cache sous mon corps quand je nage. Un animal a-t-il senti dans son flanc les ondes provoquées par mon coup de pied, est-il en train de remonter subrepticement vers l'ombre qui flotte à la surface ? Quand nous remarquons un requin blanc de quatre mètres à proximité, seul l'un d'entre nous se baigne, faisant de petits cercles autour du bateau, pendant que l'autre monte la garde sur le pont. Toi, Fridolf, tu l'attraperais, ce requin. Son épine dorsale servirait ensuite à fabriquer une canne, et le menuisier Beckström frotterait le pont avec la peau rugueuse de la bête pour enlever la vieille peinture cramée par le soleil et ensuite en étaler une nouvelle couche.

Il se passe toujours quelque chose autour du voilier immobile. Des physalies dodues nous dépassent, flottant sur l'eau tels de gros porte-monnaie bien remplis. Leurs magnifiques filaments couleur saphir, longs de plusieurs mètres, servent à tuer. Dans *Le Vieil Homme et la mer* d'Ernest Hemingway, le pêcheur solitaire en traite une de pute. Un jour, nous trouvons dans la cuvette des toilettes un serpent marin venimeux entré avec l'eau de mer. Long de cinquante centimètres, vert et rouge, il fait l'épaisseur d'un petit doigt. Nous le renvoyons dans l'océan à l'aide de la pompe. Plus loin, un pod de dauphins s'amuse. En sifflant et en faisant des clapotis à la surface de l'eau, nous arrivons à les attirer plus près du bateau.

Même si la pétole des latitudes des chevaux nous change agréablement des secousses des vagues, l'immobilité finit par nous miner. Dans le pire des cas, les courants marins nous poussent dans la mauvaise direction. Le temps est long, le générateur éolien ne fonctionne plus et les batteries sont à plat. Nos quatre litres d'eau quotidiens nous paraissent insuffisants sous cette canicule. Sur la Baltique, il est possible d'utiliser l'eau de mer pour la cuisine mais celle de l'océan est cinq fois plus salée. Nous essayons de préserver nos réserves en utilisant la saumure des conserves de haricots et de légumes pour la cuisson du riz et du porridge d'avoine.

Puis, au cinquième jour de calme plat, des nuages à la couleur de boue s'amassent à l'horizon. Les éclairs trouent l'océan comme le feraient des aiguilles. L'un d'entre nous affale les voiles pendant que l'autre étale sur le pont toutes les casseroles et tous les seaux que nous possédons. Nous laissons la grand-voile flotter et former une poche pour récupérer la pluie. Ce sera notre première douche d'eau douce depuis deux semaines.

Peu après, nous franchissons l'équateur, pour la troisième fois. Je ne me souviens pas si nous le fêtons d'une manière ou d'une autre. Aujourd'hui, si je pouvais retourner à cet ennui paresseux sur l'eau, je me dirais à moi-même: « Tu vis un rêve qui va bientôt disparaître, profites-en! »

Je ne peux pas te dire à quoi je pense alors, Fridolf. Je ne m'en souviens pas. Je ne crois pas que nous évoquions une seule fois la possibilité que ce ne soit pas notre dernier voyage, seulement une transition qui purifierait nos sens et laisserait notre cerveau alerte pour d'autres expériences hors du commun. A priori nous ne mentionnons pas ce genre d'alternatives. Je ne me souviens que des petits pétrels, des traits de provisions qui disparaissent petit à petit, des dates moyenâgeuses et des pointes de flèche taillées dans du quartz défilant sur les pages de mon livre. Je me souviens de la mer à perte de vue et des constellations dans le ciel nocturne.

Une scène est remontée tout près de la surface à plusieurs reprises, mais j'y ai toujours attaché une grosse pierre pour qu'elle coule de nouveau vers les profondeurs de l'océan. J'ose enfin te la raconter, Fridolf.

Au milieu de l'Atlantique Sud, pas très loin de Trinidad, une dispute terrible éclate entre Nick et moi. Je ne me rappelle plus les raisons de l'escarmouche, peut-être y en a-t-il plusieurs. Il est possible que ce jour-là, la mer soit capricieuse et qu'elle m'ait mise à cran. Nick, lui, ne s'énerve jamais après la météo ou les vagues, même s'il lui arrive d'engueuler le moteur de tracteur suédois dont la courroie de ventilation n'arrête pas de se sectionner. Je ne sais plus ce qu'il se passe exactement, mais je crois que c'est avec moi que ça commence. À la fin, je fais la gueule à la proue du bateau, Nick à la poupe. Je suis tellement en colère que je finis par menacer de sauter par-dessus bord et de nager jusqu'au Brésil.

« Vas-y, bon vent », rétorque Nick.

15

Maintenant que la Compagnie a été dissoute par vote, il faut faire un inventaire. Qu'arrive-t-il aux passagers de l'*Imperator Alexander II* qui ont dansé et chanté sur trois océans, et dont certaines ont même donné naissance sur les flots ?

Pour rembourser les dettes, Fridolf doit renoncer au brick. Les biens restants – les outils, les bœufs, et ce fichu sel cap-verdien toujours en quantité – sont partagés entre les colons, et les habitations vendues aux enchères. Certaines familles restent à Strelok pendant quelque temps, mais deux ans plus tard, les Finlandais se seront tous éparpillés à droite à gauche.

Dans l'intervalle, quelques colons s'installent à Vladivostok, en pleine croissance à cette époque. D'autres se dirigent vers Nakhodka et deviennent les voisins de l'administrateur Harald Furuhjelm. Un village situé entre Strelok et Vladivostok attire lui aussi quelques Finlandais qui s'établissent le long d'un fleuve qu'ils nomment Timoshe ou Tsjimuha. Le saumon et le gibier y sont abondants – Fridolf y passe d'ailleurs un moment avec son fusil.

Le premier second du brick, le capitaine Jacobsén, est embauché à la chambre de commerce de Vladivostok et se marie avec une femme qui travaillait jusque-là comme domestique chez Furuhjelm. Hjalmar Höök, qui n'était pas membre de la Compagnie et avait simplement pris des congés pour participer à l'expédition, s'engage sur le *Germak*, un navire militaire russe. Mickelson continue à fabriquer des tonneaux et ouvre le premier sauna public de Vladivostok. Par contre, je ne sais pas s'il vit de nouveau sous le même toit que son épouse devenue gouvernante chez Kellgren.

Qu'en est-il d'Alexander Stierncreutz, étudiant en médecine et chef pâtissier du brick, et de Janne? Se sont-ils joints au voyage après s'être rendu compte que leur domaine d'études ne les intéressait pas? Stierncreutz ne sera jamais médecin. Il finira par travailler à la section des pilotes de l'Asie orientale. Quant à Janne, il est embauché au service télégraphique de Vladivostok. Il continue à écrire des lettres larmoyantes et à attendre des réponses dans sa petite chambre en location. Pauvre Janne! D'où sort-il tout ce papier, toute cette encre et toutes ces enveloppes? Il réfléchit au mariage, mais uniquement parce que les couples mariés bénéficient de privilèges et d'avantages économiques, contrairement aux célibataires.

Quant au sommelier Wilhelm König, celui qui servait des cocktails et des pâtisseries au bal de l'île de Sal, il semble avoir largement contribué à l'extinction des félins de la région en se mettant à la chasse au tigre, en plus de tenir un bar. Certes, il n'est pas le seul dans le coin à se passionner pour la traque des grands fauves, mais il est l'un des braconniers les plus actifs. Non seulement il abat les bêtes au fusil, mais il installe aussi des pièges et des appâts empoisonnés à la strychnine dans les forêts voisines. Il prend pour épouse une prisonnière russe envoyée en Sibérie, depuis laquelle elle a continué sa route jusqu'en Amour, une femme belle mais perfide. Plus tard, son infidélité désespérera Wilhelm au point qu'il se réservera le même sort que ses tigres et avalera une dose létale de strychnine.

Son frère Herman devient, quant à lui, chef d'équipe d'ouvriers chinois à Vladivostok.

Walldén travaille pendant quelque temps comme apothicaire avant de faire affaire avec l'explorateur finlandais Otto Lindholm, celui qui s'est empiffré de melons et de bananes sur les îles tropicales, et qui vadrouille dans la région depuis longtemps déjà. Avec leur entreprise O. V. Lindholm & Co, ils prennent possession des veines aurifères de l'île d'Askold et disposent alors de plusieurs navires et moulins, entre autres. Otto Lindholm devient également partie prenante de la construction et du développement de plusieurs phares et ports.

Plus tard, Walldén recevra le titre de *kauppaneuvos*, accordé pour des services rendus à l'État dans le domaine de l'économie. Son épouse Selma continue à exercer comme sage-femme à Vladivostok. En 1871, elle donne naissance à un fils, Frans. Une fois installé en ville et engagé dans la politique locale, Walldén prend un nouveau nom : Axel Kirillovich. Il marquera l'histoire de Vladivostok en y développant la prise en charge des nécessiteux et en y créant des écoles.

Quant à Carl Schoultz, ses descendants rapportent dans des entretiens avec la presse que notre amateur de baisers supporte si mal l'odeur des remèdes qu'il ne poursuivra jamais sa carrière d'apothicaire en Amour. Par contre, il devient un photographe réputé et ouvre le premier studio professionnel de Vladivostok. Pendant l'expédition, il a parfois dû remplacer le papier photo par des feuilles à carreaux, arrachées à un cahier.

Selon les lettres de Janne, plusieurs membres de la Compagnie regrettent amèrement d'avoir fait le voyage. Leur plus grand rêve devient alors de rassembler suffisamment d'argent pour se payer un billet retour vers la Finlande. Parmi eux, le commerçant Ernst Wetterhoff, qui a rédigé le couplet supplémentaire de l'hymne national, le maître Victor Federley, le marin Grönberg, le charpentier Beckström et l'agriculteur Eriksson.

Les apprentis marins, quant à eux, s'engagent sur un bateau qui les ramènent en Europe. Les jeunes filles de l'hospice restent à Vladivostok, et F. H. B. Lagus décrit leur destin en des termes peu enviables : elles « sont obligées » de se marier avec des Européens.

Plusieurs de ceux qui font carrière à Vladivostok ou à Nakhodka finiront par rentrer au pays à leurs vieux jours. Le destin de ceux dont l'existence n'apparaît que sur la liste des passagers est plus difficile à retracer. Certains rentrent en Finlande ou s'installent ailleurs en Russie, d'autres adoptent un nom russe. Dans une de ses lettres, Janne mentionne qu'en l'espace de quelques années, trois Finlandais ont mis fin à leurs jours, et que plus d'un y songe. Le proverbe slave, *Celui qui n'est pas allé en Amour ne sait pas ce qu'est le malheur*, semble sceller le sort de plusieurs émigrés.

16

La liquidation de la Compagnie doit avoir un goût drôlement amer pour toi, Fridolf. Je te comprends. En lisant entre les lignes, j'ai l'impression qu'elle te pèse toujours en 1904, quand tu commences à en avoir assez de toi-même. Mais ne nous précipitons pas. Je ne veux pas encore te laisser t'en aller.

Dans son ouvrage, Toivo Koivisto mentionne à plusieurs reprises Otto Lindholm comme ton associé. C'est lui qui a monté son entreprise à Vladivostok et embauché Axel Walldén. Dans le récit de Koivisto tout comme dans la vraie vie, Lindholm fonde à Vladivostok une banque, parmi une multitude d'autres activités. Les ramifications de son entreprise couvrent tout le nord du Pacifique, jusqu'en Alaska et à la côte ouest des États-Unis. Il participe également au développement du port de Vladivostok quand l'urbanisation s'accélère dans les années 1870. C'est grâce à lui que le port se dote d'une cale sèche.

Dans le récit de Toivo, vous passez beaucoup de temps ensemble tous les deux, que ce soit pour les affaires ou en tant qu'amis, et votre relation semble intense, chaleureuse et égalitaire à bien des égards. Même si dans ce récit, Lindholm reste au bureau alors que toi, tu vogues sur les flots. Toivo nous raconte que souvent, lors de tes visites à Vladivostok, tu es hébergé chez ton associé.

Puis j'apprends qu'il existe une biographie d'Otto Lindholm, un pavé de 437 pages. Mes espoirs se réveillent : lui en sait certainement plus sur tes aventures féminines.

Elle a été rédigée par les arrière-petits-fils de Lindholm : Alexander C. de Haes-Tyrtoff et Nicholas Tyrtoff Davis. Le gros ouvrage m'arrive dans un colis affranchi avec des timbres des Pays-Bas. Est-ce là-bas que vivent ses descendants ? Les auteurs ont utilisé comme sources les mémoires manuscrites de leur aïeul.

Le parcours d'Otto Lindholm ressemble à celui de Fridolf en bien des points. Lui aussi est très jeune quand il embarque sur un bateau pour la première fois. Selon ses biographes, son intelligence aurait pu le destiner à des études universitaires, mais la situation économique de sa famille modeste le pousse vers le monde du travail.

Lindholm arrive en Extrême-Orient russe puis en Alaska dans les années 1850. Comme Fridolf, il revient de temps en temps en Finlande et étudie à l'école maritime de Turku. Il passe son diplôme en 1852, quelques années avant mon capitaine fantôme. De sa promotion qui compte 61 étudiants, seuls neuf sortent diplômés – je ne sais pas si c'est révélateur de la difficulté des examens ou du niveau des étudiants. Lindholm est ensuite engagé sur un baleinier de la Compagnie russe-américaine. Avant que quiconque ne se mette à rêver d'utopie ou de l'Amour, Lindholm a déjà eu l'occasion de capturer plusieurs baleines dans les mers de la Russie orientale et de gagner une somme considérable d'argent.

Un autre navigateur finlandais nommé Törnqvist, qui a accompagné Lindholm en mer pendant dix-huit ans, s'installe avec lui dans la région de l'Amour. Selon la biographie, les deux amis possèdent chacun un baleinier amarré au port de Nakhodka à la fin des années 1860, quand l'expédition de Fridolf et celle partie de Turku avec le capitaine Brolin arrivent dans la région.

Pour une raison que j'ignore, les lettres et les mémoires des expéditions ne disent rien de la présence de ces deux navires finlandais dans la baie de Nakhodka. On pourrait pourtant penser qu'ils auraient attiré l'attention des nouveaux venus, qui racontent avoir bu des grogs à la résidence de Furuhjelm et rendu visite aux gens de Turku terrés dans leur trou. Mais il n'y a rien, aucune mention d'un contact quelconque avec Lindholm et Törnqvist. Furuhjelm ne vous en a-t-il rien dit ? Ne vous a-t-il jamais suggéré de faire affaire avec le binôme ?

À votre place, je serais curieuse de savoir comment se passe la chasse à la baleine dans le coin. D'ailleurs, je trouve étrange que le succès de Lindholm ne soit jamais avancé comme argument quand vous vous réunissez en novembre 1870 pour décider du sort de la Compagnie.

De plus, vers 1868, Otto Lindholm obtient un terrain à Nakhodka, grâce à l'aide de Furuhjelm. Il y construit une maison dans laquelle il s'installe en 1870, après son mariage avec Mlle Bothman. Furuhjelm et Lindholm sont donc de vieilles connaissances. Selon sa biographie, il participe régulièrement aux soirées organisées par l'administrateur et par d'autres personnes en vue en Amour : fonctionnaires, capitaines, gradés de l'armée ou entrepreneurs. Parmi les invités figurent aussi le couple Walldén ainsi que Jacobsén, le premier second de l'*Imperator*, celui qui se trouve une épouse parmi les domestiques au service de Furuhjelm. Mais dans toutes ces descriptions, il n'est jamais question de Fridolf. Alors que dans le récit de Toivo Koivisto, c'est tout le contraire : il le place volontiers dans les salons de Furuhjelm.

Selon la biographie d'Otto Lindholm, la première rencontre entre les deux hommes remonte à l'arrivée des Finlandais à Nakhodka. Évidemment, Fridolf connaissait de nom ce chasseur de baleines renommé, d'autant que l'un comme l'autre avaient travaillé dans les années 1850 pour la même compagnie, Fridolf ayant navigué sur le *Grefve Berg* et sur l'*Amur* dans les eaux du Pacifique Nord. Le fait qu'ils ne se croisent qu'une fois à Nakhodka en dit long sur les vastes étendues qu'arpentent les hommes de la Compagnie en pistant les baleines.

Otto et Fridolf se rencontreraient donc peu de temps après l'arrivée de la colonie en Amour, quand la Compagnie du second se porte encore bien. Fridolf dirait alors à Otto qu'il se mettrait bientôt à la chasse à la baleine. Dans ses mémoires, Lindholm raconte avoir été surpris par cette annonce : il n'y a guère que le capitaine lui-même qui s'y connaisse en baleines ! En lisant le texte, on a l'impression que Lindholm a pitié de Fridolf.

La biographie ne dit rien de l'expédition de Turku mais il est possible que les arrière-petits-fils n'aient pas jugé utile de retenir ces passages-là dans les mémoires de leur aïeul.

La rencontre suivante d'Otto Lindholm et de Fridolf aurait lieu à Nakhodka en janvier 1871. Fridolf est alors déprimé : la Compagnie a été liquidée quelques mois plus tôt et il n'a capturé aucune baleine. Tout ce qu'il a réussi à faire, c'est d'abattre des arbres pour les transporter ensuite à Strelok, pour la construction des maisons. À Lindholm, il raconte avoir aperçu plusieurs baleines grises le long des côtes. Au moment de se quitter, Fridolf répéterait à Lindholm que si ce dernier cherchait à compléter son équipage, il serait prêt à le rejoindre.

Voilà donc comment le tyran de Janne Söderhjelm, le *Gubbe* d'Alexander Stierncreutz et mon héros à moi en arrive à embarquer comme simple marin sur un navire dirigé par un autre capitaine.

17

Nous naviguons sur l'Atlantique Sud, Nick, moi et notre chat mort, et nous faisons le même trajet que toi. Je le sais parce que j'ai trouvé dans un vieux journal une mention de vous : en février 1869, l'équipage d'un navire se dirigeant vers Queenstown dit avoir aperçu l'*Imperator Alexander II* plus loin en mer. Vous avez mis le cap vers le sud. Dans vos tonneaux huileux clapote l'eau providentielle de Trinidad et de la tempête, quelques tortues sont encore en vie. C'est le moment où l'une d'entre vous arrive en fin de grossesse, et où certains se plaignent dans leurs lettres qu'il n'y a plus de tabac. Vous vous approchez d'une terre qui est aujourd'hui l'île habitée la plus éloignée des continents.

Moi aussi je la vois, l'île volcanique en forme de sombrero, auréolée de nuages gris : Tristan da Cunha. Nous ne devions nous arrêter nulle part, mais j'aimerais tellement me rendre sur l'île que Nick finit par adhérer à mon enthousiasme. En plus de l'éloignement presque incompréhensible de l'île et de son exotisme, je suis attirée par le capitaine finlandais Arthur Söderlund, qui y est enterré. Il fait partie des capitaines des derniers grands voiliers qui, pendant la Seconde Guerre mondiale, naviguent dans les mers du Sud et se cachent des sous-marins japonais derrière des glaciers.

Nous établissons un contact radio avec Ian Repetto, de garde à la station de l'île. Nous parlons de météo, de glaciers, d'élevage de moutons, de la tombe de Söderlund et de bien d'autres choses encore. Il nous prévient qu'un vent fort souffle directement vers le port de la capitale, Édimbourg-des-Sept-Mers. Nous pourrions peut-être trouver un moyen d'y mouiller, mais il serait impossible d'accoster vu les vagues qui se fracassent sur les côtes. Selon les prévisions, la tempête durera encore trois jours. Nous nous approchons au point d'apercevoir des maisons claires, des routes qui serpentent comme des rubans et une Jeep qui grimpe le flanc de la colline. Puis nous changeons de cap. Ian Repetto promet d'envoyer un e-mail à nos familles: *Le* Zest of Hong Kong *a établi un contact radio. Tout va bien sur le bateau.*

Je me souviens qu'à ce moment-là, tout va effectivement très bien: sur les flots, nous formons une unité titubante dans un demi-cylindre malmené, nos besoins en nourriture sont dûment quantifiés et notés, et nous nous débrouillons très bien avec les tempêtes, nous y trouvons même un certain plaisir. Nous avons entendu une voix nous souhaitant bonne route, la voix de quelqu'un qui parle la langue des dépressions, de la houle et des pétrels et qui sait qu'une telle vie n'est pas faite pour tout le monde. Quelqu'un comme toi.

Peu de temps après, nous voilà pris dans un ouragan. Le vent se lève et les vagues s'élèvent d'abord à mi-mât, puis plus haut encore. Pendant plusieurs jours, des albatros nous ont suivis. Les oiseaux blancs se posaient dans l'eau près du bateau et nous observaient, la tête inclinée, immenses, de la taille d'un mouton. Au bout de quelque temps, ils rouvraient leurs ailes, prenaient leur élan sur l'eau et prenaient leur envol. Mais là, tous ont disparu. Ils ont fui devant la tempête qui approche.

Une vague sombre et haute fait gîter le voilier. Quand il se rétablit, de l'eau goutte entre les lames du plancher. Je me mets à pomper, Nick essaie de repérer la fuite. Je le vois goûter l'eau, puis je l'entends pousser un juron. La vanne de l'un de nos réservoirs est cassée. Quand la tempête se calme, Nick réussit à la réparer et ouvre le couvercle du réservoir. Près de 200 litres d'eau potable sont partis, rejetés dans la mer. Nous ne voulons pas nous arrêter en Afrique du Sud et prolonger notre voyage d'un mois. Alors nous diminuons nos rations quotidiennes à un litre et demi, et nous prions pour que le trajet qu'il nous reste soit pluvieux.

18

Peu de temps après la dissolution de la Compagnie, un autre malheur frappe la colonie : Harald Furuhjelm meurt au printemps 1871. Suite à son décès, une rumeur se met à circuler : les terres mises à disposition gratuitement à Strelok seront bientôt récupérées par l'État. Fridolf espérait obtenir, avec l'aide de Furuhjelm, une autorisation pour chasser non seulement la baleine mais aussi les bêtes à fourrure – le projet tombe à l'eau. La disparition de l'administrateur et du soutien qu'il apportait est aussi un coup dur pour les artisans finlandais de Strelok qui se sont installés à Nakhodka et y ont créé des entreprises. Peu de temps après, toute l'administration est transférée à Vladivostok. C'est le déclin de Nakhodka. Les emplois disparaissent, la valeur des terrains et de l'immobilier chute.

◆

La nouvelle de l'échec de l'utopie finlandaise est arrivée jusqu'aux journaux finlandais, mais ceux qui rêvent d'une vie meilleure continuent d'affluer en Amour. Janne, qui s'est installé plus au nord, à Blagovechtchensk, en rencontre plusieurs, dont une sœur de Furuhjelm ainsi que les époux Lindqvist et Kortman qui travaillent comme lui à la Compagnie de télégraphe.

En décembre 1873, Janne décrit les avantages offerts aux nouveaux arrivants : deux ans de salaire payés en avance, un forfait voyage d'un rouble et de 50 kopecks par verste parcourue, une retraite convenable entre autres. Janne a calculé que s'il rentrait à Saint-Pétersbourg pour ensuite revenir en Amour comme fonctionnaire, il recevrait un forfait de 3 000 roubles pour le voyage, et la même somme au bout de cinq ans de service. Au télégraphe, son salaire est de 53 roubles et 90 kopecks par mois, ce qui couvre à peine le loyer et la nourriture – sans parler des timbres.

En cherchant plus d'informations sur Blagovechtchensk, je repère un ouvrage que je ne connaissais pas encore. Édité à compte d'auteur en 2016, il s'intitule *Janne Söderhjelm, Amurfararen* (*Janne Söderhjelm, voyageur en Amour*) et a été écrit par Liva Söderhjelm, de la famille de Janne. Je réussis à mettre la main sur le livre. La plupart des lettres qui y sont citées me sont déjà familières grâce aux journaux de l'époque et à l'ouvrage d'Appel, mais j'y apprends plusieurs détails sur son parcours avant le départ. Il aurait débuté des études de droit sous la pression de son père mais n'aurait réussi à passer que les examens d'*approbatur**. Plus tard, il se serait dirigé vers des études de sylviculture. Le livre révèle aussi la source de ses problèmes familiaux : Janne a été déshérité par son père. L'autrice se pose la même question que moi en découvrant les commentaires désobligeants de Janne sur les baisers des Anglaises et le bal de l'île de Sal : est-il homosexuel ? Est-ce là la raison de son départ ?

Le livre comporte une missive que je n'avais encore jamais lue nulle part. Elle a été écrite à Bremerhaven, au tout début du voyage. À l'époque, Fridolf devait encore projeter un

* Premier degré des études universitaires en Finlande, correspondant en général à une ou deux années d'études.

passage par l'Amérique du Sud, parce que Janne mentionne l'adresse d'une auberge chilienne. Il écrit aussi que le plus jeune des enfants du brick a 3 mois.

Selon lui, l'expédition s'est bien passée jusque-là. « Ce qui me contente tout particulièrement, c'est que tout le monde semble bien m'aimer. » Tous l'appelaient par son seul prénom, en signe de bonne camaraderie. Mon p'tit Janne, comme t'es chou.

Après l'échec de la Compagnie, il semble réfléchir longuement à un nouveau départ. À Vyborg vivrait une demoiselle du télégraphe, toujours célibataire. D'ailleurs, mieux vaut être marié si on compte s'installer en Sibérie orientale, écrit-il, y songeant pour les années à venir, après un aller-retour à Vyborg. Avec une épouse, les avantages pécuniaires seraient considérables.

Selon Janne, choisir de venir en Amour avec le capitaine Höök, à ses propres frais, a été une décision très naïve. Un prêt doit être remboursé, tôt ou tard. Il est intéressant de noter que même s'il est déçu des conditions de vie en Amour, il n'a aucune intention de rentrer en Finlande et projette simplement d'effectuer des allers-retours entre Vladivostok et Vyborg ou Saint-Pétersbourg. Puis il change de braquet et se met à envisager un départ vers la Caucasie ou vers le Turkestan.

À l'automne 1874, les derniers Finlandais ont quitté Nakhodka. Stierncreutz, qui s'est engagé sur un bateau à vapeur, est, selon Janne, si déçu de sa vie qu'il pense souvent au suicide. Sur Fridolf, pas un mot.

Dans une lettre de février 1875, Janne raconte que cinq sociétaires de la Compagnie sont désormais rentrés en Finlande. Lui-même s'est rapproché de son pays d'origine en s'installant à Albazino pendant l'hiver 1875. Ici, écrit-il, il est plus proche de 2 500 verstes de son pays.

«Il est plus économique de rentrer en bateau à vapeur qu'en traversant le continent», calcule-t-il. Janne meurt célibataire en 1882 ou en 1883, quelque part en Russie, probablement de la diphtérie.

◆

Quant à Fridolf, depuis la dissolution de la colonie, il n'a ni maison ni bateau, et aucune source de revenus. Il finit par être embauché par l'entreprise marine d'Otto Lindholm et de son associé Törnqvist. Selon Toivo Koivisto, Fridolf deviendrait capitaine sur le baleinier *Karoliina Törnqvist,* mais la biographie de Lindholm indique que le bateau s'appelle *Hannah Rice* et que Lindholm est lui-même à bord, comme souvent quand les deux hommes naviguent ensemble. Même si, dans ses mémoires, Lindholm apprécie grandement les talents de capitaine et de chasseur de baleines de Fridolf, j'imagine qu'en termes de commandement, Lindholm préfère largement tenir la barre sur son propre navire.

Cette fois-ci, la chance leur sourit. Et là, cher Toivo, c'est enfin ton heure! Vas-y, souffle-nous une bulle couleur arc-en-ciel avec l'écume des vagues de la baie de l'Amour qui n'a jamais aussi bien porté son nom. Dépêche-toi! Décris-nous ce butin que Fridolf trouve en mer cette fois-ci! Ou laisse-moi plutôt résumer l'histoire.

L'hiver précédent, la colonie a donc été dissoute. Nous sommes au printemps 1871, dans la nuit noire et brumeuse séparant le 1er du 2 mai. Soudain, le bateau dirigé par Fridolf heurte brutalement quelque chose – un navire coréen. Et là, au milieu du brouillard, debout sur le pont, une silhouette blanche tel un fantôme tient dans ses bras une jeune femme.

Et c'est parti! Fridolf sauve les deux naufragés d'une mort certaine juste avant que leur embarcation ne s'enfonce dans les flots. Les cinq baleines harponnées plus tôt dans la journée ne sont rien à côté de ce butin-ci. Après moult péripéties, il s'avère que le fantôme n'est rien de moins qu'un aristocrate coréen, le prince Tsing, un membre de la famille impériale mandchoue de Chine. C'est sa fille Vyno qu'il porte contre lui. Tsing est célibataire, comme le père de Cendrillon. La mère de Vyno est décédée peu après l'accouchement.

Les regards se croisent.

Les cœurs s'enflamment.

Vyno apprivoise le valeureux capitaine Höök, terreur des baleines.

19

Youhou, Fridolf! Je suis ici, à tribord, sur notre route marine commune.

Sous ces latitudes, il y a eu une naissance, voire deux, sur votre brick, mais sur le *Zest of Hong Kong*, personne ne se reproduit, sauf les cafards couleur cacao et les larves dodues qui se sont installées dans les sacs de farine allemande reçus en cadeau de départ. Quand je pétris la pâte que j'ai préparée, les larves se sectionnent. Parfois, elles n'arrêtent de gigoter qu'une fois dans le four. Vous vous dirigez vers Le Cap, alors que nous nous laissons porter par le courant marin vers le 42e parallèle et les glaciers de l'Antarctique, loin des côtes de l'Afrique du Sud.

Après avoir passé le cap de Bonne-Espérance, nous naviguons vers l'est grâce aux courants marins et aux vents d'ouest. Quand vous aurez fini toutes vos courses au Cap, nous fendrons de nouveau les mêmes eaux.

Chaque fois que nous franchissons un méridien, nous avançons nos montres d'une heure. Nous n'avons pas besoin de le faire quotidiennement. Parfois, nous devons attendre plus de trois jours.

Sur les cartes marines, les flèches tracées dans les mers du Sud nous annoncent des conditions de navigation favorables. En effet, vu depuis le pôle Sud, l'Antarctique est bordé d'un courant marin se déplaçant dans le sens des aiguilles d'une montre, nous poussant vers là où nous allons. Ce courant, libre de toute entrave continentale et presque dépourvu d'obstacles insulaires, s'intensifie à mesure que le voilier progresse vers le sud. Le carrousel tourne de plus en plus vite, mais nous avons aussi de plus en plus de risques de croiser un iceberg.

Dans les guides de navigation, peu importe la saison, les flèches des vents prédominants dans cette région pointent toutes vers l'est. De fait, les bourrasques ainsi que le courant nous entraînent vers l'Australie.

Quand nous quittons l'Atlantique Sud pour nous engager sur ce périphérique des mers australes, j'imagine encore que nous naviguerons confortablement, portés par un vent arrière. Il n'en est rien. Les dépressions tourbillonnent dans le même sens que le courant. Et chacune fonctionne comme un cadran d'horloge où chaque heure correspondrait à une direction différente du vent.

Comme sous ces latitudes les dépressions peuvent circuler librement autour de l'Antarctique sans se heurter à un continent, elles sont d'une régularité admirable. Quand je débute mon quart à 21 heures, le vent se rafraîchit. À 22 heures, je me prépare en bordant les voiles : les rafales ne tarderont pas à souffler plus fort et à changer de direction. En une heure, le vent passe de 20 à 60 ou 70 nœuds, puis il se stabilise autour de 74 nœuds. Et les voilà qui arrivent par derrière, comme les trois brigands dans la nuit de Kardemumma* : des murs d'eau formés par la houle des mers australes et les vagues soulevées par la tempête. Elles se dressent d'abord comme des collines sombres et huileuses de dix mètres de haut, puis, juste avant de se briser, elles se métamorphosent en gueules cristallines coiffées d'écume phosphorescente.

* Référence à un livre pour enfants norvégien, *Folk og røvere i Kardemomme by*, de Thorbjørn Egner, également traduit en finnois sous le titre *Kasper, Jesper et Jonatan, trois joyeux brigands*.

À la proue, le foc orange et, en face, la grand-voile presque entièrement affalée tentent d'épouser le rythme des vagues qui nous pourchassent. Si nous allons trop lentement, les rouleaux avalent la poupe du bateau. Et si nous avançons trop vite, le rythme du jeu de chat se dérègle, et là encore les vagues nous engloutissent.

Il est possible de ralentir le voilier grâce à une ancre accrochée à la proue ou à la poupe avec une aussière. S'il n'y en a pas, d'épais cordages jetés à l'eau, longs de dizaines ou de centaines de mètres et auxquels sont accrochés des seaux ou des planches, peuvent servir de freins. Si l'embarcation se retrouve dans un mauvais angle face aux vagues, elle peut gîter. Cela nous arrive une fois : le bateau surfe le long de la vague, la poupe se tourne d'un angle infime vers la mauvaise direction et le voilier est balancé sur son flanc. Le mât s'enfonce dans l'eau et l'anémomètre se casse. En général, Nick dort pendant la tempête mais cette fois-là, le fracas qui retentit des placards et la bascule de l'horizon le réveillent. Puis le voilier se redresse comme un ressort grâce au ballast rempli de plomb.

Ce qui me terrorise plus que tout, bien plus que les lames d'eau, la noyade ou la mort, c'est la possibilité qu'une vague balayant le pont emporte Nick avec elle pendant que je dors, et qu'un matin je me réveille seule au monde, sans aucune idée d'où le chercher sur ces mers australes.

La tempête dure toujours deux heures, et pendant ce temps-là je chante plus que d'habitude. Quand la dépression quotidienne s'éloigne, le vent change de direction. Au bout de quelque temps, il commence à se calmer. Je peux de nouveau hisser les voiles, me servir une deuxième tasse de café et m'installer sur le pont, trempée jusqu'aux os, épuisée et heureuse. Lentement, le corps se détend et je me demande comment il est possible que nous n'ayons toujours pas fini au fond de l'eau. Je regarde la mer tout autour, froissée et agitée, et je ne peux qu'admirer sa force. Si une nuit elle décidait de nous avaler, elle serait dans son bon droit.

Pendant ce voyage-là, nous atteignons une vitesse record : un jour, nous parcourons plus de 200 milles nautiques.

Au petit matin, le voilier glisse gentiment sur l'eau. À l'aube, le vent est toujours de face. Il fait se cabrer les vagues à contre-courant de la houle éternelle des mers australes, et transforme les flots en un champ de bosses contre lequel le voilier se cogne sans arrêt, tombant à plat depuis la crête des rouleaux. Nous avons le sentiment d'être pris dans une mauvaise partie d'autos-tamponneuses. Le bateau avance à peine. Certains jours, les vagues que nous prenons sont si pénibles que nous finissons par brièvement virer de bord et regarder vers là d'où nous venons.

20

Nous sommes au printemps 1871 et Fridolf est un homme amoureux. Dans le récit de Toivo Koivisto, le prince Tsing et sa merveilleuse fille demandent l'autorisation de séjourner en Russie et l'obtiennent. Par un hasard miraculeux, la famille du prince possède un vieux château dans le coin, précisément dans la baie de Sidemi, près de Vladivostok. C'est la maison d'enfance de Tsing, inoccupée depuis des lustres. La baie de Sidemi est un paradis : une longue plage de sable, des collines verdoyantes et de charmants ruisseaux, des chênes immenses et un chemin qui mène au château, que le trio emprunte ensemble. Mais une fois sur place, quel malheur ! Tout est en ruine. La déception est dure à encaisser, mais le prince décide dans la seconde de construire une nouvelle bâtisse pour remplacer celle-ci. Puis les choses se compliquent. N'étant pas citoyen russe, aucun permis de construire ne lui sera accordé. Il pourrait demander la nationalité, mais il n'en veut pas : s'il le faisait, il perdrait tous les avantages liés à son titre de noblesse dans son pays d'origine. Heureusement que Fridolf est là ! Il trouve aussitôt une solution et propose d'acheter le terrain, grâce à son statut de colon. Aussitôt dit, aussitôt fait. La vente est conclue, et il est convenu que le prince et Vyno rentreront en Corée du Sud, à Pusan, le temps que dureront les travaux.

Voilà donc Fridolf transformé non seulement en homme éperdument amoureux mais aussi en propriétaire terrien des paysages d'enfance du prince Tsing. Toivo Koivisto nous raconte que jusque-là, les femmes n'ont joué aucun rôle dans la vie du capitaine, et qu'il ne sait pas très bien comment se comporter avec elles. Est-ce bien vrai ? Quand je pense à tous les ports que Fridolf a fréquentés pendant des années, j'ai du mal à penser qu'il aurait été... toujours tout à fait vierge.

Mais peut-être était-il de ces hommes totalement dédiés à leur travail, décrits par Oscar Wilde. Avant cette rencontre, son esprit était concentré sur les huniers et les baleines, et comme les femmes ne claquaient pas au vent et ne dégageaient pas de vapeur, elles ne signifiaient rien pour lui. Après tout, aucune rumeur le concernant n'est arrivée jusqu'en Finlande de tout le voyage jusqu'en Amour. Même Janne n'en dit rien. Rien sur le capitaine courant les auberges ou les bordels une fois à terre.

Toivo Koivisto décide d'expédier l'amoureux transi de Vyno de nouveau en mer. Il l'envoie « sur le pont, s'oublier de longs instants dans la contemplation d'un point imaginaire dans le bleu-gris de la brume à l'horizon ». Mais la méditation ne dure pas. Ni une, ni deux, voilà la ravissante et innocente Vyno sur le baleinier, dans la cabine du capitaine, lui susurrant à l'oreille. On se demande bien comment elle est arrivée là, alors que l'instant d'avant elle était en route avec son père vers la Corée du Sud... Et toi, Fridolf, as-tu balancé tous tes principes par-dessus bord ? Dans la Manche, tu nous expliquais que les femmes n'avaient rien à faire sur un bateau, qu'elles ne faisaient que porter malheur.

Mais voilà donc Vyno dans la cabine où, soudain, elle fond en larmes. Quand Fridolf s'enquiert de la raison de cette effusion d'émotions, « Vyno lève sur le capitaine ses grands yeux noirs, remplis de perles d'eau, et telle une prière, murmure "tu m'as tellement manqué" ».

Puis elle demande sa main: «Je t'aime, marions-nous.»

C'est ce qu'ils font, et le prince Tsing est plus que ravi de son gendre finlandais. Sans témoins ni grande cérémonie, il prononce l'union de nos deux tourtereaux.

Selon Koivisto, Fridolf reste discret sur son nouveau statut marital et n'en dit rien à son propre frère Hjalmar, mais Tekla Nilsson devine la nouvelle en remarquant la mine réjouie du capitaine.

Cher Toivo, faisons une pause avant de continuer avec ton histoire. Selon toi, Fridolf heurte donc un navire coréen au printemps 1871 et tombe amoureux. Au même moment, d'après la biographie d'Otto Lindholm, il se trouve effectivement en mer, au bord du *Hannah Rice*. C'est le début de la saison des baleines qui ne s'achève qu'à la fin de l'automne, quand arrivent la neige et la glace. Selon Lindholm, le baleinier rentre à Nakhodka en novembre, et il ne parle ni de brume, ni du naufrage d'un bateau coréen, ni d'un prince ou d'une Vyno. Rien non plus sur un débarquement soudain de Fridolf qui s'occuperait d'acheter des terres à Sidemi. Aucune princesse coréenne en larmes ne fait irruption dans la cabine du capitaine.

Mais ne voilà-t-il pas que la crédibilité de Lindholm, elle aussi, est mise à rude épreuve. En effet, il écrit dans ses mémoires que le retour du *Hannah Rice* est célébré en grande pompe, avec une fête organisée par Harald Furuhjelm à Nakhodka. Or ce n'est pas possible puisque l'administrateur est alors décédé depuis six mois déjà. Il est mort en avril de la même année.

Pourquoi tenez-vous tous à me compliquer la vie à ce point?

◆

Mon cher Toivo, le récit que tu nous racontes est si séduisant et poignant qu'il serait tentant de s'en contenter et de laisser l'amour nous porter. Mais il me semble tout de même étrange que ni Janne, ni Nilsson, ni Walldén, ni Schoultz, ni Lindholm ne disent quoi que ce soit dans leurs lettres ou dans leurs mémoires des aventures amoureuses de Fridolf. Pourquoi aucun des membres de la Compagnie n'écrit-il à ce sujet ? S'il s'agissait d'un coup de foudre rocambolesque tel que le décrit Toivo Koivisto, j'imagine que l'épisode ne serait pas passé inaperçu.

Nilsson et Schoultz racontent chaque partie de chasse dans le détail, ils se souviennent d'où vient le craquement de la branche sur laquelle a marché le félin qui va être abattu, ils décrivent le décor des *fansa*, les maisons chinoises dans lesquelles ils passent parfois la nuit. Ils se souviennent de qui tire sur quoi et avec quelles conséquences, mais ils ne disent strictement rien d'un évènement qui aurait dû faire date dans la région : un capitaine ayant navigué sur sept mers épouse la fille d'un prince coréen richissime. Est-ce parce que tout cela n'a jamais eu lieu ?

Nilsson et Schoultz écrivent des sortes de mémoires avant de rentrer en Finlande. Tous deux se trouvent toujours en Amour à l'époque où Fridolf est un homme marié, en tout cas selon Toivo Koivisto. Janne, quant à lui, raconte les évènements de l'Amour en temps réel, nous informant des affaires des membres de la Compagnie et des autres colons, jusqu'à évoquer leurs pensées suicidaires, mais lui non plus ne pipe mot sur Fridolf.

Les Nilsson rentrent en Finlande quelques années après que Tekla a donné naissance à une fille, en 1876. Les *honghuzi* n'ont pas encore attaqué, mais toujours selon Koivisto, Fridolf aurait alors été marié depuis plusieurs années déjà.

Carl Schoultz retourne en Finlande en 1890, dix ans après l'attaque des brigands. Il a épousé en 1877 Marie Louise Barck, une Finlandaise qui travaillait comme préceptrice dans la famille du gouverneur de l'Amour, le général Gustaf Erdman. Même Toivo mentionne ces noces dans son livre. Selon lui, le couple se serait marié au domicile de Fridolf à Sidemi, à Noël 1875, soit deux ans plus tôt.

Schoultz est donc toujours à Vladivostok quand Fridolf tombe amoureux, et il y est encore quand ce dernier perd la femme qu'il aime dans l'attaque des *honghuzi*. Mais il ne dit rien de ces deux évènements.

Les notes de Nilsson comportent quelques dates éparses, dont certaines concernent Fridolf. Selon le récit de Toivo, Vyno a alors déjà fait son apparition dans la vie du capitaine et le couple est marié. Quand je cherche le nom de Fridolf dans les mémoires de Nilsson, j'ai l'impression de vérifier un alibi donné par Toivo : en juin, est-il en train de batifoler dans la cabine du pont, ou est-il tout à fait ailleurs ?

Parmi les dates notées par Nilsson, je relève ceci :

Le 21 février 1872, une petite fille naît dans la famille du tanneur Hakkarainen, restée à Strelok. Fridolf se trouvant dans les parages, c'est lui qui baptise le nouveau-né. C'est tout ce que l'auteur nous dira de lui à cette occasion.

La mention suivante concerne le déménagement des Nilsson de Strelok à Vladivostok, et l'aide apportée par Fridolf. Nous sommes alors fin mars 1872.

Le 12 octobre de la même année, une mission de charpentier est proposée à Nilsson. Il s'agit de construire une scierie à vapeur pour le compte de l'État russe. Fridolf a recommandé le colon aux autorités locales. C'est quand même un bon gars : il aide pour le déménagement, il baptise ton enfant et il te fournit du travail.

Rien, absolument rien sur Vyno ni sur un coup de foudre.

Toivo Koivisto nous explique que lors de la fête d'adieu organisée après la dissolution de la Compagnie, Schoultz prononce un discours. Il y remercie « notre ami et chef », le capitaine Fridolf Höök et laisse entendre que ce fripon aurait eu des conquêtes : « Il a déjà trouvé son bonheur, en étant le premier d'entre nous à trouver en Amour celle qui sera la grâce de sa vie. »

Je crois bien que tu fais erreur, cher Toivo. La Compagnie a été dissoute en novembre 1870, et, dans ton récit, Fridolf ne rencontre Vyno qu'au printemps suivant. Ou est-ce que la fête a été organisée avec beaucoup de retard ? Pourquoi Schoultz, qui nous racontait ses baisers anglais et ses adieux avec Mery de Luz et qui, de toute évidence, a un faible pour la chose romantique, ne dit-il rien sur Fridolf et sa compagne dans ses mémoires ?

◆

Je suis la romance de Fridolf avec Toivo, puisque je n'ai personne d'autre. J'essaie de repérer dans son ouvrage des similitudes et des différences avec les autres sources que j'ai, je sépare le bon grain de l'ivraie. À l'été 1871, Vyno est en Corée avec son père et Fridolf traque la baleine en mer d'Okhotsk. La chance lui sourit, il chasse jusqu'à quatre cétacés par jour. À un moment, l'huile est ramenée à Vladivostok pour y être vendue – même si Lindholm prétend le contraire – et en août, Fridolf est de nouveau en mer dans le Nord.

Dans le récit de Toivo, le butin d'août est déchargé à Nagasaki – alors que Lindholm explique que la chasse continue jusqu'en novembre. Toujours selon Toivo, une fois à Nagasaki, Fridolf échange sa cargaison d'huile contre de la soie et d'autres marchandises, et met ensuite le cap sur la Corée. Six mois se sont passés depuis sa dernière rencontre avec Vyno.

« *Oma Vynoni*, ma Vyno à moi, s'écrie-t-il en enlaçant cette créature aussi menue et fragile qu'un papillon. »

C'est vraiment ce qu'il aurait dit, selon Toivo, en finnois : « *Oma Vynoni* ».

Vyno est curieuse de savoir ce que signifie ce mot étrange, « *oma* ». Moi aussi, je me pose des questions sur cette marque soudaine de propriété.

Aïe, aïe, aïe Toivo. Tu prétends que Fridolf explique alors à Vyno qu'il s'agit d'un mot finnois, sa langue maternelle – sauf que c'est le suédois.

Vyno est donc devenue Oma, et Toivo utilise ensuite fréquemment ce possessif pour désigner la jeune femme. Je m'aperçois que quelques articles russes ont dû utiliser le livre de Koivisto comme source puisqu'ils pensent que ce surnom est le prénom de l'épouse de Fridolf.

Oma l'accompagne en mer et apprend avec le temps à se déplacer sur le pont « sans avoir besoin d'être tenue par la main ». Le soir, les amoureux s'installent dans la cabine, joliment décorée, elle joue de la cithare et « chante d'une voix gutturale et plaintive des mélodies apprises de Höök ».

Il se met à investir l'or de son beau-père, et s'achète son propre voilier. Juste avant Noël 1872, le couple s'installe, selon Toivo, dans la maison construite à Sidemi. Le bâtiment, imposant, comporte plusieurs tours. Il sera nommé « Nid d'aigle ». Toujours selon Toivo, Alexander Stierncreutz accompagne le couple et le prince Tsing quand ils visitent les lieux pour la première fois. Le visiteur déclare que l'habitation est digne d'un hôtel de Vladivostok.

Noël 1872 marque le début d'une tradition qui se répète ensuite dans le livre : tous les ans, Fridolf invite ses amis finlandais à fêter Noël chez lui. Il y a à boire et à manger à volonté, et les hôtes offrent de merveilleux cadeaux à leurs invités, souvent des tenues d'hiver en fourrure, d'excellente qualité. Oma entonne des chants traditionnels que son mari lui a appris, et les accompagne à la cithare.

La tradition de Noël inclut aussi une course sur la mer gelée. Fridolf possède autour de sa maison plusieurs prés avec des chevaux et des élans, et ses petits équidés coréens excellent souvent dans cette course. J'imagine que Schoultz et Nilsson auraient tout de même mentionné ces festivités s'étalant sur plusieurs jours ?

Mais une tragédie frappe Oma et Fridolf : le prince Tsing est assassiné à Pékin, et sa fille se retrouve orpheline. En se référant aux autres évènements mentionnés dans le livre, le meurtre aurait lieu à l'automne 1874.

Quand Fridolf apprend le décès de son beau-père, il est loin. Il se passe quelque temps avant qu'il puisse rejoindre le Nid d'Aigle pour consoler Oma. Toivo Koivisto nous décrit la beauté des retrouvailles : « Höök enlace son épouse de ses grands bras musclés et la console avec des mots tendres. » Alors qu'il est en train de câliner sa femme, il apprend une joyeuse nouvelle : « Fido, l'année prochaine, tu seras papa ! »

Dans le récit de Toivo, Mia naît en mars 1875. Avant la naissance, Fridolf a décidé d'arrêter la chasse à la baleine et a vendu le voilier *Briggs*, acheté avec les pièces d'or de son beau-père. C'est sa santé qui le pousse à prendre cette décision surprenante. « Il montre ses mains, ses doigts ankylosés et pareils à des griffes, ses articulations gonflées », décrit Koivisto.

La biographie de Lindholm mentionne, elle aussi, la fin de la carrière de chasseur de Höök, bien qu'elle la date du début de l'an 1872. Selon l'ouvrage, il en a assez. Il a l'intention d'arrêter toute navigation, et de s'installer sur la ferme de Strelok. Aucune référence à une maison luxueuse à Sidemi ou à un beau-père richissime, aucune mention d'une femme prénommée Vyno ou Oma.

Toivo, lui, nous raconte qu'après avoir abandonné les baleines à leur sort, Fridolf s'intéresse à plusieurs activités en mer et à terre, dont la prospection d'or dans la région. Juste avant qu'Oma lui annonce la bonne nouvelle, ce dernier a reçu au Nid d'Aigle la dernière part des bénéfices de l'île d'Askold : un gros tas de sacs d'or.

21

Nous sommes déjà à mi-chemin de notre dernier voyage. Depuis plusieurs semaines nous allons d'une tempête à une autre quand soudain, un matin, le jour se lève sur un ciel dégagé et ensoleillé. L'air est glacial et la mer est d'huile. Au loin, nous apercevons un cortège de baleines bleues se dirigeant vers le nord. Certaines sont immensément longues, comme des trains de marchandises, d'autres, plus jeunes, nous impressionnent moins.

Nous avons déjà croisé des cétacés pendant notre voyage dans le sens opposé, de l'est vers l'ouest. Le long des côtes sud-africaines, les nuits étaient parfois si calmes et si noires que seules les étoiles permettaient de distinguer la mer étale du ciel. Pendant ces nuits douces, le voilier s'arrêtait parfois brutalement, comme s'il s'était cogné à un mur. Ce n'était qu'en entendant le clapotis de la queue dans l'eau ou en apercevant le dos gros comme un rocher et couvert de lichen, que nous savions que nous avions de nouveau heurté une baleine à bosse se reposant à la surface.

Nous regardons les baleines bleues qui avancent lentement vers le nord, leurs dos brillant au soleil. Je prends des photos, puis je descends faire une sieste.

Une première secousse me réveille. Puis une autre ébranle le bateau. Le choc fait bouger les lames du plancher. Je rejoins Nick sur le pont. Tout autour de nous nage un banc d'orques au dos noir, au ventre blanc et au museau arrondi. Nous avons lu quelque part qu'elles peuvent se comporter ainsi, qu'elles ont même fait couler des voiliers avec leurs coups. Les épaulards ne sont pas méchants, juste curieux. Ils veulent savoir si cette masse flottante est comestible ou non, s'il est possible de s'accoupler avec, ou pourquoi elle s'est installée sur leur territoire. Un troisième assaut arrive des profondeurs. Il fait résonner la coque, du côté du safran. Si le coup était arrivé dix centimètres plus à droite, il l'aurait fait exploser, laissant à la place un énorme trou.

Nous démarrons le moteur pour la première fois depuis le début du voyage. Je reste sur le pont, Nick descend pour vérifier les possibles fuites.

« Hey *Babes*, je vais voir si j'arrive à établir un contact radio avec l'Afrique du Sud. »

La radio grésille, puis nous entendons une voix humaine à 4 800 kilomètres de nous. Nick explique la situation : il est possible que notre coque soit endommagée. L'opérateur nous demande si nous avons un radeau à bord. Oui. Est-il prêt à être utilisé ? Pas encore. L'opérateur vérifie la position du navire le plus proche – 1 500 kilomètres plus loin. Beaucoup trop loin pour nous venir en aide. La voix nous promet de noter notre localisation mais c'est tout ce qu'elle peut faire.

« Bonne chance », conclut-elle.

Nick éteint le moteur. Nous restons assis dans la cabine, lui sur le banc de bâbord, moi en face. Nous surveillons le fond de cale et nous guettons le moment où de l'eau en surgira. Je me souviens avoir pensé au radeau de survie tel que je l'avais vu à Singapour : une tente circulaire et orange. Nous avons lu plusieurs histoires de navigateurs qui se finissent sur un radeau. Toutes se déroulent dans des eaux tropicales où même les nuits sont chaudes. Dans les mers australes, il fait froid. Le radeau n'a pas de quille et les vagues nous secoueraient comme un dé entre deux paumes. Tôt ou tard, le tissu céderait, nous arriverions au bout de l'eau potable, les requins et d'autres bêtes grignoteraient la coque. Nous passerions le restant de nos jours dans le carrousel des mers australes.

Nous sommes assis chacun sur un banc et nous nous faisons des grimaces. Sacrée aventure. À ce moment-là, j'espère presque que nous vivions une dernière belle mésaventure ensemble. Que le voilier coule. Que depuis le radeau, nous regardions ensemble la girouette abîmée par la tempête disparaître dans les flots. Voilà une belle fin tragique à raconter!

Nous avons les yeux rivés sur le fond de cale et nous sommes presque déçus de constater qu'il n'y a aucune fuite. Nous prenons tout de même des bidons d'eau potable avec nous quand nous montons sur le pont pour hisser les voiles. Je dis à Nick que la première question que je me suis posée dans l'urgence était de savoir s'il fallait emporter sur le radeau la Cocotte-Minute remplie de riz tout chaud. Il se met à rire. Il s'est demandé la même chose.

◆

Peu après cette journée de pétole, nos chemins se séparent, cher Fridolf. L'*Imperator* met le cap vers le nord et l'océan Indien, vers le détroit de la Sonde et Java, alors que nous nous laissons porter par le manège vers l'est.

Nos réserves d'eau s'amenuisent, de même que le gaz qui nous sert à cuisiner. Nous avons assidûment retourné les œufs et aucun fruit n'a eu le temps de pourrir. Une fois par semaine, c'est la fête: nous ouvrons une conserve de fruits et la couronnons d'une touche de chantilly, battue avec de la poudre de crème déshydratée. Nous buvons le sirop lentement et avec délectation comme si c'était du champagne hors de prix.

Trois semaines plus tard, nous sommes suffisamment proches des côtes sud de l'Australie pour les sentir, à défaut de les voir. Le vent du nord nous amène une odeur d'eucalyptus brûlé – un feu de forêt doit faire rage quelque part.

Quand le *Zest of Hong Kong* s'approche de Melbourne après cent huit jours passés en mer, nous affalons les voiles, nous dispersons les cendres de notre chat dans les flots et nous laissons le voilier tanguer devant la ville.

Nous ne démarrons pas le moteur, nous ne prenons pas la direction du port en suivant les balises. Nous n'attachons pas au filin le drapeau jaune d'entrée sur le territoire. Nous mouillons au large de Melbourne, pour un jour supplémentaire en mer. Nous sommes arrivés à destination beaucoup trop vite.

Même si les souvenirs ne sont plus fidèles à la réalité et se sont parfois complètement évaporés, j'imagine que le dernier lever du soleil est resté intact en moi, les tons du ciel, la température qu'il fait alors, l'air qui se réchauffe et s'adoucit une minute après l'autre. Je me souviens de la position du bateau par rapport à la côte. La plage est encore à une distance rassurante, trop loin pour être rejointe à la nage.

Nous faisons du café et nous nous asseyons sur le pont, en silence.

La veille au soir, Nick a établi un contact radio avec la station côtière de Melbourne, où quelqu'un lui a promis d'informer son père de notre arrivée. Ça grésille sous le pont, puis nous entendons la voix joyeuse du papa.

« Bonjour, vous m'entendez ? »

Nous restons sur le pont.

« Si nous avions plus d'eau potable, nous pourrions poursuivre jusqu'à Tahiti, dit Nick.

– C'est vrai », je réponds.

22

Le récit de Toivo Koivisto s'approche de l'année 1879 et de l'attaque des *honghuzi* qui marque le début du livre de Harry Halèn. Selon Toivo, Fridolf et Oma ont un deuxième enfant, un garçon, né en février 1878. Fridolf est fou de bonheur en prenant son petit héritier dans les bras pour la première fois. Comme Mia, le bébé reçoit un prénom court et percutant : Ami.

Les *honghuzi* sont en train de s'approcher de la baie de Sidemi et du Nid d'Aigle, nous raconte Toivo Koivisto. Au moment de l'attaque, Fridolf n'est pas sur place, il est parti vers le nord, et a été prévenu par un télégramme lui enjoignant de rentrer au plus vite. Redoutant le pire, il navigue toutes voiles dehors vers Vladivostok où il apprend la terrible nouvelle : les brigands chinois ont brûlé sa maison et emporté sa femme et son fils. Mia, gardée par le voisin polonais Jankowski, a échappé à l'attaque.

Selon Toivo, le choc est tel que Fridolf fait un malaise, et la petite est confiée à Schoultz. Est-ce que ce dernier le mentionne d'une façon ou d'une autre dans ses mémoires ? Non. Rien du tout.

Toivo Koivisto raconte qu'une fois de nouveau sur pied, Fridolf reçoit son voisin polonais Jankowski, qui lui donne plus de détails sur le déroulé des faits. Il lui explique avoir été tranquillement assis à côté de son samovar, le 2 juin, quand un contremaître coréen a surgi pour le prévenir que le Nid d'Aigle était en flammes. Le Coréen tenait l'information d'un mandchou chinois arrivé en courant chez lui, poursuivi par un *honghuzi* à cheval, une cape rouge flottant au vent. Le mandchou a tout juste eu le temps de frapper à la porte que le brigand avait levé son épée.

«*Amitaba*», a soufflé le mandchou avant que la lame ne s'abatte sur son cou et tranche sa tête, qui a roulé par terre.

Jankowski a par la suite compris que le mot «*amitaba*» désignait une personnification de Bouddha. Et quand Fridolf commence à enquêter plus avant, il comprend que l'enlèvement et l'incendie criminel ont été commandités par des lamas tibétains qui ont payé les *honghuzi* pour qu'ils leur apportent un «*amitaba*», une réincarnation de Bouddha, venu au monde sur ces côtes.

Voilà qui met Fridolf en rage. En 1879, toujours selon Toivo, le capitaine déclare la guerre aux Chinois et signe un manifeste intitulé «Le dieu des *honghuzi*».

Excuse-moi, cher Toivo, mais... Harry Halén m'a mise en garde contre ton imagination parfois débordante, mais franchement là, ça va loin. Nous expliquer qu'Ami, fils de Fridolf et d'Oma, aurait été kidnappé pour être amené au Tibet en tant que réincarnation de Bouddha, c'est quand même un peu tiré par les cheveux. Ami, *amitaba*. Je ne sais quoi te dire. J'aimerais tellement te croire, cher Toivo, j'aimerais me complaire dans le chagrin avec Fridolf, mais je ne peux pas.

En même temps, pourquoi cette histoire revient-elle dans de multiples sources, dont certaines citées par Harry Halén? J'ai lu trois récits où une femme – la gouvernante ou l'épouse – est assassinée et suspendue au crochet, et un quatrième, celui de Toivo, où elle est kidnappée avec le garçonnet, réincarnation de Bouddha.

L'attaque des *honghuzi* est aussi rapportée dans des articles russes. L'un d'entre eux, publié sur le site Vladnews, s'intitule « Le destin orageux du capitaine Heck » et comporte un résumé de l'ouvrage de l'historienne Larisa Aleksandrovskaya. Là encore, il y a une attaque d'*honghuzi* et une épouse accrochée au plafond. Il y est même fait mention d'un petit garçon kidnappé, mais pas d'une réincarnation de Bouddha. Le prénom ni la nationalité de l'épouse ne sont cités, mais l'article prétend qu'en 1877, le capitaine Höök habite toujours à Strelok avec sa petite famille et qu'il ne se serait installé à Sidemi que l'année suivante sur les conseils de l'éleveur de chevaux polonais, Jankowski. C'est à Sidemi que Fridolf aurait construit sa clôture en os de baleine.

Je repère un article assez long à propos de Jankowski sur Wikipédia. Y sont évoqués à la fois Fridolf, l'attaque des *honghuzi* et l'assassinat de l'épouse, sans anecdote bouddhiste.

Harry Halén propose une explication possible au prénom dont Toivo a affublé la femme de Fridolf : « Ce n'est probablement pas un hasard que Koivisto ait attribué à l'épouse aristocrate un prénom étrange, sans aucune consonance chinoise : Vyno. Ce nom se révèle être un indice intéressant permettant de remettre en question le récit qui nous est fait, surtout quand nous savons qu'il existe un roman d'aventure totalement fictionnel paru en 1938, écrit par le général Gurko et qui s'intitule *Wyna. Adventures in Eastern Siberia.* » Pour Halén, Toivo Koivisto se serait donc servi du livre pour transformer Wyna en Vyno.

La conclusion de Halén est la suivante : Toivo Koivisto s'est inspiré de tout un répertoire de récits d'aventure racontés dans la région depuis toujours. « Koivisto n'a pas d'autre objectif que d'écrire un roman à succès, avec du suspens et des éléments mystiques, sur un personnage connu. » Comme en plus, les sources citées par l'auteur s'avèrent imaginaires, Halén estime que le récit est sans fondement aucun.

C'est ce que je pense aussi.

Ma foi en Vyno-Oma a terriblement souffert, mais qu'en est-il de l'attaque des *honghuzi* qui revient en écho ici et là ? À l'époque où les colons finlandais s'établissent dans la région, les hordes de brigands chinois violents sont en effet un fléau. Elles s'attaquent alors surtout aux riches étrangers.

Les *honghuzi* ne se contentent pas de voler et de tuer. Ils ont une attraction particulière pour la torture, et usent de méthodes particulièrement cruelles. Les correspondants de l'Amour racontent dans leurs lettres qu'une fois, les *honghuzi* ont fabriqué des tubes d'argile qu'ils ont disposés sur le corps d'un homme nu, pour ensuite y verser de l'huile bouillante. Pas étonnant que ces *honghuzi* soient à la fois craints et haïs. L'homme torturé était un mandchou, ami des Finlandais. Schoultz et Fridolf ont ensuite poursuivi la bande de brigands, et Fridolf a juré qu'il tuerait chaque *honghuzi* dont il croiserait la route.

Dans son livre, F. H. B. Lagus rapporte une anecdote racontée par l'un des colons, qui ressemble à l'histoire de la gouvernante ou de l'épouse de Fridolf. Est-ce que cette anecdote aurait ensuite pu inspirer le voisin polonais Jankowski et le zoologiste Dubowski, puis tous les autres ? Lagus relate qu'à la périphérie de Vladivostok vit alors un médecin européen, vieux garçon, dont la maison est entretenue par une domestique âgée. Une nuit, les *honghuzi* encerclent la maison et s'introduisent dans la cuisine. Les bruits réveillent le médecin qui réussit à fuir. La domestique n'a pas cette chance. Elle sera retrouvée attachée, suspendue à un crochet, torturée à mort.

23

Je suis soulagée d'avoir chassé Vyno de ton existence avec l'aide de Halén. Plus de voix gutturale et plaintive, plus de petite poupée à guider par la main sur le pont.

Tu n'es qu'à moi depuis une journée seulement quand une nouvelle femme surgit dans ta vie. Je mets la main sur un article russe qui prétend que tu te remaries peu après le décès de ta première épouse. De cette seconde union naît une fille, en 1883, et son prénom est bien plus crédible que Mia : elle s'appelle Helena.

Helena ? Est-ce possible que ce soit la Elena arrivée de nulle part pour m'enquiquiner, celle qui dans les années 1950 contacte le proviseur Forman à l'école maritime de Turku ? Helena ou Elena, donnez-moi un indice, un fil, même ténu, sur lequel je peux tirer pour démêler cette pelote.

Je me mets en quête d'informations sur elle, fouillant les sources russes. Il s'avère qu'elle ne m'a pas laissé un fil, mais plusieurs. Elle s'est mariée avec un capitaine, Nikolaï Vasyukevich. L'article comporte une photo d'une femme déjà âgée, délicate et menue comme un oiseau, avec ses trois fils. Elle est de chair et d'os. Ses trois garçons travaillent tous d'une façon ou d'une autre avec les bateaux ou la mer. Selon la légende, cette femme s'appelle Elena. L'alphabet cyrillique me joue-t-il encore des tours ?

Suivant le fil déroulé par Elena, je tombe sur un autre article qui m'indique que sa mère – l'épouse de Fridolf, donc – est une Cosaque d'Oussouri et s'appelle Pelageya Semyonovna Vseslasvkaya. Elle a eu deux autres enfants, issus d'une précédente union : Lisa et Natasha. Ainsi, vous formez une famille recomposée. Pelageya et toi, vous vous mariez en 1883, et la même année, en juin, naît Elena. Ta promise était donc enceinte au moment des noces.

Elles me plaisent bien, cette Pelageya et cette Elena. Personne ne les a parsemées de paillettes d'or ni ne les a dotées d'auras de princesse. Et puis une solide Cosaque venue de l'amont du fleuve Oussouri te convient bien mieux que cette Vyno qui ne tient pas debout sur le pont.

L'article décrit le jardin qui entoure ta maison à Sidemi. J'y glane des détails qui complètent l'image grâce à laquelle tout a commencé pour moi. J'apprends que pour entrer dans ta propriété, les visiteurs passent un portique fait de côtes de baleines. À côté se dressent des piliers en granit surmontés de fers à cheval, des porte-bonheur. Dans le jardin, une gloriette en bois explore le reste du squelette : la table est sculptée dans une omoplate de cétacé, et elle est entourée de tabourets en vertèbres.

Je découvre aussi une description de l'intérieur de la maison. Il y a là une cheminée que tu as maçonnée, et sur les murs, des maquettes de voiliers en bois, des coquilles de crabes et des dessins. Plus tard, vous passerez les hivers dans un appartement à Vladivostok, et vous reviendrez tous les étés à Sidemi.

Je lis que tu préférerais qu'Elena n'épouse pas un marin, mais que la jeune femme réputée têtue, voire fougueuse, n'a que faire des interdictions paternelles.

Vous installez-vous sous la gloriette, devant la table en omoplate, pour avoir une discussion entre père et fille ? Elena t'annonce alors qu'elle est amoureuse d'un marin prénommé Nikolaï. Restes-tu calme en lui expliquant que ce n'est pas une bonne idée, regarde ton père, la dure vie qu'il a eue ? Regarde ces mains calleuses, abîmées par le froid et le sel. Ou bien peut-être que tu hurles « *vad fan** » (c'est quoi ce bordel), puis Elena crie elle aussi, et vous ne faites la paix qu'une fois le mariage célébré.

* en suédois dans le texte.

L'article m'apprend également que tu nommes des baies du détroit de Béring d'après tes filles, pas seulement Elena mais aussi tes belles-filles. Je trouve adorable que tu considères les enfants de Pelageya comme les tiens au point de vouloir écrire leur prénom sur les cartes que tu traces lors de tes voyages.

J'essaie d'hameçonner Pelageya Semyonovna, et tout de suite ça mord. Sur le site geni.com, où les utilisateurs peuvent ajouter des informations sur leur famille ou sur celle des autres, une nouvelle page s'ouvre. Fridolf Fabian Höök naît à Ekenäs (Tammisaari en finnois) en 1836. Meurt à Vladivostok en 1904. On parle bien du même homme.

Je regarde plus en détail l'arbre généalogique qui s'est dessiné sur la page, et je manque de faire un malaise. Il y a là Pelageya Semyonovna, mais aussi une autre femme avec qui tu aurais été marié avant elle. Cette première épouse ne s'appelle ni Oma, ni Vyno, mais Margarita Rosenström.

Elle serait décédée en 1879. L'année de l'attaque *honghuzi*.

Je n'aime pas ça. Pile au moment où je commence à y voir plus clair et alors que tu t'étais transformé en heureux papa de trois filles, voilà une autre épouse qui débarque. Combien sont-elles à la fin ?

Rosenström. Où ai-je déjà vu ce nom ? Je reprends la liste des passagers du brick partis avec Fridolf et je le retrouve. Th. Rosenström, employé de commerce. A-t-il voyagé avec sa femme, que tu aurais ensuite séduite ? Ou peut-être Margarita est-elle leur fille ?

Je ressors la photo de groupe de Schoultz, celle où vous posez comme sur une photo de classe, à Bremerhaven. Selon la légende, Rosenström se trouve au milieu, à gauche. C'est un bel homme. Un bel homme *jeune*, bien trop jeune pour être le père d'une fille que tu aurais ensuite épousée. Et en plus, il était célibataire au moment du départ.

Je fouille le site Internet de l'Institut de l'immigration. Aucune trace d'une Margarita Rosenström. J'ouvre le moteur de recherche des Archives nationales. Je tape ce nom avec plusieurs orthographes différentes, seul ou combiné avec Höök, avec Vladivostok, Nakhodka, Strelok. Je trouve une centaine d'articles, mais aucun ne me conduit vers la région de l'Amour au XIXe siècle.

Et si j'essayais Th. Rosenström ? Les résultats sont beaucoup trop nombreux, mais quand j'ajoute « Amour » comme mot-clé, je trouve un avis de décès : « Erik Teodor Rosentröm, mort à Vladivostok en 1906 », à 62 ans. Il avait donc la vingtaine au moment de votre départ de Finlande, une dizaine d'années de moins que toi. La notice nécrologique comporte un résumé d'une dizaine de lignes de votre voyage et se termine en indiquant que Rosenström a travaillé pendant trente ans chez Walldén & Lindholm. À sa mort, il laisse derrière lui une épouse et des enfants à Vladivostok, ainsi que des frères et sœurs en Finlande.

◆

Je retrousse mes manches et je plonge de nouveau dans notre coin bleu ciel, dans l'océan des articles qui s'y sont accumulés. Je n'ai pas de filet avec lequel je ne peux pêcher que des Margarita, beaucoup d'autres choses se prennent dans mes mailles, et je n'ose rien jeter avant d'avoir tout trié, détail par détail.

Je lis qu'en 1877, six ans après la dissolution de la Compagnie, Vladivostok devient la capitale de l'Extrême-Orient russe et le port le plus important de la région. Que des agriculteurs chinois cultivent dans le coin du blé, du maïs, du tabac, des courges et des pastèques. Que la plupart des habitants de la ville travaillent dans l'administration ou dans l'armée, et qu'il y a environ 200 civils. Les bâtiments sont construits en rondins et seule la maison du gouverneur est colorée, même si la peinture remonte à bien des années déjà. J'apprends que des entrepreneurs américains et européens se sont installés en ville. Comme les civils sont alors peu nombreux, ils font surtout affaire avec l'administration et l'État.

La croissance rapide de Vladivostok comme ville portuaire explique pourquoi, dans le récit de Toivo, tu es bientôt nommé chef des garde-côtes de Sibérie, cher Fridolf.

Ceci dit, tu peux bien diriger la Terre entière, je veux surtout mettre au clair tes aventures amoureuses.

Je n'ai aucun mal à croire que cette femme ait pu être la première épouse de Fridolf, cela me semble bien plus plausible que l'existence d'une Vyno ou d'une Oma.

Comment est-ce possible que personne ne se souvienne d'elle au bras de Fridolf, lors des fêtes de Noël qu'il organise alors ? Cher Otto Lindholm, tu ne te la rappelles pas non plus ? Fridolf séjourne chez toi à Vladivostok, et Toivo nous assure que son épouse l'accompagne parfois lors de ses déplacements en ville.

Mais Otto Lindholm ne dit pas un mot sur Fridolf après le milieu des années 1870, pas avant 1886 et l'arrivée du capitaine sur le bateau *Siberia*, dont Lindholm est le propriétaire. À ce moment-là, les premières épouses ont disparu ou sont mortes, selon les récits.

Mon bureau est devenu un tel capharnaüm que je voudrais ne plus découvrir de nouvelles sources. Mais ne voilà-t-il pas qu'un des articles russes mentionne un ouvrage qui m'est encore inconnu : *The Tragedy of Captain Ligov.* Il s'agit d'un récit fictif sur un capitaine chasseur de baleines qui vit dans les années 1860. Selon l'article en question, c'est toi, cher Fridolf, qui aurait inspiré le personnage principal. Mais mes recherches n'aboutissent pas puisque le livre est si ancien qu'il n'est plus disponible nulle part. Par contre, je trouve un professeur américain, Ryan Jones, qui le mentionne dans un article scientifique.

Je refais du café et j'écris un mail à cet homme. « Hello, j'essaie d'y voir plus clair dans les mariages de Fridolf et vous le mentionnez dans votre article sur le capitaine Ligov. Bref, voilà, je tente ma chance. Meilleures salutations », et ainsi de suite.

Je ne sais plus combien de messages stupides de ce genre j'ai écrit au nom de Fridolf. Je parcours les articles du professeur. Il s'intéresse à l'écologie des côtes de la Russie orientale et à l'histoire de la chasse à la baleine.

Peu après, je reçois une réponse. Comme bien d'autres avant lui, comme tous ceux qui ont réagi à mes mails, il est ravi d'apprendre que quelqu'un s'est pris dans les filets tendus par Fridolf. Il utilise l'orthographe « Hek » pour le nom de famille du capitaine. Et oui, le professeur Jones connaît bien Hek, mais il en sait encore plus sur un autre Finlandais, Otto Lindholm. Et en fait, écrit-il, même si Fridolf est un sacré aventurier, la vraie source d'inspiration pour le personnage du capitaine Ligov n'est autre qu'Otto Lindholm. Je suis un peu triste de le voir ainsi te voler la vedette.

Sur tes épouses, le professeur Jones n'a rien à dire.

Ce serait tellement plus simple d'écrire un livre sur Otto Lindholm. Je sais tout de lui : sa date de naissance, ses jeux préférés quand il était enfant – naviguer seul sur son propre petit bateau aux alentours de Korppoo et pêcher –, je connais le nom de ses deux épouses et le prénom de tous ses enfants, y compris leur surnom. Je connais son adresse à Vladivostok. J'ai même des photos de lui, il y en a à la pelle, et il y ressemble à quelqu'un d'exubérant, de drôle et en bonne santé. Quelqu'un de bourgeois. Il a la tête d'un homme qui aime les heures de repas fixes et les mignardises qu'on peut dévorer en quantité sans se faire remarquer. Il a un visage rond et jovial, un peu empâté, et je peux aisément l'imaginer en train de trinquer chez Furuhjelm, un verre de grog à la main. Il serait bien plus facile à aborder, mais il ne me plaît pas. Pas mon genre.

24

Les cendres dispersées dans l'eau ont maintenant atteint le fond de l'océan. Installée à mon bureau peint en rose, je nous regarde, Nick et mon moi passé alors assis sur le pont du bateau à attendre la marée haute qui facilitera notre entrée au port. Pour faire passer le temps, ils font des allers-retours le long de la côte. Le père de Nick est déjà sur la plage, il court, un talkie-walkie à la main, s'arrête pour prendre une photo.

Ces deux jeunes gens viennent de passer cinq ans sur un bateau et leur voilier fait maintenant des va-et-vient, n'osant pas gagner la terre ferme, attendant que la marée monte.

Je voudrais les rejoindre et leur demander s'ils sont complètement tarés, mais à la place je me mets à lire *La Scène à paillettes*, un roman de Monica Fagerholm, et c'est comme si le livre voulait me narguer puisque dès les premières pages, je tombe sur notre fameux concept : « En même temps. Le rêve, l'utopie. Une île qui grandit à l'intérieur de la tête. »

Je regarde ces deux-là, naviguant vers l'est, puis revenant vers l'ouest. L'air est saturé d'une odeur d'eucalyptus brûlé. La radio grésille. Tout à l'heure, ils démarreront le moteur et affaleront les voiles.

Pourquoi ne demandent-ils pas au père de Nick de leur apporter plus d'eau potable pour qu'ils puissent rester encore un peu ensemble ? Puis j'entends le bruit du moteur et je sais qu'il n'y a plus en eux ni île, ni rêve, ni fantasme. Thomas More a dit que ni le passé, ni l'avenir n'existent en Utopie. Cet après-midi-là, quand la marée s'inverse, ils abandonnent leur utopie là où, pour la dernière fois, ils ont abattu leurs voiles.

25

Margarita a surgi du néant et m'a fait signe de sa main glissée dans un gant en dentelle sentant le talc, pour que je la suive. Puis elle a disparu, et je ne sais pas où la chercher.

Dans leurs ouvrages, Lindholm et Koivisto prétendent que tu aurais arrêté de naviguer dès le début des années 1870. Mais ce n'est pas tout fait exact. Tu es bien sur le pont du *Siberia*, un des bateaux d'Otto Lindholm, en 1885 ou en 1886, selon la source. Tu es alors déjà marié à Pelageya et votre fille Elena a 2 ans. Elle marche, répète des mots, fait des phrases. Parle-t-elle russe, suédois, ou les deux ? En quittant ta famille, tu as peut-être serré ta femme si fort dans tes bras qu'elle a manqué s'étouffer, puis tu as pris la petite Elena sur tes genoux. Ta barbe chatouillait la peau douce de la fillette. Tu lui as promis de revenir vite, même si tu savais que tu partais pour un bon bout de temps.

Le *Siberia* est prêt pour une expédition de sept mois. Vous quittez le port début mai et en août, vous arrivez dans les eaux arctiques, avec l'idée de faire escale sur l'île Wrangel. La glace compromet vos plans.

Le voyage n'a pas pour seul but la chasse à la baleine. Tu as aussi pour mission de naviguer le long de toute la côte du détroit du Béring, depuis le Kamtchatka jusqu'aux terres arctiques et un lieu que Lindholm nomme Serdze-kamen. Surtout, tu dois recenser les habitants des villages situés entre l'île Karaguinski et le cap Navarin, noter le type de commerce qu'ils pratiquent et avec qui. Tu dois aussi observer la façon dont vivent les peuples indigènes côtiers.

C'est là que se produit ta métamorphose, cette transformation à la De Vinci qui me fascine depuis le début de cette enquête. Tu deviens un ethnographe amateur, un collectionneur des traditions populaires.

Au XIXe siècle, l'ethnographie et l'anthropologie sont encore des sciences toutes récentes. Dans différentes régions de la Russie, d'autres Finlandais collectent comme toi des insectes, des papillons ou des lichens, et consignent des observations sur les populations rencontrées qu'ils décrivent ensuite dans leurs journaux : la couleur de la peau des indigènes, la taille de leur nez, leurs habitations et leur accoutrement. Matthias Alexander Castrén, professeur de finnois et de littérature finlandaise à l'université d'Helsinki, parcourt la Russie jusqu'en Sibérie dès les années 1830, à la recherche d'une origine mythique des Finlandais, et émet des observations géographiques, archéologiques et mythologiques pendant ses pérégrinations.

Etholén, le gouverneur de l'Alaska, les frères Furuhjelm, toi. Vous êtes tous des De Vinci, élastiques et adaptables, un jour gouverneur, ingénieur des mines ou capitaine, puis un autre vous devenez des humanistes tentant d'explorer les mentalités autochtones, des gestes pour langue commune.

◆

Tu as aussi pour mission de cartographier la région. J'imagine que pour cette raison, tu commandes au *Siberia* de naviguer près des côtes. Les mesures hydrographiques sont longues à réaliser : tu localises d'abord le voilier à l'aide de la boussole, de l'octant, de la longue-vue, des repères terrestres et de la trigonométrie. Un plomb est ensuite jeté par-dessus bord pour mesurer la profondeur de l'océan. Parfois, les mesures sont prises depuis une barque mise à l'eau.

Tu es consciencieux et tu t'acquittes de ta tâche avec détermination. Tu sillonnes les côtes, tu esquisses les terres, traces les îles, les baies, les estuaires et les récifs. Tu nommes plusieurs lieux en l'honneur des membres de la famille d'Otto Lindholm. Le lagon de Tulle porte le petit nom de sa fille aînée, la péninsule Vitkenshtein celui d'un ami proche, le prince éponyme. La baie et la péninsule de Natalie font honneur à la seconde épouse de Lindholm. La première, celle avec qui il vivait à Nakhodka au moment où la Compagnie d'Amour périclitait, est décédée lors d'un voyage en Europe.

Tu comptes les habitants que tu aperçois sur les côtes, mais tes observations te servent aussi pour écrire des articles qui seront ensuite publiés dans des journaux russes. Quand ta présence sur le pont n'est pas indispensable, tu t'installes dans la cabine pour travailler sur une maquette du voilier. Les secousses du navire t'obligent à faire des pauses. La maquette est-elle un cadeau d'anniversaire tardif pour la petite Elena ?

◆

Fin octobre, le *Siberia* retourne au port de Vladivostok. La chasse a été bonne. Les recettes de la vente de graisse et d'os de baleine, de fourrures et de peaux couvrent les frais et dégagent des bénéfices. Ta famille t'attend-elle au port ? Tes yeux s'arrêtent sur la fillette avec ses deux nattes, elle a tellement poussé que tu peines à la reconnaître. Tu sors la maquette et tu la lui tends, en disant de faire attention, *försiktigt**. Quelqu'un est peut-être en train de décharger à

* En suédois dans le texte.

grand-peine un énorme sac sentant fort la mer, et ta femme te demande, c'est quoi ça encore, et tu hausses les épaules, juste quelques nouveaux coquillages pour la clôture.

Dans mon imagination, je te retrouve à Sidemi, chez toi. Tu t'es lavé, peut-être as-tu même ton propre sauna. Tu t'es changé, tu portes des habits tout propres préparés par ta femme et tu t'installes dans ton fauteuil préféré près du feu. Ton épouse et tes enfants s'assoient à côté de toi pour écouter ton récit. C'est ce que disent les sources russes, que tu aimes passer du temps à la maison et raconter tes voyages.

Cette expédition financée par un entrepreneur privé ne suscite pas que des applaudissements à Vladivostok. Elle donne aussi lieu à des critiques et fait des jaloux parmi les fonctionnaires de l'administration maritime.

« Les cartes établies pendant le voyage ont été mises à disposition de la marine, mais si vous pensez que cela nous a valu des remerciements, à moi ou au capitaine [Höök], vous vous trompez », peut-on lire dans la biographie de Lindholm. « Je regrette presque que nous n'ayons pas nommé cette côte Lindholm ou Höök. Au moins, les générations futures auraient gardé un souvenir de cette périlleuse expédition. »

Les articles russes ne disent rien d'une telle querelle.

Quand tu as mis le cap sur le nord à bord du *Siberia*, tu avais avec toi un fond de carte vierge, ou avec quelques repères de base, et tu as commencé à y noter des chiffres, à y dessiner des traits ondulés représentant la mer. Tu as cherché à savoir où trouver de l'eau potable, quelles essences d'arbres poussaient le long des côtes, et quels genres d'animaux marins vivaient ici et là. Les côtes étaient bordées de criques et de falaises que personne n'avait encore nommées. M'as-tu laissé un indice sur cette carte ? As-tu écrit quelque part le long de ce littoral, à des milliers de kilomètres de moi, les prénoms de tes épouses ? Vyno, Oma, Margarita, Pelageya ?

Je commence mon exploration par la péninsule de Tchoukotka, première terre russe à voir le soleil se lever. Je passe au peigne fin chaque kilomètre de terre du nord au sud. Je fouille chaque petite baie, chaque cap s'enfonçant dans la mer, chaque estuaire, colline et village. Parfois je traverse des dizaines, voire des centaines de kilomètres de littoral rectiligne et inhabité, sans qu'aucun nom ne soit écrit sur la carte.

Je poursuis ma route vers le sud, le sud-ouest, l'est, le nord-est, puis de nouveau vers le sud. Je croise des dizaines, des centaines de *zaliv* et de *bukht* (baies) des *mys* (péninsules), des *ostrov* (îles). Je passe le détroit de Proliv Lindholm, la montagne de Lindholm et la baie d'Anna, que tu aurais nommée selon le bateau que tu commandais. Je mets trois heures à parcourir la distance que tu as couverte en cinq mois en naviguant, en sondant, en cartographiant et en comptant les habitants. Je ne trouve aucune trace de Vyno, ni d'Oma, ni de Margarita, ni de Pelageya.

26

Bon. Oublions tes épouses.

Revenons à toi ethnographe. T'ai-je déjà dit qu'en plus de l'archéologie, j'ai étudié l'anthropologie ? Je me suis ensuite rendue au Canada pour me spécialiser en archéologie et ethnographie marine. J'aimerais tellement t'accompagner lors de tes voyages, t'observer entrer en contact avec les habitants de ces côtes polaires. J'aimerais être ta disciple. Je porterais ton sac et tiendrais ton encrier pendant que tu recueillerais des informations sur les autochtones en prenant des notes sur la façon dont ils commercent avec les Américains, troquant des os de baleine contre des outils de chasse, du rhum et du tabac.

Et là, tu me surprends de nouveau. Je découvre une toute nouvelle facette de toi, celle d'un militant des droits humains. En effet, l'alcool qui afflue dans la région en raison du troc vous inquiète sérieusement, Lindholm et toi. Tu écris dans tes articles que la surpêche pratiquée par les Américains constitue une menace pour la survie des populations locales qui chassent la baleine et d'autres mammifères marins. Tu sembles prédire l'avenir en écrivant que si rien n'est fait, les indigènes vont mourir de faim et voir leur culture disparaître.

Tu es bien plus moderne que je ne le pensais. Grâce à tes recherches, très appréciées, tu deviens membre de la Société scientifique de la région de l'Amour en 1887.

Après cette expédition, des années passent sans que Lindholm ne dise un mot de toi dans sa biographie. Ta vie se poursuit dans les articles russes. Après le voyage avec le *Siberia*, tu es embauché comme capitaine sur la goélette *Nahezda*. Cette fois-ci, tu mets le cap vers les côtes coréennes que tu es chargé de cartographier. Plusieurs apprentis marins que tu dois former embarquent sur le bateau. Comment vis-tu ce passage de l'existence trépidante et risquée d'un chasseur de baleines à celle d'un formateur cartographe ? Quand tu aperçois un nuage de vapeur, cries-tu par réflexe : *Blow* ! Lâches-tu papier et stylo-plume pour mettre une barque à l'eau avant que quelqu'un ne t'arrête en disant, « non Fridolf, c'est fini ça » ?

Après le *Nahezda*, il y a d'autres bateaux. Puis, en 1893, tu deviens capitaine du *Watchman*, un navire des garde-côtes. Quand mes sources évoquent ta vie en mer, elles soulignent que tu restes indépendant toute ta vie : tu passes d'un bateau à un autre, sur lesquels tu es capitaine pour des durées variables. C'est sur le *Watchman* que tu passes le plus de temps, tu le commandes jusqu'en 1903.

Après votre voyage sur le *Siberia*, Lindholm ne te mentionne que brièvement dix ans plus tard, en 1896. Il est alors invité à une partie de chasse d'une semaine, et le voyage se déroule sur un cotre dont le capitaine n'est autre que toi. Il ne s'agit pas du *Watchman*. Je me demande si Lindholm se trompe d'année ou si tu continues à accepter d'autres missions, en plus de ton travail avec les garde-côtes.

C'est ta dernière apparition dans la biographie de Lindholm. Il quitte Vladivostok en 1904. Les protestations contre le Tsar grondent en Russie. Le 5 janvier 1905, c'est la révolution à Saint-Pétersbourg. De monarchie absolue, l'Empire russe se transforme en une monarchie constitutionnelle, mais tu n'es plus là pour le voir. L'instabilité gagne toute l'Europe, et bientôt les ouvriers chinois auxquels Harry Halén consacre un chapitre entier dans son ouvrage se mettent en route vers la mer Baltique et les côtes finlandaises, pour renforcer des fortifications et faire griller du bichon au barbecue.

27

Nous avons navigué pendant cent huit jours, puis mouillé deux jours au large de Melbourne. Nous nous dirigeons désormais vers le chenal. Les frères et sœurs de Nick sont montés dans un bateau à moteur pour nous accompagner dans cette dernière partie du voyage. Ils nous bombardent de questions en criant au-dessus du bruit du moteur.

Dans mon souvenir, le passage dans le chenal est interminable. Enfin, nous nous amarrons, et nous restons à bord en attendant les autorités douanières, les services d'immigration et celles en charge des quarantaines. Nos documents et le voilier sont inspectés en détail. Aucun aliment frais n'est autorisé à entrer dans le pays, pas plus que les conserves étranges ou les aliments secs pouvant germer. Toute la nourriture qui nous reste est jetée dans des sacs-poubelle.

L'intérieur du voilier est désinfecté avant que nous ne soyons autorisés à débarquer.

Je vacille, je suis sale et épuisée. Les parents, les deux frères et les deux sœurs de Nick trouvent que nous avons l'air de rentrer d'une excursion d'une journée. Ils s'attendaient à accueillir un binôme famélique, à moitié mort, couvert d'abcès.

Nous n'avons rien à raconter. Tout d'un coup, c'est comme si nos cent huit jours en mer avaient été tellement remplis que nous ne pouvons les résumer en un récit. Et puis ce qui se passe sur l'eau n'a pas le même sens pour nous que pour les autres. Les centaines de vagues qui se sont fracassées sur le pont, les albatros, les océanites frégates, les reflets de phosphore dans l'océan plongé dans la nuit. Les levers et les couchers de soleil, le ciel brillant d'étoiles, les tempêtes glaciales des mers australes et le vent chaud des tropiques qui nous a enveloppés.

Tout ceci est resté en Utopie, et la porte qui y mène s'est refermée.

Nous prenons une douche et nous dînons avec la famille de Nick. Nous buvons un demi-verre de vin et nous sommes saouls. Le monde tangue plus que jamais pendant notre navigation.

Quand les autres partent, nous restons seuls avec Nick dans la villa de ses parents, au bord de la mer. Les premières nuits dans un lit stable et au sec, le sommeil nous fuit.

Ressens-tu la même chose, Fridolf ?

Je me souviens que le matin suivant, nous nous installons sur le balcon pour boire notre café. Nous tenons nos tasses au creux de nos mains. Ce n'est que dans l'après-midi que nous commençons petit à petit à nous rendre compte que les objets ne bougent ni ne tombent si nous les lâchons.

Nous passons saluer le *Zest of Hong Kong*. Il est solidement amarré, on dirait qu'il fait la tête. Nous ramassons le linge sale, puis nous refermons les écoutilles et nous rentrons à la villa où nous nous empiffrons de chips, de fromage, de glace et de chocolat. Nous buvons des litres de café et nous nous étonnons de l'espace dont nous disposons dans la maison. Du nombre de litres d'eau qui coulent quand nous tirons la chasse. C'est plusieurs fois notre ration quotidienne.

Le soir, nous traînons dans le jacuzzi. Nous buvons des vins millésimés apportés par la mère de Nick et nous regardons le soleil se coucher. Entre le ciel et nous, il y a une vitre.

Masquant l'horizon, il y a des bâtiments, des arbres, des bruits et des odeurs parasites.

« C'est terrible », dis-je en posant mon verre à pied sur le bord du jacuzzi. Dans le bateau, il serait déjà tombé et se serait brisé en mille morceaux.

« Qu'est-ce qui est terrible ? demande Nick.

– Je ne sais pas. »

Aujourd'hui, je crois comprendre ce qui m'est si difficile à ce moment-là. C'est aussi ce que je regrette le plus dans notre utopie : là-bas, sur l'eau, il n'y avait rien. Nous pouvions passer des semaines et des mois en mer ou sur des îles sans rien savoir de ce qui se passait dans le monde. Une Troisième Guerre mondiale aurait pu éclater, une catastrophe écologique aurait pu avoir lieu, nous n'en aurions rien su.

En Utopie, il n'y avait pas d'articles en russe, pas de téléphone qui sonne, pas d'horaires ni de Margarita Rosenström, pas de mails restés sans réponse. Il nous suffisait d'avoir de l'eau et quelque chose à manger. Ce qui était le plus important dans notre vie, c'était la météo, sur laquelle nous n'avions aucun pouvoir. Nous vivions comme de grands singes primitifs. Notre vie était éminemment simple.

Nous partageons notre lit trois semaines encore, dormant sous la même couette, enroulés l'un autour de l'autre comme de la vigne vierge.

Avant mon départ, je passe une dernière fois sur le bateau, mais je ne m'y sens plus chez moi.

28

« Chère famille et chers amis, vous qui êtes là-bas, dans notre mère patrie ! Je m'adresse à vous avec tout l'amour contenu dans mon cœur et je vous salue de ma main de simple mortel » : ainsi débute la lettre rédigée à Nakhodka par Berndt Grönlund et publiée par le journal *Sanomia Turusta* le 26 août 1870.

Bonjour Berndt, et désolée de vous avoir totalement délaissés ! Tu fais partie de l'expédition de Turku, n'est-ce pas, de ceux qui sont partis pour l'Amour peu après Fridolf, en bateau en vapeur ?

Vous avez d'ailleurs été plus rapides en mer.

Je suis navrée d'apprendre que votre première année en Amour n'a pas été terrible non plus. Je ne sais pas précisément à quoi ressemblent ces trous de terre dans lesquels vous vivez, mais je les imagine froids et humides.

Pourtant, tu ne sembles pas à plaindre, cher Berndt, puisque tu nous racontes qu'après cette première année en Amour, tu es l'heureux propriétaire de deux chevaux et d'un poulain, de deux taureaux, trois vaches et trois veaux. Il te manque une église et un pasteur, dis-tu. Je suis ravie de lire que vous réfléchissez à une façon d'organiser la scolarité des enfants.

Quand l'expédition de Turku est arrivée en Amour en mai 1869, elle s'est établie sur les rives du fleuve Soutchan, sur les terres désignées par Furuhjelm. L'endroit est plus abrité que Strelok, et plus propice à l'agriculture. Les gens de Turku sont d'ailleurs si occupés à retourner la terre avec leurs pelles et leurs bêches et à semer des graines ramenées de Finlande, qu'ils n'ont guère le temps de construire des habitations.

À l'intérieur des terres, il y a plus de Chinois et de Coréens que sur les côtes. La cohabitation se révèle compliquée. L'expédition de Turku n'a pas grand-chose, mais ses possessions font des envieux et il y a souvent des vols.

Plus tard, quand la région de Nakhodka se vide peu à peu après le décès de Furuhjelm, l'un des membres de la communauté, le forgeron Elias Eliasson, propose de se rapprocher de Vladivostok et de s'installer dans une vallée près de l'embouchure du fleuve Amba. Vous démontez vos maisons rondin par rondin, et vous les transportez, par la mer et sur terre, jusqu'à votre nouvelle demeure. Vous baptisez votre village Abo, comme le nom suédois de votre ville de départ, Turku, mais sans le petit rond sur le A.

Vous reconstruisez des fondations et rempilez dans l'ordre les rondins numérotés, puis vous plantez les chevilles qui tiendront les murs. Vous installez les meubles et vous faites un petit feu, et c'est là que vous vous apercevez que l'eau monte par le sol. Il vous faut donc tout démonter de nouveau, les portes, les fenêtres, les chambranles, les chevilles, les rondins, pour les remonter un peu plus loin, à l'abri des inondations. Il est toujours au même endroit aujourd'hui, le petit village d'Abo.

Certains des villageois trouvent du travail sur des exploitations forestières, d'autres sont artisans, d'autres encore pêchent ou cultivent la terre pour leur propre compte. Quelques-uns construisent leur maison à Vladivostok avant que la ville ne se mette à grandir, et la valeur de leur bien augmente considérablement les années suivantes. Il y a parmi vous des honnêtes hommes, et d'autres qui le sont moins. Certains s'en sortent bien, d'autres vivent dans des conditions misérables qu'ils ont eux-mêmes choisies.

Cher Berndt, tu écris dans ta lettre qu'il vous manque un pasteur. Justement, une ordonnance prononcée en mars 1863 crée un poste de pasteur chargé de s'occuper de la vie spirituelle des prisonniers et des colons finlandais installés en Sibérie orientale. Un certain Herman Roschier occupe le poste de 1863 à 1878. Sa mission est vaste : les prisonniers et les colons sont nombreux dans cette vaste région qui s'étend alors sur des milliers de kilomètres. Roschier est basé à Minoussinsk, à 5 000 kilomètres de Vladivostok.

En janvier 1874, il est envoyé en mission sur les côtes orientales. Il revient à Minoussinsk un an plus tard. À Nakhodka, il a rencontré cinq familles finlandaises dont l'état spirituel, économique et moral lui a semblé fort déplorable. À Vladivostok, il a fait la connaissance d'autres Finlandais, fonctionnaires, commerçants ou artisans, qui s'en sortent mieux que ceux d'Abo ou de Nakhodka. Roschier a organisé des cultes, baptisé 35 enfants, dont certains déjà grands, et confirmé cinq personnes.

Quelles sont les conditions de vie à Abo ? Chez Janne Berg, chef d'équipe de travaux forestiers, il y a cinq vaches à lait, des moutons, des poules et des porcs. La pêche et la chasse sont abondantes, mais les récoltes de céréales restent médiocres. Les voleurs chinois causent des nuisances, mais la plupart du temps ils sont chassés. Les Finlandais ont une sacrée réputation de bagarreurs.

Il n'y a pas que les Chinois qui chapardent dans les maisons. Un jour, Mme Berg doit faire fuir avec un tisonnier un tigre qui s'est introduit dans la cour.

Selon les sources de l'époque, les colons de Turku et ceux partis d'Helsinki se fréquentent peu, mais quand Fridolf organise des expéditions punitives contre les voleurs chinois, les habitants d'Abo y prennent part. Le forgeron Eliasson s'occupe des armes et des fers des chevaux, Janne Berg commande la cavalerie et les anciens soldats Antti Berg et Otto Henriksson sont nommés sous-officiers.

Après Roschier, un autre homme d'Église, le doyen Johannes Granö, s'inquiète de l'état des habitants d'Abo. Il travaille comme pasteur itinérant au sein de la communauté finlandaise entre 1885 et 1891, puis de nouveau de 1902 à 1913. En 1910, il tente de répertorier les Finlandais de la région à l'aide d'encycliques et d'annonces dans la presse. Et comme l'histoire de l'immigration nous l'a déjà montré, il y a alors des enclaves de Finlandais un peu partout. L'année suivante, en 1911, le doyen Granö et son fils J. H. Granö, docteur en philosophie, font un voyage à Vladivostok.

La description que le doyen fait d'Abo n'est guère flatteuse : « De l'extérieur, le village de Turku ressemble aux villages russes les plus misérables de la Sibérie. L'unique rue est bordée de part et d'autre de bicoques délabrées. [...] Les maisons des Finlandais sont au nombre de sept. Celle en meilleur état appartient à Otto Henriksson. Sa famille est la seule qui soit complètement finlandaise. »

Selon Granö, Henriksson tient l'unique bar d'Abo et s'occupe d'une épicerie.

Plusieurs des Finlandais se sont mariés avec des Russes. La langue a survécu, même s'il n'y a alors toujours pas d'école finlandaise et que l'apprentissage de la lecture se fait avec les livres de cantiques et les « Nouveau Testament » reçus en guise de cadeaux de départ, précieusement conservés. La mère d'Otto Henriksson, Henrika Lovisa, a appris à lire aux enfants du village. Les Finlandais, dont Granö estime le nombre à 25, sont très curieux des nouvelles du pays, et liraient volontiers quelques journaux dans leur langue maternelle.

Heikki, le père d'Otto, a avoué à Granö que le plus grand fléau d'Abo est l'alcoolisme. Il dit que la situation serait peut-être bien meilleure s'il y avait dans le village une école avec une institutrice finlandaise. Vu comment va la vie à Abo, conclut Heikki, les habitants seront bientôt tous « irrémédiablement russes ».

29

Je suis à l'aéroport de Melbourne avec mon anorak couleur framboise, le même que celui que je portais sur la photo prise sur le sommet le plus haut de Bornéo, un matin où la température était en dessous de zéro. Je pleure et j'essuie mon nez avec ma manche.

Oh Fridolf, je préférerais parler des nuages, des constellations et du pelage doux et chaud du chat quand il dormait sur mon ventre, sur le banc étroit qui penchait dans la nuit noire du petit matin. Nous pourrions nous installer au cœur de la tempête ou observer les méduses flotter sous le voilier comme des lunes en marmelade. Puis soudain, une vague jetterait un poisson volant sur le pont, et le chat se précipiterait pour l'attraper. Nous retournerions un instant dans la nuit, il serait 1 ou 2 heures du matin, le bateau tanguerait. Ou peut-être serait-il au contraire immobile. Nous n'aurions vu personne depuis des semaines, et les lèvres de Nick seraient brûlantes de sommeil, les miennes, froides et salées, et il me dirait, bonjour *Babes*.

Mais toi comme moi, Fridolf, nous avons affalé nos voiles.

Quelque chose a été dit et une décision a été prise, je ne m'en souviens plus précisément et je n'arrive pas à comprendre. Une erreur a peut-être été commise, et c'est à cause de cela que je suis désormais à l'aéroport de Melbourne.

Dans la poche kangourou de mon anorak se trouvent vingt kilos de pellicules photo et de diapositives.

Nick me prend dans ses bras et me tend un cadeau : mon livre fétiche de l'époque, *Le Chant des pistes* de Bruce Chatwin. C'est une œuvre sur le mouvement, sur le fait de partir, de rester et de chercher. Sur le fait de se souvenir.

Nick a écrit quelque chose sur la page de garde. Ce sont des mots pour me dire adieu et m'assurer que nous resterons toujours ensemble, d'une certaine façon. En mer s'est imprimée notre route, et nous en possédons les paysages : personne d'autre ne pourra jamais les voir exactement de la même façon que nous les avons vus. Nous avons en nous un lieu qui n'existe pas pour les autres.

PARTIE 3

« Quand je mourrai, je voudrais mourir dans une utopie que j'aurai construite. »

Henry Kuttner dans son ouvrage
The Creature From Beyond Infinity (1940)

1

Je suis installée à mon bureau peint en rose, fabriqué par mon arrière-arrière-grand-père qui a gravé l'année sous le plateau : 1869. C'est celle de votre arrivée en Utopie. Nous étions alors fin novembre. Le ciel était bas et semait des gouttes de pluie. Le monde semblait s'être arrêté. Cela fait longtemps que je n'ai pas ouvert une carte pour suivre du doigt le tracé du Transsibérien.

Et si nous nous donnions rendez-vous à mi-chemin ? Prenons une frise chronologique. Tu t'installes à l'année de ta naissance et moi à la mienne, puis tu avances pendant que moi je recule dans le temps. Ainsi, nous pourrions nous retrouver en 1903. J'aurais le temps de te rencontrer avant que tu ne commettes l'irréparable.

Maintenant que tout ce qui avait trait à l'utopie ressemble à une dystopie et que nos deux bulles ont définitivement explosé, peut-être devrions-nous évoquer ensemble ce qui se passe en 1904, quand tu amarres le bateau au quai, que tu t'assois dans ta cabine et… qu'arrive-t-il ensuite ? Y pensais-tu depuis un moment déjà, as-tu senti l'aimant unipolaire t'attirer vers lui, attendais-tu simplement le bon moment ? Ou est-ce un coup de tête ?

Se passe-t-il quelque chose de particulier ce 4 juillet 1904 pour que tu passes à l'acte ? Au mois de février de cette même année, la Russie est entrée en guerre contre le Japon.

Le conflit t'a-t-il fait te sentir inutile ? Espérais-tu être appelé, alors que tu étais déjà trop âgé ?

Tu as commandé le *Watchman* jusqu'en 1903, puis cette mission s'est terminée. Tu as été rappelé à terre, mis à la retraite. Peut-être est-ce cela qui t'a tourmenté et déprimé. L'eau ne file plus sous la coque du bateau depuis un moment déjà.

Ton petit frère Hjalmar est mort en 1883, puis ton grand frère Berndt, le chasseur d'ours, en 1901. En ce mois de juillet 1904, ta fille Elena est une jeune femme de 21 ans.

C'est Axel Walldén, celui qui a fait le voyage en Amour avec toi, qui rédige la nécrologie publiée dans *Tidskrift för jagare.*

« *Han sköt sig pa sitt fartyg.** »

Il s'est tué sur son bateau.

Tu te tires une balle dans la tête, dans ta cabine, sous le pont, le 4 juillet 1904.

À quoi penses-tu en tout dernier ?

Pour Walldén, ton suicide résulte des dépressions nerveuses que tu as traversées, et dont il attribue la cause aux accusations qui t'ont visé, mais il ne nous en dit pas plus. Étaient-elles liées à l'échec de la Compagnie ? T'es-tu senti coupable de ne pas avoir réussi à construire cette colonie idéale dont tu avais rêvé ? As-tu accusé les Coréens qui avaient mangé toutes vos réserves du premier hiver, ou cette chasse à la baleine dont vous étiez rentrés bredouilles, avec seulement du bois, du cabillaud et des baies arctiques ?

Otto Lindholm écrit que les fonctionnaires de Vladivostok n'ont pas apprécié votre longue mission de cartographie le long des côtes. As-tu essuyé d'autres critiques à ce sujet ?

Ou était-ce lié à ton travail comme chef des garde-côtes de Vladivostok ? Selon les articles russes, tu étais un précurseur

* En suédois dans le texte.

de la protection marine. Tu veillais à ce que vous ne tombiez pas dans la surpêche, ce qui t'a peut-être attiré des ennemis. Le capitaine finlandais Gustaf Nybom, opérant depuis l'Alaska, a été l'un de ceux qui sont tombés dans tes filets. Il paraît que ses affaires ont périclité à cause de toi, et qu'il a dû partir vers le sud, en Californie. Il a changé son nom en Niebaum et créé un domaine viticole dont le propriétaire actuel n'est autre que le réalisateur Francis Ford Coppola.

La nécrologie rédigée par Walldén occupe une page entière coupée en deux colonnes, 75 lignes de texte sans aucune mention de ta famille.

Selon Toivo Koivisto, tu vivais dans la crainte d'un nouveau malaise, comme celui que tu avais fait en apprenant la disparition de ta femme Oma et de ton fils Ami. Koivisto raconte que tu as laissé sur la table de ta cabine une lettre d'adieu : « Je pressens qu'une autre attaque cardiaque me menace et je ne veux pas devenir une charge pour mon entourage. Je retrouverai dans la mort ceux que j'ai cherchés et aimés de mon vivant. Je quitte ce monde avant qu'il ne m'abandonne. »

Et Pelageya et Elena ? Tu étais prêt à les abandonner, elles ?

On raconte que ta haine des *honghuzi* t'a rendu fou. On raconte que tu as guetté les brigands pendant des jours et des jours, ton fusil à la main. On raconte aussi que ta santé mentale vacillait pour des raisons bien plus ordinaires, liées à la nature mélancolique des Finlandais. On a évoqué tes douleurs arthrosiques et la vieillesse, les insomnies chroniques.

Laisse-moi te regarder encore un peu, comme si tu étais encore en vie.

Je t'ai suivi en mer et j'ai attrapé dans les vagues quatre photographies de toi. La première a été prise à Bremerhaven en 1868, avant votre départ. La deuxième a été faite par

Schoultz à Vladivostok. C'est celle où tu portes un binocle et où tu ressembles à un grand philosophe. Elle date d'avant 1889, puisque c'est cette année-là que Schoultz est rentré en Finlande. La troisième a été prise à Osaka, au Japon, en 1894. C'est la plus réussie. Elle a servi de modèle à une peinture reproduite dans un article russe. Sur le quatrième cliché, tu arbores une casquette de capitaine, la même que sur la photo prise sur l'île d'Askold, mais je ne sais pas si cette image-là est originale ou si elle a simplement été reproduite à partir de la photo d'Osaka.

En faisant des recherches sur ton décès, j'en trouve une cinquième, dans les collections d'un musée de Nakhodka, parmi des pièces qui viennent d'y être ajoutées. La légende indique qu'il s'agit d'un groupe d'élèves fraîchement diplômés de l'école maritime de Turku. L'année n'est pas précisée, mais elle a sûrement été prise longtemps avant le départ en Amour. Les habits, les coiffures et les expressions des dix jeunes hommes ressemblent à ceux sur le cliché de Bremerhaven. Tu es au dernier rang, le troisième en partant de la gauche. Tu es le seul à porter une cravate au lieu d'un nœud papillon. L'homme de Celluloïd ne te ressemble pas. Il ne porte pas de barbe, juste une moustache. Il ressemble à quelqu'un qui n'a jamais passé une seule journée en mer. Si je devais lui deviner un métier, je dirais comptable. Les autres ont la main posée sur l'épaule du camarade d'à côté. Pas l'homme à la cravate. Personne ne le touche.

La cravate a quelque chose d'étrange. Y en avait-il déjà dans ces années-là, vers 1850 ? Pas vraiment. C'étaient surtout des foulards noués et des plastrons qui étaient en vogue au XIXe, la cravate ne devenant à la mode que vers la fin du siècle, avec d'étroits rubans qu'on nouait autour du cou, utilisés dans les universités anglaises.

Dans la photo de groupe de Bremerhaven, vous êtes sur le départ. Ton expression a changé, c'est celle d'un valeureux chasseur de baleines, d'un capitaine expérimenté. Quand on observe ton corps menu, on comprend que ta force ne résidait pas dans ta masse musculaire, mais tout à fait ailleurs. Je zoome sur ton visage autant que je peux avant que les particules d'argent de la photo développée par Schoultz ne disparaissent dans la brume.

Sur mon écran, je mets côte à côte les deux clichés : celui de l'école maritime et celui de Bremerhaven. Je cache le bas de ton visage. L'homme qui est censé être toi a sur les deux photos les mêmes yeux mélancoliques et un nez épaté comme une patte d'animal, un nez comme ceux que dessinent les enfants à leurs personnages. Les oreilles sont à la même hauteur sur les deux images. Peut-être est-ce vraiment toi sur cette photo d'école, toi à 20 ans, imberbe.

Les cheveux sont séparés par une raie à gauche sur les deux clichés. À quoi ressemblais-tu quand tu te coiffais ? Je t'imagine en train de tremper ton peigne dans l'eau, de pencher la tête en avant pour tracer la raie avec le peigne, puis de rabattre les cheveux du bon côté. Tu t'approchais du miroir, dont le dos argenté était par endroits écaillé. Un dernier coup de peigne, et un peu de pommade pour la touche finale.

◆

Tu es inhumé au cimetière de Pokrosvki. Dans le cortège funéraire, j'imagine ta femme et ta fille Elena, peut-être aussi tes belles-filles, et une multitude de marins, de fonctionnaires de Vladivostok, peut-être aussi des émigrés finlandais s'il y en a toujours dans le coin. Pendant la période soviétique, le cimetière est vandalisé et ton corps reçoit une nouvelle demeure en 1987, au cimetière des marins.

Une sculpture d'E. Barsegov orne ta tombe. La pièce est imposante, composée de ton buste en relief argenté, de l'épitaphe « Capitaine des mers libres » et d'une guirlande fatiguée, argentée elle aussi, qui me fait penser à du potamot perfolié*. Au pied de l'effigie, une cloche marine.

Dans les articles russes rédigés plus tard, ta vie n'a rien de dystopique. Au contraire, tu es affublé de plusieurs titres glorieux, qualifié de cartographe et de capitaine courageux qui connaissait mieux que quiconque les eaux et les côtes séparant l'Asie de l'Amérique. Tu étais un fonctionnaire méritant du corps des garde-côtes, dont l'expérience a bénéficié à plusieurs jeunes apprentis marins. C'est en ces termes qu'ils parlent de toi. Un talentueux chasseur de baleines, un explorateur, l'un des fondateurs de Vladivostok.

* En suédois dans le texte.

Votre utopie n'a pas résisté au temps, mais vous avez répondu aux attentes du tsar de Russie, Alexandre II, à un niveau plus individuel, que ce soit toi, Axel Walldén et son épouse Selma, Schoultz, l'ingénieur Nilsson et Tekla, ou encore Otto Lindholm. Vous avez largement accompli votre mission, et même plus. Vous avez construit des bâtiments, des banques, une cale sèche, un hôpital, un hospice, un sauna public, et vous avez cartographié les côtes. Vous avez rêvé d'or et vous en avez même trouvé.

Après tout ce que j'ai lu et appris, j'ai le sentiment que les rues de Vladivostok portent l'empreinte d'Otto Lindholm et d'Axel Walldén plus que la tienne. Mais c'est toi qui as dessiné la ville sur une carte.

Il y a toujours à Vladivostok une rue qui porte ton nom. Au numéro 161 de la rue Svetlanskaya se trouve ton ancienne maison, un bâtiment en brique rouge. Celui juste à côté, au 161A, a plus tard abrité Elena et sa famille. Seulement 800 mètres te séparaient de la demeure de Lindholm, au numéro 23 de la rue Dalzavodskaya.

Des navires baptisés en ton honneur voguent toujours sur les océans – des *Hook*, des *Gek*, des *Heck* – et plusieurs lieux situés sur les côtes orientales de la Russie portent toujours les noms que tu leur as donnés. Les cartes que tu as dessinées sont encore utilisées dans les années 1950. Tu étais si méticuleux que certaines gardent la mention « *By eyesight of Fridolf Höök* » – dessiné tel que tu l'as un jour vu.

◆

Un article de la bibliothèque de Nakhodka mentionne qu'en 1885 tu étais en mer pour cartographier les côtes orientales de la Russie. Je suppose qu'il s'agit de la mission financée par Lindholm sur le *Siberia*, datée en 1886 dans ses mémoires. Selon l'article, c'est lors de ce voyage que tu as collecté des informations sur les populations autochtones, ainsi que des objets et des éléments témoignant de leur tradition orale.

Cela fait un an qu'on m'a promis de transmettre mes questions au musée Arseniev. Jusqu'à présent, personne ne m'a répondu, et je n'ai aucun détail sur les objets que tu as réunis pour eux. Par contre, je trouve une autre preuve de ta personnalité à la De Vinci : il existe, au British Museum de Londres, une collection d'artefacts à ton nom. Je ne comprends pas comment cela m'a échappé. Cette précision vient-elle d'être rajoutée sur le site du musée ?

Selon la présentation de la collection, les objets sont entrés au musée à la fin des années 1880, ce qui correspond aux dates de l'exploration financée par Lindholm. Ils viendraient du Kamtchatka, de Sakhaline et du Japon.

La page web mentionne aussi deux lettres adressées au British Museum : l'une date de septembre 1891 et l'autre d'octobre 1892. Dans la première, M. « Höök » propose d'envoyer des pièces au musée et explique que sa langue maternelle est le suédois. La seconde missive comporte une liste des artefacts expédiés. Pourquoi as-tu tenu à préciser ta langue maternelle ? Voulais-tu souligner que tu n'étais pas russe, même si c'était depuis ce pays que tu envoyais ta lettre ?

Je retiens mon souffle et j'ouvre une à une les photographies des objets inventoriés avec ton nom. Il y en a 122 en tout. La plupart proviennent de l'île de Sakhaline, principalement des alentours du fleuve Tym, qui coule en son milieu. Il y a des flèches et des arcs, des bottes en cuir qui ressemblent à celles des Samis, divers récipients en bois et en cuir, des objets pour stocker la nourriture. Une pochette format enveloppe, fabriquée avec du cuir de poisson ou d'un autre animal. Des colliers, des ceintures, des poudrières, des couteaux. Des massues, des forets, un harnais pour chien de traîneau, des baguettes pour manger, des hameçons et d'autres objets utiles à la pêche. Un chapeau pointu comme ceux que l'on voit dans les brochures touristiques pour l'Asie, des rizières en fond. Des boîtes en bois et en cuir avec leur couvercle, des vêtements en peau, un traîneau miniature, de la taille d'un jouet, des pagaies et des rames, une navette de tissage, des bourses en cuir, des skis et un bâton assorti, des cuillères, des outils pour tisser une corde, des tabatières et une pipe, un seau en écorce et un cadre de fenêtre en bois.

Je regarde ces vieux objets photographiés sur un fond sombre et je ressens la même joie mêlée de mélancolie qu'à chaque fois que je trouve quelque chose que tu as regardé et touché.

Parmi les pièces, il y en a une plus ancienne que les autres. Elle me fait penser aux photos du livre que je potassais pour le concours d'archéologie. C'est la lame d'une hache du Moyen Âge. Je suppose qu'elle n'a été datée et identifiée qu'une fois arrivée à Londres. Ou étais-tu informé au point de pouvoir reconnaître, seulement en la tenant entre tes mains et en observant sa forme, que cette pierre n'avait pas été taillée là où tu l'avais collectée au Kamtchatka, mais au Japon des milliers d'années plus tôt ?

En plus d'outils, tu as envoyé au musée des bijoux et des objets en bois liés à des rituels ou à des pratiques religieuses : des sortes de crécelles, des sculptures faisant penser à des godemichés, des bonshommes aux membres mobiles comme des marionnettes, et des poupées au visage énorme.

Je passe en revue toutes les photos du musée, tous les artefacts aux couleurs de l'automne. Je t'imagine dans ces régions arctiques de Sibérie, à la rencontre des peuples qui y habitaient depuis des millénaires. Tu leur tendais un sac de sel, ou peut-être un biscuit de mer, en échange d'un objet. Te restait-il encore du tissu moiré aux jolis motifs, acheté à Plymouth ? Ou es-tu arrivé un fusil à la main pour t'emparer de leurs biens avec violence ? Non, je ne crois pas. Tous les articles et les autres sources de l'époque te décrivent comme diplomate et respectueux pendant tes collectes. Tu avais beaucoup d'amis, peut-on y lire.

Et ce n'est pas fini. Après le musée Arseniev et le British Museum, je retrouve ta trace aux États-Unis. Dans le numéro 3258 d'une série de publications du Congrès, à la page 237, je tombe sur ton nom. Comment est-ce possible qu'émergent sans cesse de nouvelles sources, alors que cela fait plus d'un an déjà que je te cherche partout ?

J'apprends qu'un certain J. Lyall, consul des États-Unis à Singapour, a transmis des morceaux de cruches, des objets de pierre et des coquillages que tu avais collectés... mais à qui ? Tu apparais de nouveau à la page 275, où il est précisé que ta collection fait partie du département d'anthropologie préhistorique. Je reviens en arrière, au début de l'ouvrage et je lis que ces objets sont arrivés aux États-Unis en 1893. Ils étaient destinés au musée national qui porte aujourd'hui le nom de Smithsonian National Museum of Natural History. Je ne trouve aucune photographie de ces trésors.

Je reviens sur la page du British Museum et je rédige un message : *Je suis en train d'écrire un livre sur Fridolf Höök, c'est devenu une obsession. Vous avez dans vos collections des objets qu'il vous a expédiés, ainsi que deux lettres. Mon bureau est un joyeux bazar et je ne suis pas certaine de vouloir ajouter encore une pièce à ce puzzle, mais serait-il possible de voir ces lettres ?*

2

Je regarde des photos d'une maison qui, paraît-il, ressemblerait à la tienne, celle que tu avais à Sidemi, celle avec la clôture en os de baleine ornée de coquillages scintillant au soleil. Cette bâtisse-ci abrite un petit musée. La tienne a disparu depuis longtemps, de même que la clôture, mais il reste encore un cellier au toit voûté creusé dans la terre, où tu aurais conservé de la viande de baleine. Le musée présente aussi des expositions ayant trait à la vie de ton voisin polonais Jankowski et à celle de la famille de l'entrepreneur suisse Brimer, arrivée dans la région un peu plus tard.

Le musée a été construit par ton arrière-petit-fils Leonid Vasyukevich et par son fils. Je lis dans un article que la grand-mère de Leonid n'est autre qu'Elena. C'est donc vrai : tu as eu au moins une épouse, Pelageya, et une fille, Elena, la tornade qui m'a emportée à cause du proviseur Forman.

J'essaie de nouveau de trouver le symbole @ sur la page pour contacter Leonid, mais il n'apparaît nulle part.

Dans les photos prises au musée, je vois des objets qui t'ont appartenu : un baromètre et un crochet qui aurait pu servir à peser les poissons. Il y a aussi une boîte en bois sombre de la taille d'une feuille A4 environ, deux petites bouteilles en verre clair et un étrange cylindre, peut-être une pièce de longue-vue. Mon regard s'arrête sur deux fourchettes et deux couteaux de la marque Hackman : dans notre maison de vacances, il y a exactement les mêmes. J'apprends que leur fabrication a débuté en Finlande dans les années 1880. Je suppose qu'ils étaient manufacturés aussi ailleurs, à Saint-Pétersbourg peut-être. Était-ce un souvenir rapporté par des Finlandais ? Un cadeau de Noël ou d'anniversaire envoyé par ta sœur, ton grand frère ou quelqu'un d'autre encore ? Un cadeau de mariage pour Pelageya et toi ?

Sur une autre photo, la légende indique un octant, un outil de navigation semblable à un sextant. Il ressemble à un *A* dont la barre horizontale trop longue aurait ployé sous son propre poids, s'affaissant en son milieu. Il paraît que l'objet t'appartenait, qu'il t'a accompagné lors de ton voyage vers l'Amour et pendant que tu esquissais la carte d'un Extrême-Orient méconnu, dans ta cabine sur le *Siberia*. L'octant est de fabrication anglaise et date des années 1850, d'une époque où tu étais un étudiant imberbe et cravaté de l'école maritime. Se procurer son propre octant devait être requis par l'école. Comparé à un sextant, l'objet me semble rudimentaire. Tout à fait approprié pour cartographier une utopie.

◆

J'ai donc trouvé ton octant, ton cellier qui abritait de la viande de baleine et tes couverts, mais ta première épouse reste désespérément invisible, cachée quelque part sous les flots. A-t-elle vraiment existé ?

Je mélange de nouveau les couleurs. Je recouvre une ancienne peinture de bleu et de doré, de blanc, de noir et de fuchsia. D'un peu de vert. Au milieu se dresse une île aux rivages anguleux et pointus, des plaques d'algues pourpres flottant au large. On pourrait mouiller là, mais il n'y a aucune indication concernant la direction du vent. En haut de la toile, un cercle rose, comme la trace laissée par une bulle ayant explosé. Une fois la peinture sèche, j'écris dessus au marqueur blanc tout ce que je sais de toi, de moi et de nos voyages. Je continue la liste sur le cadre et à l'arrière de la toile.

Je n'ai pas reçu de réponse du British Museum et je ne trouve aucun nouvel indice. Je vous cherche, toi et tous tes noms. Puis je dois m'y résoudre : je ne peux te chercher qu'à un endroit qui n'existe plus. En Utopie.

C'est ainsi que j'entends parler du projet « Searching for Utopia » de la plasticienne finlandaise Lilli Haapala. Elle aussi est partie à la recherche d'une terre imaginaire : celle rêvée par les passagers du bateau à vapeur *Nahodka*.

En 2016, Lilli est tombée par hasard sur une photo prise par l'explorateur et linguiste Artturi Kannisto. Quatre femmes de Sibérie y sont immortalisées, habillées d'épaisses fourrures et coiffées d'un très grand foulard qui ressemble presque à un tipi ouvert au niveau du visage.

L'une d'elles s'appelle Erika Wilhelmiina Knaapi et fait partie de la branche maternelle de la famille de Lilli. Je me souviens du nom, aperçu dans la liste des passagers du *Nahodka*. La famille a eu trois enfants en Amour, puis le père est resté seul avec sa progéniture.

Je contacte Lilli. Et voilà que la marée se met à monter, la coque se détache du récif où j'étais coincée.

Grâce à elle, j'arrive à joindre un membre de la famille de Fridolf. Roman Gek vit à Vladivostok.

◆

Je harcèle cet homme sur Messenger. Je n'ose pas lui avouer que cela fait un moment que j'ai un faible pour son aïeul.

Roman dit être l'arrière-petit-fils d'Elena. Il me confirme qu'il y a bien eu une attaque de brigands, c'est une histoire qu'on raconte dans la famille.

Et l'épouse alors ? Était-ce Vyno ? Ou bien Oma ?

Je n'ai pas arrêté de me dire qu'il doit y avoir quelque part à Vladivostok une étagère où est rangé le livre de Larisa Aleksandrovskaya sur l'odyssée de Fridolf Höök, et que dedans se trouve l'identité de l'épouse mystérieuse. L'idée m'angoissait, mais désormais j'ai Roman sous la main et je suis sûre qu'il a lu cet ouvrage.

Il m'envoie une photo de l'arbre généalogique qu'il a soigneusement bichonné, arrosé et nourri. À la place de la première femme de Fridolf et de leur enfant figurent des points d'interrogation.

Larisa n'a donc elle non plus pas la réponse.

J'écris à Roman que j'ai peut-être trouvé le nom de la première compagne de son ancêtre. Margarita Rosenström.

Intrigué, il me demande d'où je tiens l'information. Je lui envoie un lien vers geni.com.

Trouve-moi la personne qui y a renseigné ce nom, m'ordonne-t-il.

Aye aye capitaine !

S'ensuit une danse que je commence à bien connaître. Je découvre qui a ajouté Margarita sur le site. L'homme est finlandais. Heureusement que ni son nom, ni son prénom ne sont trop communs, et qu'il n'a pas masqué son numéro de téléphone. Je réussis à le joindre. Il me dit que ça fait déjà un moment qu'il a rempli l'arbre généalogique, qu'il ne se rappelle plus sa source. Peut-être un documentaire sur Yle ? suggère-t-il. C'est celui que j'ai repéré il y a un an déjà mais qui n'est plus en ligne. Toute tremblante, j'appelle le réalisateur, Arvo Tuominen, mais il n'a aucun souvenir d'une Margarita Rosenström et ne pense pas l'avoir citée dans son film de 25 minutes. À chaque nouvelle information, j'envoie un récapitulatif à Roman. Il me demande de continuer à chercher. Il me transmet aussi l'adresse mail de Leonid, le responsable du musée, et je lui expose mes problèmes.

Je recontacte l'homme qui a ajouté le nom de Margarita sur geni.com. Essaie de te souvenir, bon sang ! Il décide d'enlever l'information puisqu'il n'arrive pas à se rappeler la source. Mais il ne l'a tout de même pas inventée. Margarita doit bien exister quelque part.

Je demande un coup de main à mes amis russophones. L'un d'entre eux pourrait-il me trouver le journal *Golos*, publié en 1880, où il est question d'une attaque *honghuzi* ? Un nom de femme y serait-il mentionné ?

L'un de mes amis retrouve la référence de l'article.

Publié en février 1880, il relate qu'une femme a été retrouvée pendue dans la maison du capitaine Höök, les mains liées. Les domestiques ont eux aussi été assassinés, et leur crâne, défoncé. Le fils de la femme a disparu. Il ne peut pas me dire si la victime était une gouvernante ou une épouse, puisque le mot utilisé pourrait désigner l'une comme l'autre. Le garçon de 7 ans ne ressemble pas au petit Ami de Toivo Koivisto, mais il pourrait bien correspondre au récit de Harry Halén, où la dépouille est celle d'une gouvernante et le disparu son enfant du même âge.

Sur l'identité de la femme pendue, l'article ne dit rien.

3

Un mail étrange arrive dans ma boîte de réception, envoyé par une certaine Daria Kupriyanova. J'identifie d'abord le message comme un spam, puis je me souviens qu'un jour de désespoir, j'ai contacté le musée de Nakhodka.

Daria Kupriyanova y travaille et elle est en train d'organiser un webinaire sur l'influence finlandaise en Extrême-Orient. Il y sera question deux heures durant de l'expédition de Höök et de celle partie de Turku, ainsi que d'autres Finlandais partis chercher leur bonheur en Amour. Le projet rassemble des acteurs culturels russes et les Archives nationales de Finlande.

Je suis sur le point de pleurer d'émotion. Quelqu'un me contacte depuis le Primourié et parle une langue que je comprends.

Daria me propose de participer au séminaire. Puis elle me renvoie un autre mail : « Ne voudrais-tu pas nous présenter le livre que tu es en train d'écrire sur Fridolf Höök ? »

Je n'ose pas accepter. Que pourrais-je leur raconter ? Je pourrais peut-être leur exposer que l'ocytocine et le café m'ont mise dans un état second ? Ou bien leur décrire les mille fins malheureuses que peut connaître une histoire d'amour, les mille raisons tragiques qui peuvent mettre un terme à un projet de recherche ? Leur avouer que, quand je suis dans une impasse, je ne m'enferme pas dans les archives, mais que je sors mes pinceaux et mes couleurs, que je ferme les yeux et imagine qu'en les ouvrant, la réponse sera là, dans le gribouillis enfantin que je viens de tracer sur la toile ?

Devrais-je leur dire qu'en écrivant sur Fridolf, j'écris en fait sur tout à fait autre chose ? Que j'essaie de rapiécer de mon récit les utopies qui ont volé en mille morceaux ? Que je veux que mon capitaine et ses camarades sachent qu'ils n'ont pas été oubliés, et que si je pouvais avoir un troisième moment avec Fridolf, ce serait pendant une pétole sous les latitudes des chevaux, un moment où tout est immobile. Tous les deux, nous serions adossés au mât en bois qui grincerait derrière nous, je lui caresserais les cheveux et la barbe, j'y glisserais mes doigts pour en défaire les nœuds. Il aurait un parfum de coquillages, de marée descendante. Je lui demanderais de ne pas s'en aller, de continuer son voyage avec moi. Je poserais ma main sur son épaule anguleuse, sur la peau douce sous laquelle je sentirais la forme de ses os. Je lui dirais : « Mon chéri, fabrique-moi un sextant breveté dont les miroirs peuvent capturer l'utopie et le rêve, et les faire descendre à l'horizon. » Puis nous pourrions les rejoindre en voilier et les racommoder.

C'est ça que je devrais leur raconter ?

◆

Je relis le message de Daria. Elle me paraît sympathique. J'ai très envie d'accepter, de m'accrocher à elle jusqu'à ce qu'elle me trouve quelque part un paragraphe en russe qui commencerait ainsi : « Fridolf Höök s'est épris de deux femmes, et son premier amour s'appelait… » Et comme preuve de la véracité de l'information, la phrase serait estampillée d'un cachet du bureau des brevets de San Francisco et assortie de la signature de Fridolf, avec ses délicates lettres manuscrites, le *h* et le *f*, pour me dire : « Tu peux me faire confiance, et dormir tranquille ».

Si j'accepte, vont-ils m'aider à trouver une explication concernant Margarita ?

Oui, Daria pourrait détenir des informations que je n'ai pas. Puis, instantanément, je ressens le coup de poignard de la jalousie. De quel droit avez-vous décidé d'organiser un séminaire sur mon homme, derrière mon dos ? Qui vous en a donné l'autorisation ? Je suis terrifiée à l'idée d'en savoir plus, d'avoir de nouvelles précisions dont je ne veux pas et qui chambouleraient tout le manuscrit – non, qui chambouleraient toute ma vie ! Je ne veux pas qu'un archiviste me livre mon Fridolf dans un paquet joliment emballé, avec des dates, des noms et tout. J'ai choisi de le chercher et de le retrouver en amoureuse et en voyageuse : lentement, en chérissant les tout premiers moments.

J'imagine que je redoute aussi de me rendre compte combien mes connaissances sont limitées.

Je voudrais simplement que quelqu'un me donne le nom de sa première épouse.

J'éteins l'ordinateur et je me fais du café. J'ai partagé tellement de moments avec Fridolf que si quelqu'un arrivait avec d'autres images, notre relation changerait peut-être pour toujours. Je veux que personne n'embrouille mes pensées et mes cartes avec des paysages tout faits, je ne veux pas qu'on m'indique la profondeur de l'eau dans laquelle j'ai voulu moi-même plonger.

Roman Gek me bombarde de messages pour savoir si j'avance dans mes recherches sur Margarita. Je n'ose plus lui répondre.

Je finis par écrire à Daria que j'accepte l'invitation. Je me mets à rédiger un discours en anglais. Je dois l'envoyer à l'avance à cause de l'interprétation simultanée, et je dispose de deux jours. Si jamais j'ai l'impression de me dissoudre pendant le séminaire, je pourrais toujours fermer l'écran de mon ordinateur portable et prétexter une mauvaise connexion.

◆

Je me suis levée tôt, j'ai fait la vaisselle et promené le chien, j'ai pris le petit déjeuner. J'ai fignolé mon discours et je l'ai envoyé à Daria. Évidemment, dès cet instant, je me suis aperçue de maladresses que j'ai tenté de rectifier, et je lui ai envoyé deux autres versions du texte. Je le lis à haute voix. Je répète ton nom quasiment à chaque phrase comme si j'étais en train de me noyer et que tu allais venir me sauver.

Les miracles arrivent quand on ne les attend pas, même le week-end, et en voilà un qui vient d'arriver dans mes mails. J'ai trouvé quelqu'un disposant du documentaire diffusé sur Yle qui n'est plus disponible en ligne.

« On y mentionne Margarita », m'écrit-on.

Je visionne le film sans tarder. Des images de mer, de paysages côtiers du Primourié, et en voix off, le réalisateur Arvo Tuominen. Il interroge Leonid, le petit-fils d'Elena, ainsi que Roman Gek, qui continue de m'envoyer des ordres. Puis arrive le moment que j'attends. Un petit air à la balalaïka, et la voix du réalisateur : « Le pays d'Amour se révéla être aussi le pays de Cupidon. Fridolf Höök y épousa Margarita Rosenström avec qui il eut un fils. » Apparaît à l'image une photo en noir et blanc, avec une bâtisse de couleur claire et une femme debout sur des marches. « Ici, la mère et son fils devant la maison de Sidemi. »

Je ne distingue pas les traits de la femme, seules sa posture et sa taille sont visibles sur le cliché. Elle est debout en haut des marches qui mènent à la terrasse, adossée à un pilier et elle regarde l'objectif. Dans ses bras, un bébé.

Est-ce une photo prise par Schoultz ? Je fixe cette femme et je veux croire qu'elle est le premier amour de Fridolf.

Elle a l'air si petite et fragile. Était-ce l'été où il était parti en voyage et où à son retour les corps étaient déjà en train de se décomposer ? J'ai envie d'entrer dans l'image et de crier : « Va-t-en Margarita, fuis pendant qu'il est encore temps ! » Certains disent que les brigands surveillaient la maison depuis un moment et qu'ils ont attaqué dès qu'ils ont vu le capitaine s'en aller. Quelle serait l'histoire que je raconterais si, une fois arrivé au port, Fridolf avait jeté un coup d'œil au baromètre, que l'aiguille avait annoncé une tempête, s'il avait alors décidé de revoir ses plans et de rentrer à la maison, s'il l'avait rejointe avant que tout cela n'arrive ?

Mais la femme sur la photo reste adossée au pilier, immobile, et personne ne se doute encore de rien.

La maison a un rez-de-chaussée et un étage. Les vitres des fenêtres sont laiteuses. Peut-être n'étaient-elles pas en verre mais en papier, comme c'était souvent le cas en Amour à cette époque. La bâtisse ne ressemble pas à celles en rondins, construites dans la vallée du Tigre. Elle me fait plutôt penser à une maison tyrolienne, aux histoires de Heidi, ou à un temple asiatique.

Les cheveux châtains de la femme sont réunis en chignon. Elle porte une robe claire qui lui descend jusqu'aux chevilles, et par-dessus, un tablier. Sur une des poutres de la terrasse, je remarque un symbole gravé dans le bois, peut-être un octant, ou un compas. Juste au-dessus, un balcon avec une simple planche en guise de garde-corps. Si le bébé grandissait subitement et se mettait à marcher, l'endroit deviendrait dangereux, mais sur le cliché, il est en sécurité dans les bras de sa mère.

4

C'est le jour du webinaire. Je suis devant mon ordinateur. Dmitri Frolov, chercheur aux Archives nationales de Finlande, Teuvo Peltoniemi, l'auteur ayant travaillé sur l'émigration, et Elena Agafonova, directrice adjointe du musée de Nakhodka et coordinatrice du projet « Finnish Imprint in the South of the Far East », ont déjà pris la parole. C'est au tour de Leonid Vasyukevich, le descendant de Fridolf que j'ai désespérément cherché à joindre. Désormais, je sais que c'était peine perdue : nous ne parlons pas la même langue.

Soudain, la maison s'affiche sur mon écran. Celle avec le garde-corps branlant, la femme avec le bébé dans les bras. Sous la photo, une légende avec un mot que j'arrive à reconnaître, appris lors de mon premier cours de russe : Дом (maison). Je regarde la maison de Fridolf.

Le discours de Leonid est traduit en anglais par Daria. Je guette le nom de Margarita, mais je ne l'entends pas. Puis l'image change, et à la place de la maison s'affichent deux dessins au crayon noir : la tête d'un cheval, agité et plus délicat qu'un cheval de Finlande, peut-être un pur-sang arabe, et un voilier. Est-ce l'*Imperator Alexander II* ou un autre navire ? Sous le croquis du cheval, à droite, je lis : « Fridolf ».

« Il écrivait des lettres à sa sœur Selma, restée en Finlande, et lui envoyait aussi des dessins. Ceux-là ont été retrouvés dans des archives ouvertes pendant ce projet de recherche », indique Léonid par l'intermédiaire de Daria.

J'ai soudain le vertige. Je vois le tracé de la main de Fridolf, le papier qu'il a touché, qui a touché sa peau. Qu'est-ce qu'il était doué. Il savait reproduire dans son dessin le reflet de lumière dans l'œil du cheval, et chaque voile et chaque cordage du voilier est exactement à sa place.

Je fais des captures d'écran de la présentation de Leonid et je zoome sur la photo de la femme. Est-ce bien un bébé qu'elle a dans les bras, ou tout à fait autre chose : un drap ramassé sur la corde à linge et roulé en boule, un chien de taille moyenne au poil laineux, un gros chat, une fourrure de renard polaire ?

Plusieurs nouvelles sources sont apparues, en Finlande et en Russie, pendant ce projet mené de front par le musée et des chercheurs finlandais. C'est exactement ce que je craignais. Quelqu'un s'est introduit dans l'intimité de notre relation, a fouillé dans tes placards, retourné tes poches, s'est approprié ton histoire.

« Nous ne savons toujours pas avec précision où les premières colonies finlandaises se sont installées pour bâtir leurs maisons », dit un des orateurs. Je suis soulagée. L'utopie demeure notre secret commun.

Elle laisse rarement des traces. Elle peut être confondue avec de faux souvenirs ou se mélanger avec des images construites a posteriori. L'utopie peut se disloquer avant d'avoir eu le temps d'imprimer sa marque dans la mémoire ou sur le paysage.

◆

Le séminaire est aussi l'occasion pour moi de voir pour la première fois les objets dont Fridolf a fait don au musée

Arseniev. Je les cherchais depuis longtemps. En les comparant à ceux du British Museum, je me dis qu'il a réservé ses plus belles pièces à la Russie. Vera Kavetskaya, directrice de recherche de l'institution qui s'appelle désormais musée historique de l'Extrême-Orient, en parle avec une voix si douce qu'elle semble évoquer ses enfants.

Les pièces photographiées sur un fond noir défilent: des hameçons en os, des bijoux, des pipes, des objets usuels, des masques de guerriers, des figurines d'animaux sculptées dans une matière claire, peut-être en os de baleine, d'otarie ou d'un autre mammifère marin. Elles me font penser à des amulettes ou à des talismans de chaman – ou peut-être sont-elles des œuvres d'artistes de l'époque. Sur le fond en velours noir se détache une paire de sculptures abstraites, semblables à des serre-livres sur une étagère. Leur surface est lisse et arrondie, couleur crème au caramel. Elles ont quelque chose de solennel.

Les collections du musée comptent en tout 200 pièces données par Fridolf.

« Elles sont uniques », traduit Daria.

Le séminaire se poursuit avec un exposé de Lilli Haapala, descendante de la famille Knaap partie de Turku, puis avec l'intervention de Lalle Broberg, de la famille de Selma, la sœur de Fridolf.

Puis c'est mon tour. Je parle de ta magnifique clôture, de tes voyages en mer et de la façon dont je te vois: un aventurier, un polymathe. Je t'admire pour tellement de raisons que je n'ai pas le temps de toutes les citer. Je crois bien que je finis par lâcher que je suis amoureuse de toi et que je suis en train de faire un second voyage à tes côtés.

À la fin du séminaire, j'ai tellement de questions que j'ai peur que Daria s'agace. Je veux qu'elle traduise à Leonid, le petit-fils d'Elena et le créateur du musée, toutes les interrogations qui me taraudent depuis si longtemps. Je voudrais que le musée m'envoie des photos de tout ce que Fridolf a écrit, dessiné ou jeté en boule dans la corbeille à papier. Je voudrais qu'on me dise d'où vient le nom de Margarita. Je voudrais dévaliser les archives.

Lors du séminaire, je fais aussi la connaissance d'un descendant de Carl Schoultz. Il s'appelle Christer Schoultz et habite à Helsinki. Il nous présente les raquettes de neige de son ancêtre, ainsi qu'un pendentif fait avec une griffe de tigre. Il est pétillant, curieux et drôle, clairement des gènes hérités de l'Amour. Nous décidons que quand les temps seront meilleurs, nous prendrons ensemble le train pour aller rendre visite à Daria à Vladivostok.

◆

J'ai bombardé Daria de mes questions et j'ai peur qu'elle finisse par ne plus me répondre. J'ajoute à mes mails des captures d'écran prises pendant le séminaire et des photos de mes barbouillages, expliquant qu'ils font partie de mon processus d'écriture, qu'il s'agit d'une manière de chercher Fridolf, et bien d'autres choses encore. Je lui demande d'où proviennent les deux dessins, celui du cheval et celui du voilier. Je répète encore et encore le nom de Margarita Rosenström, qui ne lui dit strictement rien.

Je lui envoie la photo de la maison, celle avec la femme au chignon. J'explique que selon un documentaire finlandais, elle s'appellerait Margarita Rosenström, que quelqu'un a indiqué ce nom au réalisateur et que ce quelqu'un ne semble pas habiter en Finlande, que ça doit probablement être quelqu'un qui habite par chez elle.

Daria promet de transmettre ma question à Leonid, ainsi que la photo. Et cette fois, il me répond.

Lui aussi a cherché des informations sur la première épouse de Fridolf et sur leur fils. Il a fouillé dans les Archives nationales, en vain. Selon lui, la femme en robe longue sur les marches est la seconde femme de Fridolf, Pelageya, et c'est la petite Elena qu'elle tient dans ses bras. Pour lui, la photo date approximativement de 1883.

Leonid m'apprend la date de naissance (1856) et de décès de Pelageya (1902). Pourquoi ne me suis-je pas dit qu'elle avait pu mourir avant toi ? Deux ans plus tard, tu t'es ôté la vie. Te manquait-elle à ce point, au point de vouloir la rejoindre ? Je ne comprends pas la cruauté de ton geste : tu as laissé Elena seule au monde.

« La photo a été prise par Carl Schoultz qui aimait beaucoup photographier les gens mais aussi les bâtiments », m'écrit Leonid, par l'intermédiaire de Daria.

Et qu'en est-il de Margarita ? Leonid en a-t-il déjà entendu parler ? Il me répond que oui. Dans son ouvrage rédigé en russe, la chercheuse Larisa Aleksandrovskaya a mentionné Margarita Rosenström, mais pas comme épouse de Fridolf.

Selon Leonid, l'expédition comptait un couple appelé Rosenström et leur fils, Theodor. Je vérifie de nouveau la liste de passagers, et je n'y trouve qu'un seul Rosenström, le jeune et beau vendeur. Leonid me dit alors que les parents pourraient s'appeler Tennberg – et la liste mentionne effectivement le fourreur Tennberg, même si je trouve étrange que le fils et les parents portent des noms de famille différents.

« Theodor Rosenström se maria plus tard avec Maria Hellstein, qui voyagea sur le même bateau et qui avait 13 ans au moment de la traversée. Le couple a ensuite eu un enfant, Margarita Rosenström », m'écrit Daria sur demande de Leonid.

Mais pourquoi alors est-elle présentée comme l'épouse de Fridolf dans le documentaire ?

Ni Daria, ni Leonid n'ont la réponse à cette question.

Je leur demande alors quelles sont les sources utilisées par Larisa Aleksandrovskaya. Daria m'indique que celle-ci s'est documentée en consultant des archives. De plus, la chercheuse a réussi à en faire interdire l'accès à toute autre personne.

Je ne comprends pas. Comment une seule femme peut-elle ainsi s'approprier des documents ?

« Elle est décédée il y a deux ans, mais nous n'avons malheureusement pas réussi à accéder à la matière qu'elle a utilisée pour te l'envoyer. Tous ces documents font désormais partie des archives de la Fondation The Society for the Study of the Amur Territory. »

Je pique un fou rire de soulagement. Je m'imagine voyageant en train pendant sept jours, me nourrissant de nouilles instantanées et de biscottes, faisant ma toilette avec des lingettes pour bébé, juste pour m'entendre dire : « *Niet*, vous n'êtes pas Larisa Aleksandrovskaya, donc vous ne pourrez pas voir ces papiers ».

Mais je n'en ai pas fini avec Daria. Les sources dont j'ai appris l'existence au séminaire semblent être surtout des documents contractuels et administratifs qui ne changeront en rien notre relation, Fridolf, puisque ton certificat de mariage n'y figure pas. Par contre, tes dessins m'intriguent.

« Les dessins et les photographies qu'on a présentés appartiennent aux descendants finlandais de la famille Höök. L'un d'entre eux, Lalle Broberg, était présent au séminaire. Veux-tu ses coordonnées ? » me propose Daria.

◆

Je me concentre donc sur Lalle Broberg. Il fait partie de ta famille du côté de ta sœur Selma et devient bientôt mon mentor. Même si lui non plus ne sait pas tout, il est prêt à écouter mes divagations qui n'en finissent pas. Lui aussi se souvient avoir entendu le nom de Margarita, mais il l'identifie comme quelqu'un de beaucoup plus âgé.

« Peut-être que la femme pendue au plafond était bel et bien la gouvernante ? » je suggère.

Peut-être. Selon Lalle, ce premier mariage n'avait rien d'officiel. Quand je lis dans un article russe que celui avec Pelageya n'a probablement pas non plus été célébré devant les autorités, je me dis que ni toi ni moi ne nous sommes donc mariés.

Soudain, je repense à la franc-maçonnerie : les mains glissées dans le gilet, à la Napoléon, le symbole aperçu sur la façade de la maison, sur la photo avec la femme et l'enfant – un octant ou alors un compas et une règle.

« J'ai entendu dire qu'à l'époque, les marins étaient souvent membres de sociétés franc-maçonnes. Cela leur donnait accès à certains privilèges dans les ports, un hébergement moins coûteux, ou quelque chose dans le genre. Serait-il possible que Fridolf en ait fait partie ?

— Il en a été question, mais je n'ai rien qui le confirme », répond Lalle.

Nous échangeons des documents. Je lui envoie une photo de la demande de brevet de Fridolf et il me répond avec des clichés que le capitaine a envoyées à Selma. Quand je les ouvre, j'ai l'impression que mon cœur oublie de battre.

Sur la première photographie, tu es sur le pont de ton bateau avec un groupe de jeunes hommes barbus, habillés de manteaux de fourrure. Vous venez d'abattre des élans, l'un d'entre eux est accroché au mât, un autre gît sur le pont. Sur une autre, un crâne de baleine qui fait au moins deux fois ta taille. Tu as grimpé dessus et tu poses, harpon à la main, comme si tu visais une cible. Tu portes des bottes et un pantalon bouffant. J'imagine que ce cliché a été pris par

Schoultz, comme tant d'autres. Était-ce son idée de te faire poser ainsi, jouant au chasseur ?

J'adore la photo où tu te tiens avec un chien noir devant une petite cabane sans fenêtre, construite avec des pierres rondes sous un toit à quatre pans. Le chien est collé à ta jambe gauche, arborant une tache blanche à la poitrine. Ici aussi, tu as des bottes aux pieds, tu es vêtu d'un pantalon bouffant, d'une chemise à motifs, peut-être en flanelle, et d'un gilet. Tu portes un chapeau noir à rebord. Tu es debout, les mains derrière le dos, pas tout à fait droit. Ton expression laisse penser que tu viens de féliciter le chien en le caressant, qu'il s'est dandiné de plaisir.

Enfin, je remarque ton regard qui fixe franchement l'objectif. Je vois enfin tes yeux que je peux fixer à mon tour sans avoir peur. Pendant un instant, je ne distingue plus rien d'autre.

Mais le cliché que je préfère à tous les autres est celui où il n'y a qu'un chien. Il est couché sur le pont du bateau. La voile vient d'être hissée. Il se repose au soleil, les yeux presque clos. Il n'y a aucun humain sur l'image, juste un bout du bateau et le chien aux oreilles tombantes qui fait penser à un labrador. Au dos de l'image, tu as noté : « *Min trogna vän* »*. Mon fidèle ami.

* En suédois dans le texte

Toi et ton chien. As-tu demandé à Schoultz d'immortaliser ce moment pour en faire profiter Selma, restée en Finlande ? Tu n'as pas envoyé de cliché de ta femme mais de ton chien au pelage noir. Peut-être as-tu demandé à Schoultz d'en faire un deuxième tirage que tu gardais avec toi, que tu as fait encadrer pour le poser sur ta commode, ou que tu conservais dans le bateau, dans ta cabine, qui était devant toi quand… *hän sköt sig pa sitt fartyg** (il s'est tué d'une balle sur son bateau).

* Idem

5

Je rêve de nouveau de toi. Tu apparais dans mes songes par surprise, comme la surface de l'eau qui frémit quand un poisson lui fait un baiser.

Tu es là et c'est comme si le temps ne nous avait jamais séparés. Nos souvenirs soudent le passé et le présent, nous sommes exactement comme nous l'étions avant, il y a longtemps. Je peux sentir l'odeur de levure émanant des pages humides et le parfum de talc qui s'élève du mouchoir, voir la main de la femme qui tient le livre et presque distinguer son visage. Les mots et les phrases me traversent comme une ligne de chemin de fer, et je me dis qu'en me réveillant, je devrai compléter le récit avec les souvenirs que le rêve refait miens.

J'ai déjà fait ce genre de songes, toujours quand le processus d'écriture est au début ou bien à la fin, quand je sais qu'il va bientôt falloir laisser l'histoire s'en aller. Mes nuits sont alors agitées, mon subconscient réécrit le texte, encore et encore. Je change des mots, je vois des visages et des scènes que je suis incapable de décrire le matin venu.

Dans le noir, tu m'affirmes que tout va bien se passer. Je suis si soulagée que j'en oublie de respirer. Je voudrais que le temps s'arrête. J'aimerais rester auprès de toi pour toujours. Quand tu m'annonces que tu dois partir, tout en moi fond et se tord, et je comprends que plus jamais je ne ressentirai ça.

Si jamais je devais de nouveau tomber amoureuse, je choisirais quelqu'un que je déteste. Comme ça, la perte et le lâcher-prise qui s'ensuivrait me feraient moins mal.

Y a-t-il quelque chose que je regrette autant que d'être partie, y a-t-il quelque chose que je hais plus que le fait que tu m'aies laissée partir ? Est-ce pour cela que je suis si fatiguée, que tout ce que je veux, c'est dormir, parce que dans les rêves l'impossible devient possible ?

Quand je me réveille en pleine nuit, j'ouvre mon carnet pour noter ce rêve. Je tombe sur une phrase extraite d'*Hypérion* de Friedrich Hölderlin, que j'ai un jour recopiée.

« Nous ne sommes rien, ce que nous cherchons est tout. »

Mais que se passe-t-il si on ne peut jamais trouver ce qu'on cherche ? Si on a oublié l'objet de la quête ?

6

Je reçois un appel d'une journaliste d'Yle Novost, la station de radio russophone de Finlande. Elle est en train de rédiger un article sur les colons de l'Amour et voudrait m'interroger. Elle a entendu dire que j'écrivais un livre sur toi. J'ai envie de lui répondre que je n'écris pas un livre sur toi, mais plutôt sur ma tentative d'écrire sur toi. Que je passe la plupart de mon temps à chercher, tantôt ton épouse, tantôt des ouvrages que j'ai perdus en route, ou bien des notes, des cahiers dans lesquels j'ai un jour griffonné, des décisions prises il y a longtemps. Je cherche quand je dors et quand je suis éveillée.

J'ai envie de dire à la journaliste que je viens de trouver une vieille photo représentant la page d'un journal de chasse à la baleine. Quand un cétacé était capturé, il était tout entier reproduit dans le carnet. Parfois, seules les queues étaient esquissées. Cela signifiait qu'une tentative de harponnage avait tourné au fiasco et que la bête s'était enfuie. Si je devais suivre la même règle ici, je n'aurais que des queues à dessiner : aperçues de loin, puis perdues de vue.

Mais la journaliste est sympathique et je décide de me comporter correctement.

Elle me demande pourquoi vous êtes partis. J'ai envie de lui répondre, pourquoi pas, c'est le genre de choses que font les esprits talentueux, mais je me retiens. Je me sens idiote quand je lui explique tout ce qu'on vous avait fait miroiter, vous promettant tellement plus que ce que la Finlande avait alors à vous offrir. Je dis de toi que tu y as certainement vu une opportunité de pratiquer la chasse à la baleine en bénéficiant du soutien impérial. Je précise que tu connaissais déjà cette région, que tu y avais déjà voyagé. Peut-être même que tu t'y sentais plus chez toi qu'en Finlande.

Puis la journaliste me demande pourquoi votre bulle utopique a explosé, pourquoi vous avez échoué. Je suis sur le point de répondre que, capricieux et inconséquents, vous rêviez de châteaux en Espagne et que votre utopie à vous ne pouvait donc être que synonyme d'échec. Mais je raconte tout à fait autre chose. Je dis que vous vous méfiiez les uns les autres, que certains en faisaient plus, trop, et que les baleines vous fuyaient.

L'article paraît, et tu sais quoi Fridolf ? Je t'y trouve encore une autre femme, en plus de Vyno, d'Oma et de Margarita ! La journaliste a aussi interrogé Leonid. « Il n'existe pas d'informations fiables sur la première épouse de Höök, celle qui a été victime des brigands. Leonid pense pourtant qu'elle était russe et s'appelait Anna. Cette hypothèse se base sur le nom d'un des bateaux de Fridolf, *Annuska*, qui aurait été, selon toute vraisemblance, baptisé d'après son épouse. »

Le petit-fils d'Elena a donc encore une carte dans sa manche. Cher Fridolf, avec ce mystère matrimonial, j'ai l'impression que tu es devenu le célibataire le plus convoité de tout l'Amour.

Bien sûr que j'ai croisé Anna, moi aussi. Quand je suivais les côtes de la Russie orientale en essayant d'y trouver des indices que tu aurais laissés pendant ta mission de cartographe, j'ai longé la presqu'île d'Anna. Dans ses mémoires, Otto Lindholm écrit que tu l'as nommée d'après ton bateau.

Il aimait bien que tu baptises des baies et des collines en l'honneur des membres de sa famille. Pourquoi ne précise-t-il pas que la presqu'île d'Anna doit son nom, non seulement à ton bateau, mais aussi à ta première épouse ? Ta peine était-elle si grande que tu ne l'as jamais mentionnée ? Peut-être que quand Lindholm t'as interrogé sur l'origine du nom, tu as dégluti rapidement, puis tu as dit que c'était juste un bateau.

◆

Plus tard, je repense aux questions de la journaliste. Pourquoi tous s'accordent-ils à dire que vous avez échoué ? Tu as exploré des côtes qui jusque-là n'étaient que de vagues esquisses sur les cartes. Tu as eu une carrière telle qu'on se souvient toujours de toi là-bas. Pareil pour Lindholm, Walldén et Schoultz. Tu as rédigé des textes ethnographiques, tu as collecté des objets pour trois musées, tu ne voulais que le bien des communautés locales et tu protégeais les animaux marins. Est-ce qu'on peut appeler ça un échec ?

« [...] certains osent entreprendre des choses, malgré tout. » Vous êtes partis pour tenter l'aventure, et quand il est devenu clair que votre projet commun ne se réaliserait pas comme vous l'aviez espéré, vous avez pris une décision démocratique, vous avez partagé le sel du Cap-Vert et vous êtes chacun partis de votre côté, là où vous aviez le plus de chances de réussir. Cher Fridolf, je suis convaincue que cette résolution prise en novembre 1870 était la bonne. Ce n'était pas un échec, c'était trouver une solution à une impasse. C'était opter pour une meilleure alternative, une nouvelle utopie.

Est-ce ce qui nous est arrivé à nous aussi ?

Je ne sais pas expliquer la fin de notre histoire, mais je sais que peu importe ce que nous nous sommes dit à ce moment-là, peu importent les raisons que nous avons avancées pour justifier ce dernier voyage, nous avons pris la décision qui, à ce moment-là, nous paraissait être la meilleure. Je dois faire confiance à ça, au fait qu'à ce moment-là, nous savions ce qui était le mieux pour nous. Ce n'était pas un coup de tête, ni une décision motivée par la haine ou la colère. Nous avions cent huit jours pour choisir une alternative, et nous sommes restés sur notre choix initial, celui qui a ensuite fait naître une série d'autres utopies.

Certains jours, la mer et notre utopie me manquent terriblement, mais je ne suis pas prête à abandonner la vie que je vis aujourd'hui. J'aime mes recherches obsessionnelles et j'aime le café qui refroidit dans ma tasse. J'aime me sentir vivante et à ma place quand je mène mes explorations. J'aime les personnes avec lesquelles je me réveille le matin et qui font ce voyage-ci avec moi. C'est une alternative que je veux préserver.

7

Je suis au téléphone avec Lalle Broberg. Je suis tellement excitée que je parle trop fort et que j'oublie de respirer. Je viens de recevoir les photos des lettres que tu as envoyées au British Museum pour accompagner les objets.

Ma tête tourne quand je regarde tes mots manuscrits sur le papier couleur de thé blanc. Tu as écrit sur des feuilles volantes parfois pliées en deux, comme des cartes, et tu en as recouvert tous les côtés. Certaines feuilles sont si fines qu'elles laissent transparaître les lettres tracées derrière.

« Tu as vu comme il écrit bien ? Son anglais est parfait, et toutes ces formules de politesse, la manière dont il s'adresse à ses interlocuteurs... On dirait un vrai scientifique ! »

Je n'arrête pas de parler et d'aller d'une pièce à l'autre dans l'appartement.

Il n'y avait pas que deux lettres. Toutes ont été rédigées dans les années 1890. Tu as adressé plusieurs lots d'objets à Londres. Les colis ont transité par l'Allemagne, par un intermédiaire qui a encaissé pour toi la rémunération prévue par le musée. C'est pour cela que tu as précisé dans un de tes courriers que ta langue maternelle était le suédois : quelqu'un au musée, pensant que tu étais allemand, t'avait adressé un livre dans cette langue.

Ta première missive est plus formelle, plus hésitante que celles qui suivent. Tu as adressé au musée un premier lot d'objets, comme une sorte d'essai. Suite à cet envoi, ta méthode change et tu réponds ensuite aux demandes du musée qui souhaite se procurer des pièces précises. Tu t'efforces de les trouver et de les acquérir avec le budget prévu. Tes lettres se terminent sur : « *I have the honour to be Your obedient servant.* »* Tu es honoré d'être le serviteur dévoué du musée.

« Voici des outils de chasse et de pêche », as-tu écrit, puis « voici des objets utilisés pour se déplacer », et tu as ajouté que tu tâcherais d'envoyer sous peu le reste de la commande. Les lettres comportent plusieurs pages numérotées avec des descriptions des pièces transmises. Je parcours les listes et je sais désormais associer la description à l'artefact correspondant.

* En anglais dans le texte

« Qu'est-ce qu'il écrit bien ! » dis-je à Lalle.

Il me répond que les Höök appréciaient les bonnes manières et le raffinement.

« Sa façon de s'adresser aux autres vient certainement de son éducation », suppose-t-il.

◆

L'été suivant, nous nous rencontrons. Il s'avère que nos chalets d'été* respectifs ne sont situés qu'à une demi-heure de route l'un de l'autre. Lalle s'avance vers moi sur le petit chemin de graviers et me serre la main d'une poignée franche. Il s'exprime calmement et avec sagesse, exactement comme je t'imagine le faire.

* Beaucoup de Finlandais possèdent un *kesämökki*, un petit chalet en bois, construit dans la forêt ou au bord d'un lac, souvent au confort rudimentaire, où ils se rendent pour les vacances d'été.

Il m'a apporté un livre avec des récits de chasse écrits par ton frère, le chasseur d'ours Berndt Höök.

« Je me suis dit que ça pourrait t'intéresser. Tu pourras comparer Berndt et Fridolf. »

Alors je lis les histoires de ton grand frère sur les plantigrades, sur les hivers enneigés et le froid qui faisait crisser la neige sous les pieds. Je le vois guetter le réveil de la bête à l'entrée de sa tanière, s'enfoncer lui aussi vers l'est avec son sac à dos, dormir ici et là, dans des conditions spartiates. Il était exactement comme toi, un chasseur à l'affût, flairant sa proie. Vous sembliez avoir tous les deux le goût du risque et de l'aventure, et vous ne vous découragiez pas quand la vie devenait dure.

Sa façon d'écrire est drôle, pleine d'autodérision. Il était talentueux et cultivé mais sans en faire étalage. Avait-il plus d'humour que toi, était-il plus optimiste ? Vous étiez tous les deux intelligents, aucun doute là-dessus.

« Berndt travaillait comme ingénieur civil. Il a été en charge de la construction des canaux de Konnus, de Taipale, d'Ahkiolahti et de Pielisjoki, m'explique Lalle quand j'ai fini le livre. Plus tard, vers la fin du XIXe siècle, il a travaillé comme ingénieur dans la région de Päijänne et à Kuopio. Il paraît qu'il était très compétent. »

« Serait-il possible qu'ils aient été tous les deux doués pour se représenter les choses dans l'espace ? dis-je en pensant aux canaux pensés par Berndt, aux dessins du brevet et aux cartes de Fridolf.

— Tout à fait. »

Quand je rends le livre à Lalle, je ne peux m'empêcher d'espérer qu'une petite photo en noir et blanc en tombe, une photo avec deux personnes et une légende manuscrite au dos : « Voici ma première femme », suivie d'un nom. Évidemment, rien de tel ne se passe.

Mais je déniche autre chose. Là, debout sur le chemin, je trouve un tout petit peu de toi, cher Fridolf, sans avoir eu besoin de voyager à l'autre bout du monde.

8

Parfois la vie et le récit qu'on en fait doivent être réécrits. Chacun a droit à une histoire complète et entière, même si cela exige de se confronter à des choses difficiles, d'en oublier d'autres ou de combler les trous avec des faits qui se sont passés plus tard, bien après les évènements originels. Cela arrive quand un vieux souvenir est remémoré et remodelé, quand il est exposé à la lumière du jour, quand il passe du noir et blanc à la couleur, quand des détails sont précisés ou au contraire floutés, quand il est recadré.

Il est impossible de reconstituer la vérité complète d'une vie, qu'il s'agisse de celle d'une personne qui n'est plus ou de la sienne. Les récits des contemporains de Fridolf adoptent toujours des points de vue biaisés, ont souvent été reconstitués à partir de ouï-dire. Ils esquissent la silhouette de la personne que je tente de connaître. Quand il est question de personnages historiques, un marin est souvent vu comme un simple marin, et rien de plus, une couturière est une couturière, une bonne est une bonne. Ils demeurent de simples reflets de leur métier ou de leur occupation, nuit et jour. Pourtant, chacun a aussi occupé d'autres rôles : il a été l'enfant de quelqu'un, l'ami de quelqu'un, a été aimé par les uns et détesté par les autres, il a peut-être porté des rêves couleur perle dont personne n'a jamais entendu parler. Ou a été ballotté par une pleine mer noire et sombre qu'il a fuie.

Cher Fridolf, je ne sais toujours pas qui était ta première femme. Je ne sais pas si elle s'appelait Vyno, Margarita, Anna ou portait un autre nom encore qui, peut-être, un jour, remontera à la surface. Existait-elle, ou s'agissait-il finalement d'une gouvernante qui vivait dans la maison de Sidemi et avait un fils pour lequel tu avais beaucoup d'affection ? Dans son livre, Harry Halén termine ainsi le chapitre sur toi : « La vérité ultime sur Höök et les *honghuzi* reste donc encore à écrire. » Qui peut dire quand cette « vérité ultime » sera écrite sur sa propre vie ?

Quel serait le récit de mon existence s'il était construit à partir de ce qu'en disent mes voisins, mes professeurs ou mes collègues ? Nous sommes comme l'océan dont personne ne peut faire l'expérience deux fois de la même façon. Serait-ce mieux si nous avions tous un Toivo Koivisto pour raconter notre vie, quelqu'un qui comblerait les trous avec des sacs remplis d'or et une grande histoire d'amour ?

Je tapote, j'étale et j'éclabousse des couleurs sur la toile, une dernière fois. Ce sera la fin de notre voyage. Dans un coin, j'écris : « Fridolf Höök était un navigateur de l'utopie, un explorateur et un cartographe des mers. Il m'a écoutée, puis je l'ai perdu ».

Je tourne la peinture dans tous les sens, mais aucun visage n'apparaît, aucun bateau, aucun couple enlacé. Les voiles ont été affalées, mais à cet instant même, quelqu'un d'autre, quelque part, est en train de hisser les siennes et s'apprête à prendre le large.

Épilogue

L'écriture de ce livre a été une expérience inhabituelle, pour plusieurs raisons. En effet, l'histoire de Fridolf Höök m'a emmenée sur des chemins dont je ne soupçonnais pas l'existence en commençant cette enquête. Au début, je pensais écrire un ouvrage beaucoup plus conventionnel sur ce personnage historique. Puis l'appel du passé a résonné avec une force que je n'avais pas anticipée. L'écriture est toujours liée à un large spectre d'émotions. Pour ce livre-ci, les émotions convoquées ont non seulement été diverses, mais aussi exceptionnellement intimes/profondes, parfois même douloureuses.

J'ai navigué avec Fridolf Höök et avec son équipage jusqu'en Amour, traversant les tempêtes et les soirées de bal sur le pont grâce aux lettres envoyées à leur famille par les passagers, parfois publiées dans les journaux de l'époque. La plupart ont été écrites dans la langue maternelle de l'expéditeur, en suédois. Certaines ont ensuite été publiées en finnois dans des journaux finnophones.

Même si l'utilisation de sources d'époque permet généralement de rester fidèle à la réalité, j'ai remarqué une fois de plus que quand il s'agit du passé, il y a souvent des récits cachés sous la surface de l'eau. Deux personnes ayant assisté aux mêmes évènements peuvent en faire un récit tout à fait différent. Nous autres humains sommes ainsi, nous sommes des témoins peu fiables.

En plus des missives, le voyage et la vie en Amour ont été racontés dans les mémoires de Carl Schoultz et de Felix Nilsson, rédigés plus tard. Ces mémoires, ainsi que des lettres écrites par Janne Söderhjelm et Alexander Stierncreutz ont par la suite été regroupés dans les ouvrages de F. H. B. Lagus, d'Erik Appel et de Liva Söderhjelm, entre autres. Un certain nombre d'articles en russe éclairent la vie de Fridolf Höök après la dissolution de la Compagnie. J'ai bénéficié de l'aide de Google Traduction, mais aussi de celle d'amis russophones, surtout vers la fin de mon travail d'écriture.

Quelques missives écrites par Fridolf lui-même ont également été publiées dans la presse. Celles adressées à Selma sont restées introuvables dans les archives familiales.

Pour ce qui concerne mes interrogations sur la franc-maçonnerie finlandaise à l'époque du tsar, j'ai été gentiment éclairée par Juhana Häme, spécialiste de la question.

Erkki Urpilainen, maître de conférences d'histoire des idées à l'université d'Oulu, m'a été d'une grande aide pour toutes les questions ayant trait au communisme, à la « main napoléonienne » et à l'influence du mouvement svecomane sur le départ de Fridolf Höök et de son expédition.

Avec Toivo Koivisto, j'ai vécu une relation d'amour et de haine. Je reconnais dans son dernier ouvrage plusieurs faits historiques avérés. J'admire son imagination et la fluidité de son écriture. Je voudrais tellement croire à son histoire, mais je n'ai pas pu la corroborer avec d'autres sources. Je dois lui reconnaître d'avoir dépeint une image séduisante de la vie de Fridolf et de sa première épouse, que celle-ci soit réelle ou fictive.

Je suis reconnaissante envers Max Engman qui, avec *Suureen itään* (*Vers le Grand Est*), a écrit une œuvre d'une grande importance. Grâce à lui, l'image caricaturale que j'avais de la Russie et de nos relations de voisinage a changé. Dans son texte, il rappelle avec sagesse et talent que les personnages historiques sont avant tout des individus, et pas seulement des reflets inanimés des grandes lignes de l'histoire. Les individus de l'époque de Fridolf se sont réjouis, ils ont aimé, haï, rêvé, et parfois ils ont pris des décisions irrationnelles. Ils ont été les précurseurs modernes de leur temps, exactement comme nous pensons l'être pour notre époque. Ils se tenaient à la lisière de leur présent et de leur futur.

Lors de mes réflexions sur l'utopie, j'ai dialogué avec Thomas More, Rutger Bergman, la sociologue Ruth Levitas, la chercheuse Anita Rubin et bien d'autres auteurs ayant utilisé le mot « utopie ». Anita Rubin écrit : « Même le dictionnaire du finnois contemporain définit l'utopie comme un fantasme irréaliste ou une chimère, le rêve d'un monde meilleur ou d'une société idéale qui ne peut être réalisé. » Dans ma propre interprétation, l'utopie peut être un lieu à la fois véritable et inatteignable, mais elle est surtout l'image d'une alternative. Plusieurs chercheurs se sont penchés sur ce concept d'« utopie », il porte un écho négatif. La vision de Ruth Levitas apporte du réconfort à des rêveurs comme moi : selon elle, une utopie est avant tout une vision de quelque chose de mieux, qui peut se réaliser, au moins par moments.

◆

J'ai été aidée et soutenue dans mes réflexions par plusieurs personnes. Quand j'ai buté sur un récif, ils m'ont donné des coordonnées vers lesquelles naviguer pour m'en sortir.

Merci, Elena Agafonova, Börje Broberg, Lalle Broberg, Peter Broberg, Saara Broberg, Roman Gek, Janne Granroth, Lilli Haapala, Jarno Heinilä, Maria Henriksson, Francesca

Hillier, Hanna Holopainen, Hannu Häkkinen, Kai Härkönen, Lars Jakobsson, Ryan Jones, Pia Kaitasuo, Tapio Kangas, Tuija Korhonen, Vera Kavetsckaya, Pia Krogius, Daria Kupriyanova, Sonja Lapveteläinen, Oleg Lyapin, Gunnar Nyström, Marina Maslyoha, Arto Murtovaara, Marina Nurgalieva, Mirka Paasikangas, Ivan Pisarev, Eija Sarastamo, Heini Santos, Christer Schoultz, Natalia Sidletskaia, Seija Tiisala, Erkki Urpilainen, Juhani Vuori et Leonid Vasyukevich.

Merci Like, mon havre de paix : la capitaine Päivi, ma boussole Mari, le cartographe Tommi.

Merci chaleureusement à Kaisa Uusipaikka, tu as été pour moi et pour mon manuscrit un phare, un horizon, un doux alizé.

Et comme toujours, merci à ma famille pour la terre ferme qu'elle m'offre, également île et rêve. Une fois de plus, merci à mes océanites. Vous êtes mon inspiration, mon utopie qui scintille des couleurs de l'arc-en-ciel.

Fridolf, Nick, Kisu et le *Zest of Hong Kong :* vous êtes de belles images en moi.

Bibliographie

Archives

Collection de chants et de poèmes de Jaakko Haataja. Société de littérature finnoise (SKS), archives de la poésie orale (kansanrunousarkisto).
Lettres de la chambre de commerce O. W. Lindholm & Co et des autorités de la Sibérie orientale concernant l'activité et les autorisations de la chambre de commerce. L. 2–21. 1885–1897 (2:427). Archives nationales de la Finlande (Kansallisarkisto).
Notes de Fridolf Höök, capitaine du *Siberia*, pendant l'expédition le long des côtes du Kamtchatka et de la mer de Béring. L.10–17. 1885 (1:43). Archives nationales de la Finlande (Kansallisarkisto).
Tigerstedt Madeleine : Transcriptions d'articles concernant la colonie de l'Amour, publiés entre 1868 et 1870 dans *Åbo Underrättelser, Hufvudstadsbladet* et *Helsingfors Dagblad*. Institut de la migration.

Ouvrages et travaux scientifiques

Aleksandrovskaya, Larisa 2013 : Карл Шульц – фотолетописец Владивостока XIX века.
Appel, Erik 1998 : *Det förlovade Amurlandet – Finladssvenskt kollektiv i* "*Vilda* Östern". Schildts.

Bauman, Zygmunt 2017 : *Retrotopia*. Cambridge.
Bregman, Rutger 2018 : *Utopia for realists*. Bloomsbury.
Carlson, Kristina 1999 : *Maan ääreen*. Otava.
Engman, Max 2005 : *Suureen itään – Suomalaiset Venäjällä ja Aasiassa*. Siirtolaisinstituutti.
Fagerholm, Monica 2009 : *Säihkenäyttämö*. Teos. Traduit en finnois par Liisa Ryömä.
Falk-Ronne, Arne 1964 : *Tristan da Cunha*. WSOY. Traduit en finnois par Kaarina Ruutu.
Halén, Harry 1986: *Kulkumiehiä*. Otava.
Hatton, T., & Williamson, J. 1994 : "What Drove the Mass Migrations from Europe in the Late Nineteenth Century ?" *Population and Development Review*, 20(3), 533–559.
Jussila, Tuomo & Rantanen, Lari 2018 : *Nälkävuodet*. SKS.
Kaukiainen, Yrj. 2000 : *Laiva Toivo, Oulu*. SKS.
Koivisto, Toivo 1929 : *Seikkailuja villissä idässä*. Gummerus.
Koivisto, Toivo 1947 : *Suomalaista sisua villissä idässä. Fridolf Höökin, suomalaisen valaanpyytäjän ja suuryrittäjän merkilliset elämänvaiheet Itä-Aasiassa ja pohjoisilla merillä*. Gummerus.
Kuparinen, Eero 1985 : *Maitten ja merten takaa : Vuosisata suomalaisia siirtolaiskirjeitä*. Turun Historiallinen Yhdistys.
Kuttner, Henry 2017 : *The Creature from Beyond Infinity*. Jovian press. Traduction de la citation en finnois par Katariina Vuori.
Lagus, F. H. B. 1925 : *Amurinmaan retki – Suomalainen kommunismin koe*. WSOY.
Levitas, Ruth 2010 : *The concept of Utopia*. Peter Lang.
Lindholm, Otto W. 2008 : *Beyond the frontiers of imperial Russia*. A de Hayes OWL Publishing.
Löytönen, Markku (toim.) 2009 : *Suomalaiset tutkimusmatkat*. SKS.
Masini, Eleonora 1993 : *Why future studies ?* Grey Seal Books.

More, Thomas 1971 : *Utopia*. WSOY. Traduit en finnois par Marja Itkonen-Kaila.

Patent office of Great Britain : Chronological Index of Patents Applied for and Patents Granted.

Paasilinna, Erno 2001 : *Kamppailuja karhun kanssa 1800-luvulta nykypäiviin*. Otava.

Peltoniemi, Toivo 1985 : *Kohti parempaa maailmaa*. Otava.

Perälä, Väinö 1962 : "*Varsinaissuomalaisia Amurinmaassa*". Varsinais-Suomen maakuntakirja 18.

Pray, Eleanor : *Letters from Vladivostok 1894–1930*.

Roos, John E. 1924 : *Släkten Krogius Holger*. Schildts förlagsaktiebolag.

Sokolsky, Mark : "Settling the Seacoast : Ecology and National Conflict in Primorie". Article non daté.

Sokolsky, Mark : *Taming Tiger Country : Colonization and Ecology in the Russian Far East*. Article non daté.

Staffans, Allan 1942 : *Skeppsbyggare och resenär i* Östasien. Förlaget Bro.

Söderhjelm, Liva 2016 : *Janne Söderhjelm, Amur-fararen*. (Auto-édition)

Tiitta, Allan 2011 : *Sinisten maisemien mies. J. G. Granön tutkijantie 1882–1956*. SKS.

Topelius, Zacharias 2004 : *Finlands Krönika 1860–1878*. Svenska litteratursällskapet i Finland.

United States Congress 1895, United States Congressional Serial Set, Volume 3258. U.S. Government Printing Office.

United States Patent Office 1868: Commissioner of Patents Annual Report.

Verne, Jules 2002 : *Maailman ympäri 80 päivässä*. Otava. Traduit en finnois par Kyllikki Hämäläinen.

Wadenström, Erkki 1925 : *Suomalainen retkikunta, joka purjehti maailman ympäri*. Nuori Voima n° 13–14/1925 : pp 590-594.

Wetterhoff, Onni, H.k, Berndt & Broberg, Arne 1936 : *P. jaktstigen i Finska* ödemarker. Holger Schildts förlag.

Wilde, Oscar 2004: *The Soul of Man under Socialism*. Kessinger Pub. Traduction de l'extrait en finnois par Katariina Vuori.

Presse

Borgåbladet
19.09.1868 n° 38 ; 12.02.1870 n° 6

Finlands Almänna Tidning
02.11.1833 n° 256 ; 21.10.1876, n° 245 ; 10.11.1868 n° 262 ; 27.03.1869 n° 70 ; 19.11.1870 n° 269 ; 27.12.1870 n° 300

Folkwännen
14.04.1869 n° 15 ; 03.11.1869 n° 44 ; 18.01.1871 n° 3

Helsingfors Dagblad
18.10.1867 n° 243 ; 08.09.1868 n° 208 ; 14.09.1868 n° 213 ; 30.12.1868 n° 303 ; 27.03.1869 n° 70 ; 28.05.1869 n° 120 ; 23.08.1869 n° 193 ; 04.02.1870 n° 27-28 ; 17.11.1870 n° 267

Helsingin Sanomat
16.10.2020

Helsingfors Tidningar
01.12.1832 n° 96

Hufvudstadsbladet
31.10.1868 n° 254 ; 09.01.1869 n° 6 ; 01.05.1869 n° 99 ; 11.06.1870 n° 132 ; 12.06.1870 n° 133 ; 15.06.1870 n° 135 ; 27.08.1904 n° 231 ; 23.05.1906 n° 139

Hämäläinen
12.03.1868 n° 11

Ilmarinen
06.11.1868 n° 44

Kansan Lehti
10.10.1868 n° 41

Karjalainen
28.04.1923 n° 46

Nya Pressen
19.11.1899 n° 256A

Pikku: Skämtsam Jul-Tidning
24.12.1868 n° 3

Sanomia Turusta
24.02.1871 n° 8

Suomalainen Wirallinen Lehti
14.05.1868 n° 58; 30.10.1869 n° 130; 08.12.1870 n° 145

Suomen Turku
1964 n° 1

Tapio
16.01.1869 n° 3; 30.01.1869 n° 5; 06.11.1869 n° 45; 12.03.1870 n° 10

Tidskrift för jägare och fiskare
01.08.1910 n° 4-5

Tidskrift i sjöväsendet
01.01.1870 n° 11

Turun Sanomat
28.12.2003

Uusi Suometar
28.02.1870 n° 17

Vladnews
21.12.2011 (page web)

Wiborg
25.01.1860 n° 10

Wiborgs Tidning
27.03.1869 n° 23 ; 30.10.1869 n° 85 ; 23.02.1870 n° 15

Åbo Tidning
28.08.1904 n° 232

Åbo Underrättelser
23.05.1848 n° 40 ; 19.01.1860 n° 8 ; 15.10.1867 n° 122 ; 12.09.1868 n° 109 ; 03.11.1868 n° 131 ; 29.12.1868 n° 154 ; 07.01.1869 n° 4 ; 14.01.1869 n° 8 ; 23.03.1869 n° 46 ; 17.04.1869 n° 59 ; 05.07.1869 n° 101 ; 10.07.1869 n° 104 ; 28.02.1870 n° 32 ; 22.02.1870 n° 29 ; 29.11.1877 n° 325 ; 30.11.1877 n° 326 ; 21.02.1915 n° 51

Österbotten
03.04.1869 n° 7 ; 19.02.1870 n° 4 ; 18.06.1870 n° 12

Sources numériques

Azarevich, Vasily 2020 : Аксель Вальден. От Финляндии до Дальнего Востока. Publié le 15.10.2020. http://arseniev.org/story/akselvalden-ot-finlyandii-do-dalnego-vostoka/

Bulat 2016 : Музей Первопоселенцев Сидеми. Publié le 1.9.2016. http://kfss.ru/tourism/muzey-pervoposelencev-sidemi

Chukotka, Basov 2018 : Шкипер Гек – первейший гидрограф Чукотки. Publié le 25.03.2018. https://basov-chukotka.livejournal.com/359911.html

Egorchev, Ivan 2017 : Дальневосточная одиссея клана Янковских. Publié le 6.04.2017. https://dv.land/history/dalnevostochnayaodisseya-klana-yankovskikh

Egorchev, Ivan 2021 : Штормовая судьба шкипера Гека. Publié le 21.12.2021. https://vladnews.ru/ev/vl/3058/26750/shtormovaya_sudba

Geni.com : www.geni.com

Jormanainen, Heli 2021 : Suomalaiset Lähtivät nälkävuosina Amurinmaalle etsimään onnea, mutta todellisuus rikkoi unelmat – Vladivostokissa elää yhä vapaan kippari Höökin muisto. Publié le 21.03.2021. https://Yle.fi/uutiset/3-11825527

Khisamutdinov, A. A. 1989 : Terra incognita ili khronika russkikh puteshestviy po Primor'yu i Dal'nemu Vostoku. http://khasandistrict.narod.ru/history/1850_1922/liter_1850_1922/terra_incognita.html

Kotus – Kotimaisten kielten keskus : Utopia ja dystopia. (Consulté le 2.02.2020) https://www.kotus.fi/nyt/kysymyksia_ja_vastauksia/sanojen_alkuperasta/utopia_ja_dystopia

Bibliothèque de Nakhodka : Фридольф Гек – вольный шкипер. (Consulté le 4.03.2020.) http://nakhodka-lib.ru

Bibliothèque de Nakhodka 2016 : Рыцарь восточных морей. 180 лет Фридольфу Геку. (Consulté le 5.3.2020) http://nakhodka-lib.ru

Nikolaevich, Petrenko Igor : Шкипер Гек. (Consulté le 12.02.2020) https://bazar2000.ru/istoriya/shkiper-gek/
Rubin, Anita : Utopia-ajattelu. TOPI – Tulevaisuudentutkimuksen oppimateriaali. (Consulté le 24.09.2021) https://tulevaisuus.fi/filosofisetperusteet/utopia-ajattelu/
Snytko, Vasily 2007 : шхуна .сторож. свое название оправдала. Publié le 4.04.2007. https://fishnews.ru/mag/articles/4118
Sorokoletova, Alena & Drobysheva, Elizaveta 2020 : Фридольф Гек : капитан и его октан. Publié le 27.07.2020. http://arseniev.org/story/fridolf-gek-kapitan-i-ego-oktan/
Svetlaya, Svetlana 2017 : Экскурсия союзмашевцев в Безверхово. Publié le 15.06.2017. http://www.progressprim.ru/news/ecology/2017-06-15-05974.htm
The British Museum : Fridolf Hook. (Consulté le 12.06.2020) https://www. britishmuseum.org/collection/term/BIOG124543
Vladcity 2011 : Тихоокеанская трилогия. Publié le 3.04.2011. https://vladcity.livejournal.com/9865.html

Correspondance par e-mail, discussions téléphoniques et entretiens

Broberg, Lalle (plusieurs échanges en 2021)
Camarota, Alex, United States Patent and Trademark Office (13.01.2020)
Gek, Roman (plusieurs échanges en 2020–2021)
Granroth, Janne, LUOMUS (plusieurs échanges en 2020)
Haapala, Lilli (plusieurs échanges en 2020–2021)
Heinilä, Jarno/Siirtolaisinstituutti (13.01.2020)
Hillier, Francesca/The British Museum (plusieurs échanges en 2021)
Häme, Juhana (plusieurs échanges en 2021)
Jones, Ryan (plusieurs échanges en 2020)

Kupriyanova, Daria/ Museum and Exhibition Center of Nakhodka (plusieurs échanges en 2020–2021)
Lapveteläinen, Sonja/Kaskö Hembygnadsmuseum (plusieurs échanges en 2020)
Mirka Paasikangas/Fiskars Finland Oy (22.02.2021)
Pisarev, Ivan (plusieurs échanges en 2020–2021)
Schoultz, Christian (plusieurs échanges en 2020–2021)
Tiisala, Seija (plusieurs échanges en 2020)
Urpilainen, Erkki (plusieurs échanges en 2020–2021)

Autres sources

Tuominen, Arvo 2008 : *Kapteeni Höökin seikkailut*. Documentaire.
Yle Radio 1 2021 : Näin meistä tuli turisteja. Jakso 2: Etelänlomista se kaikki alkoi ! – Kun suomalaiset rakastuivat matkustamiseen. Émission radio.
(Diffusé le 22.03.2021.)

AUX ÉDITIONS MARCHIALY

JAKE ADELSTEIN,
Tokyo Vice
Le Dernier des yakuzas
J'ai vendu mon âme en bitcoins
Tokyo Detective

CRISTIAN ALARCÓN,
Que ma mort soit une fête

SINAR ALVARADO,
Portrait d'un cannibale

NOÉ ÁLVAREZ,
10 000 km

JORGE ENRIQUE BOTERO,
Attends-moi au ciel, capitaine

SEBASTIAN CASTELIER ET QUENTIN MÜLLER,
Les Esclaves de l'homme-pétrole

JEAN-CHARLES CHAPUZET,
Mauvais Plan sur la comète
Du bleu dans la nuit

ÉLISE COSTA,
Les nuits que l'on choisit
Écrire Mazan

JOHN DANALIS,
L'Appel du cacatoès noir

TIMOTHÉE DEMEILLERS ET GRÉGOIRE OSOHA,
Voyage au Liberland

DAVID DENEUFGERMAIN,
L'Adieu au visage

MARINE DUMEURGER,
Le Prince de Kalmoukie

SONIA FALEIRO,
The Good Girls

ÉMILIE FENAUGHTY,
Carcasse

SIMON FICHET,
Tornade

MICHAEL FINKEL,
Le Voleur d'art

ARMAND GATTI,
Envoyé spécial dans la cage aux fauves

MANON GAUTHIER-FAURE,
Les Pièces manquantes
Les Fantômes du lac

A. KENDRA GREENE,
Le Musée de la Baleine (que vous ne verrez jamais)

ALMA GUILLERMOPRIETO,
La Révolution, la danse et moi
Samba

ALLISON HOOVER BARTLETT,
L'homme qui aimait trop les livres

KIRK WALLACE JOHNSON,
Le Voleur de plumes

THOMAS JUSQUIAME,
Circulez

KAPKA KASSABOVA,
Lisière
L'Écho du lac
Élixir
Anima

JAY KIRK,
Esquive le jour

RAPHAËL KRAFFT,
Les Enfants de la Clarée
Radio Surobi

JESSICA J. LEE,
Deux Arbres, une forêt

ROMAIN LESCURIEUX ET ANTONIN VABRE,
La Montagne inversée

KARIM MADANI,
Jewish gangsta
Tu ne trahiras point

RAPHAËL MALKIN,
Le Rugissant
Lieutenant Versiga

JUAN PABLO MENESES,
La Vie d'une vache
Le Prodige
Un dieu à soi

QUENTIN MÜLLER,
L'Arbre et la Tempête

GRÉGOIRE OSOHA,
Atome 33

CARLES PORTA,
Tor

MIGUEL PRENZ,
La Guerre des dinosaures

EVAN RATLIFF,
Disparaître dans la nature

ALBERTO SALCEDO RAMOS,
L'Or et l'Obscurité

ANJAN SUNDARAM,
Kinshasa jusqu'au cou
Bad News
Fracas

TAINA TERVONEN,
Les Fossoyeuses
Les Otages
Les Veilleurs

TITAŸNA,
Une femme chez les chasseurs de têtes
Les Ratés de l'aventure

APARECIDA VILAÇA,
Paletó et moi

SIMON WORRALL,
Le Faussaire de Salt Lake City

RÉMI YANG,
Roses d'acier

MAT YOUKEE,
Quarante jours dans la jungle